Klaus Konstantin

Heilung braucht Wahrheit

Was du nicht lebst, lässt dich nicht leben

Klaus Konstantin

Heilung braucht Wahrheit

Was du nicht lebst, lässt dich nicht leben

Redaktionelle Mitarbeit: Stefan Bittner

Bibliografische Information der Deutschen Bibliothek
Die Deutsche Bibliothek verzeichnet diese Publikation in der Deutschen Nationalbibliothek; detaillierte Daten sind im Internet über http://dnb.ddb.de abrufbar.

1. Auflage 2012 | 2. Auflage 2013

Tel.: 08053 – 7992952, Fax: 08053 – 7992953, http://www.sheema-verlag.de

ISBN 978-3-931560-42-3

Gesamtkonzeption: Sheema Medien Verlag, Cornelia Linder
Redaktionelle Mitarbeit: Stefan Bittner
Druck und Bindung: FINIDR, s.r.o., Český Těšín

Inhalt

Nichtabsichtserklärung

„Spirituelle" Bücher sind gefährlich. Denn sie haben es in der Regel auf deine Hoffnung abgesehen, dein Leben würde sich infolge der Lektüre und der Aneignung der darin enthaltenen Weisheiten auf irgendeine Weise verbessern. Mit diesem Versprechen schaffen sie jedoch erst das Problem, das sie zu lösen vorgeben. Denn alle deine Versuche, etwas zu verbessern und irgendwohin zu kommen, gründen in der Annahme, du seiest noch nicht vollkommen und noch nicht am richtigen Ort. Damit pflegen „spirituelle" Bücher genau jenes Mangelbewusstsein zu nähren, das du durch deren Lektüre eigentlich zu stillen begehrst.

Dieses Buch verfolgt nicht die Absicht, dich „weiter" zu bringen. Es stellt dir keinen Gewinn in Aussicht und verheißt dir keine „besseren" Gefühle. Allenfalls kann es dich dazu anregen, einmal gründlich hinzuschauen, was sich hinter deinem permanenten Streben nach Glück verbirgt und wohin dein Vervollkommnungszwang dich bisher geführt hat. Im besten Fall vermag es an deiner Hoffnung auf jene Vollkommenheit zu rütteln, die du bislang für dich – sprich: für dein Ich – angestrebt hast. Denn dieses Ich – als eigenständige, mit einem freien Willen ausgestattete Steuerungsinstanz – ist nichts als eine bombastische Illusion.

In der psychospirituellen Szene werden die Bemühungen zur Verbesserung und Verschönerung des Lebens gerne mit dem wohlklingenden und unverdächtigen Begriff der „Heilung" versehen. Wenn es jedoch kein Ich gibt, das verbessert oder verschönert werden könnte, dann macht dieser Begriff nur dann Sinn, wenn er auf deine ursprüngliche Natur als ungetrenntes Bewusstsein verweist. Es gibt keine Heilung für das Ich, sondern nur eine Heilung von der Illusion eines Ichs.

Heilung braucht daher vor allem eins: Wahrheit, und zwar die ganze Wahrheit. Deine Ganzheit aber zeigt sich nur dann, wenn du bereit bist, dich auch auf diejenigen Aspekte von dir einzulassen, die du bislang im Schatten deines Unbewussten hast vor sich hindümpeln lassen. Diese „andere Seite" deiner Wahrheit macht dir deswegen Angst, weil sie deine vertraute Identität ins Wanken bringen könnte. Ganz praktisch bedeutet Heilung also, deine Ängste furchtlos anzuschauen und zu erforschen. Nur in der unmittelbaren Begegnung mit der Angst erkennst du nämlich, wie sehr du dich an der Illusion des Getrenntseins festklammerst.

Wenn es so etwas wie ein separates Individuum gar nicht gibt, mag es als wenig konsequent erscheinen, weiterhin die trennenden Worte „ich" und „du" zu gebrauchen. Tatsächlich mag die Sprache, als Abbild des dualen Verstandes, ihren Teil zum Empfinden der Trennung beitragen. Die Alternative dazu – eine gänzlich unpersönliche Kunstsprache – wäre jedoch weder lesbar noch würde sie die zugrunde liegende existenzielle Thematik auflösen. Aus dieser „Not" eine „Tugend" zu machen, würde bedeuten, jedes im Text auftauchende „du" zum Anlass dafür zu nehmen, den Blick nach innen zu richten, dich also auf die Frage einzulassen: Wer ist es, der hier als „du" angesprochen wird? Wer bin ich wirklich?

Ohnehin erheben diese Zeilen nicht den Anspruch, die Wirklichkeit abzubilden. Sie wollen dich vielmehr dazu auffordern, dir ehrlich und gründlich anzuschauen, für wen du dich bisher gehalten hast und auf welche Weise du dich dagegen wehrst, voll und ganz ins Leben einzutauchen. Und so könnte es diesem Buch trotz aller Unzulänglichkeiten gelingen, an den Wurzeln deiner falschen Identität zu knabbern, an deiner Identifikation mit dem leidvollen und merkwürdigerweise doch so beruhigenden Gefühl, vom großen Ganzen getrennt zu sein und auf das wahre Leben hinzuarbeiten.

Während es deine Ich-Identität in Frage stellt, hat es allerdings keinerlei Ambitionen, dir für die eingehandelte Verunsicherung eine Ersatzbefriedigung zu liefern. Denn wenn die verschiedenen Rollen deiner Persönlichkeit anfangen zu wackeln, ist es völlig egal, in welche Richtung diese Wackelbewegung geht. Ob du dich motiviert fühlst, dich bewusst zu öffnen und deiner Angst vor dem Unbekannten zu begegnen, oder ob du dich vor dem Unberechenbaren noch mehr verschließt und dieses Buch ratlos oder wütend wieder weglegst, spielt überhaupt keine Rolle. Beide Handlungen sind gleichwertige Aspekte der göttlichen Vollkommenheit, die weder von diesem Buch noch von dir selbst beeinflusst werden können.

Genauso ist es völlig egal, ob du die hier vorgetragenen Aussagen mit deinem Weltbild in Einklang bringen kannst. Was vielmehr zählt, ist die Frage, ob diese Worte bei dir eine gefühlsmäßige Wirkung hinterlassen. Denn alles, was du tust, ist allein von Gefühlen motiviert. Und alles, was du getan hast, bleibt allein in Form von Gefühlen bei dir zurück. Erst wenn du bereit bist, etwas zu fühlen, was du noch nie gefühlt hast, wirst du etwas denken können, was du noch nie gedacht hast, und schließlich etwas tun können, was du noch nie getan hast.

Folglich würde es diesem Buch zur höchsten Ehre gereichen, wenn es zu bewirken vermöchte, dich emotional zu verwirren. Alles andere erledigt das Mysterium des Lebens. Sobald du nämlich einen Moment innehältst und einen außer-gewöhnlichen Blick auf deine alltägliche Trance wirfst, eröffnest du dem Leben – oder nenne es „Bewusstsein" oder das „Göttliche" – die Möglichkeit, dir zu zeigen, wie es sich ganz ohne dein Zutun durch dich hindurch zu deinem Besten entfalten will.

Allerdings zielen diese Worte auch nicht darauf ab, dass du möglichst rasch oder überhaupt jemals in Einklang mit dem „Göttlichen" oder deinem Traumpartner kommst. Denn darauf hätten sie ohnehin keinen Einfluss. Indem sie dich mit dem Atem des unbegrenzten Gewahrseins kitzeln, könnte es ihnen jedoch gelegentlich gelingen, dich auf die Vergeblichkeit deines Bemühens hinzuweisen, dein Ich zu heilen. Denn etwas, was es gar nicht gibt, lässt sich auch nicht verbessern.

Der Renaissance-Bildhauer Michelangelo soll auf die Frage, wie er seine Statuen erschaffe, jeweils geantwortet haben, er sehe diese bereits von Anfang an im unbehauenen Stein angelegt und schlage dann einfach alles weg, was sie verdecke. Genauso verhält es sich mit deiner seelischen Essenz: Du kannst sie dir weder erschaffen noch verdienen. Sie ist bereits von Anfang an vollkommen da und wird lediglich von den illusionären Vorstellungen und Ängsten deiner Ich-Illusion überlagert.

Dieses Buch kann vielleicht ein Hammer sein, der dir dabei hilft, das zu verlieren, was nicht zu dir gehört. Es wird dich möglicherweise dazu anstiften, einen Teil deines mentalen und emotionalen Schrottes zu beseitigen, damit deine Wahrheit wieder sichtbar wird und unmittelbar zum Ausdruck kommen kann. Dich deiner seelischen Essenz zu erinnern, erfordert von dir nämlich einzig und allein die Bereitschaft, klar und ehrlich nach innen zu schauen, ohne dabei etwas zu beschönigen oder abzuwerten.

Wenn du den Mut hast, die Geschichte oder die Idee, die du dir auf einer anderen Bewusstseinsebene für dieses Leben ausgesucht hast, voll und ganz anzunehmen und mit all ihren verschiedenen Haupt- und Nebenrollen zuzulassen, dann wirst du eines Tages sogar entdecken, dass das Leben selbst es ist, das die überflüssigen Gesteinsbrocken wegschlägt. Du brauchst nur offen und neugierig wahrzunehmen, was sich von selbst aus deinem Leben verabschieden will, um es voller Vertrauen gewähren zu lassen.

Das einzige, was dir noch zu tun bleibt, ist hinzuschauen! Und hinschauen heißt, deine Verteidigungsmuster und Sicherheitsstrategien zu durchschauen, dich nicht länger von deinem Schmerz abzulenken, dir deine Wut auf dich selbst einzugestehen und nicht länger an dem festzuhalten, was sich schon lange aus deinem Leben verabschieden will. Nur wenn du illusionsfrei in dich hineinzuschauen wagst und dein Leben neugierig und absichtslos zu erforschen bereit bist, kommst du in Kontakt mit dem, wonach du dich wirklich sehnst.

Dass dieses Buch dich einerseits zur Einsicht in deine Vollkommenheit einlädt und dich anderseits zur Demontage von Illusionen anstiftet, mag deinem Verstand paradox anmuten. Die Tatsache, dass die Welt voller Widersprüche steckt, ist jedoch nur die Voraussetzung dafür, dass du die Vollkommenheit in der Unvollkommenheit erkennen kannst.

Die radikalste aller Wahrheiten wird dein Ego nämlich weder verstehen wollen noch prinzipiell jemals verstehen können: dass nämlich alles ganz genau so, wie es ist, vollkommen in Ordnung ist, und zwar aus dem einfachen Grund, dass es sonst anders wäre. Dich mit allen Fasern deines Wesens auf diese Wirklichkeitsauffassung einzulassen, würde deinem Ego, das auf Verbesserung programmiert ist, schlagartig seine Nichtigkeit vor Augen führen.

Diese Wahrheit einzusehen, würde dir nicht nur jegliche Hoffnung rauben, dass es irgendwann in Zukunft einen Augenblick geben wird, der noch besser sein könnte als der jetzige. Mit gleicher Vehemenz fordert sie dich zu etwas auf, wovor sich dein Ego unendlich fürchtet: die volle Verantwortung für dein eigenes Leben zu übernehmen. Denn wenn du alles, was dir widerfährt, auf seelischer Ebene selber arrangiert hast, um es in diesem irdischen Leben auf emotionaler Ebene zu erleben, dann ist dein Leben nichts anderes als eine Verkettung glücklicher Fügungen.

Dieses Buch will keine Widersprüche auflösen, sondern dich mit Widerständen konfrontieren. Erkenntnisprozesse kommen nur zustande, wenn du Altvertrautes in Frage stellst und dann erschüttert oder genüsslich zuschaust, wie es in sich zusammenbricht.

Sobald du deinen Verstand dabei erwischst, wie er über die Auflösung von Gegensätzen philosophiert, halte inne und richte deine Aufmerksamkeit auf die Angst, die ihn dabei antreibt: die Angst vor dem Verlust einer Kontrolle, die er ohnehin nie gehabt hat. Nur wenn du es wagst, im Zustand der Verwirrung den Blick nach innen zu wenden und dem, was dir Angst macht, in die Augen zu schauen, enthüllt sich dir der Hintergrund dessen, was du in deinem Leben oder in der Welt als „Störung" empfindest. Und du wirst dabei kopfüber in die Wahrheit deines Herzens stolpern.

Diese Worte sind nicht dazu da, als wohlfeile Konzepte in deinem Geist abgelagert zu werden. Die Wahrheit, von der hier die Rede ist, ist nicht in diesen Sätzen verpackt, sondern entfaltet sich in dem Maße, wie du sie mit nacktem, prallem Leben füllst. Beobachte beim Lesen einfach, was sie in deinem Gedankengebäude einzustürzen und in deinem Gefühlshaushalt aufzurütteln vermögen, und lass den Rest unbeachtet beiseite!

Heilung braucht Wahrheit. Und wenn essentielle Wahrheit sich vor allem über das Gefühl und die Intuition erschließt, manifestiert sich die Liebe zur eigenen Wahrheit wesentlich als Offenheit gegenüber dem ganz Anderen, dem Unbekannten, dem Fremden. Gelebte Wahrheit ist im Kern die Freiheit zu fühlen – was auch immer dein Bewusstsein berühren will.

„Spirituelle" Bücher sind nicht zuletzt deshalb so gefährlich, weil sie die Illusion zu nähren pflegen, gedankliche Einsicht verhelfe zu innerer Freiheit. Dadurch, dass das vorliegende Buch bestrebt ist, sämtliche psychologischen und spirituellen Konzepte als Absicherungs- und Vermeidungsstrategien des Egos zu entlarven, könnte es sich als noch gefährlicher als ein „spirituelles“ Buch herausstellen. Wenn du indes wahrhaftig herausfinden willst, wer und was du wirklich bist, kann dir das nur gelegen kommen. Denn die Verwirklichung deiner Wahrheit – und das ist die einzig sinnvolle Verwendung von „Heilung“ – läuft in der Tat auf nichts anderes hinaus als darauf, dein Leben wild und gefährlich zu leben.

Begegnet dir im Inhalt und im Stil dieses Buches bisweilen der Charakter des Mündlichen, dürfte dies damit zu tun haben, dass das Textmaterial größtenteils aus Live-Mitschnitten aus dem Bewusstseinstraining *Remember-Prozess®* besteht. Falls du während der Lektüre den Wunsch verspürst, die angesprochenen Themen „am eigenen Leib“ vertiefend zu erforschen und dich dabei von Klaus Konstantin und Ursula Maria Auktor individuell begleiten zu lassen, bietet dieses Jahrestraining den idealen Rahmen dafür. Weitere Informationen dazu findest du im Kapitel „Über den Autor“ am Schluss des Buches.

1. Wer bist du wirklich?

Wellness-Orientierung

Dein einziges Problem besteht darin, dass du vergessen hast, wer du wirklich bist und was du wirklich willst. Dein Leben gleicht einer Autofahrt, bei der du immer mal wieder auf das Navigationsgerät guckst, um zu prüfen, ob du dich auf der richtigen Spur befindest. Dabei fällt dir gar nicht auf, dass du überhaupt keinen Zielort eingegeben hast. Und so rast du planlos in der Weltgeschichte umher und versuchst dein Glück mal mit einer schöneren Wohnung, mal mit einem attraktiveren Partner, mit einem interessanteren Job oder einer raffinierteren spirituellen Technik.

Solange du nicht weißt, was du willst, wirst du auch nichts finden. Unwissend stolperst du von einer Komfortzone in die nächste und bleibst dennoch unruhig, getrieben, unerfüllt. Möglicherweise hast du schon mehrere Jahre der unbestimmten Suche nach Liebe und Harmonie hinter dir. Vielleicht kannst du seit deiner Psychotherapie etwas einfacher über deine schlimme Kindheit reden, weißt deine Unruhe elegant mit Entspannungsübungen zu dämpfen und dein Selbstwertgefühl gezielt mit Affirmationskarten anzuheben. Und einmal pro Woche tust du auf dem Meditationskissen sogar etwas für „deine" Spiritualität.

Doch hast du dich jemals kompromisslos auf die alles entscheidende Frage eingelassen, wer du wirklich bist? Oder hast du bis jetzt nicht viel mehr über dich herausgefunden, als dass du dir selber fremd bist, ein ratloser Jemand, auf der unbestimmten Suche nach sich selbst? Wenn es dir bislang noch nicht gelungen sein sollte, den Grund deiner unbestimmten Suche zu entdecken, dann frage dich wenigstens, weshalb du überhaupt irgendetwas suchst. Kann es sein, dass du dich nur deswegen an diesem Spiel beteiligst, weil es auffiele, wenn du dich als einzigen untätig in die Ecke stellen würdest? Fürchtest du dich vor der Reaktion der andern, dass du nicht einfach die Füße hochlagerst und zuschaust, wie die ganze Meute einem Dackel hinterher rennt, den noch niemand gesehen hat?

Was heute auf dem spirituell-esoterischen Jahrmarkt angeboten wird, ist zum allergrößten Teil die Fortsetzung der gesellschaftlichen Sucht nach permanentem Wohlfühlen. Unzählige Bücher und Seminare laden dich auf verführerische Weise dazu ein, dein eigenes Umfeld aufzumotzen und es dir in deinem Ego-Gefängnis noch etwas behaglicher einzurichten. Räucherstäbchen, Engelskarten und poppige Mantras dienen dir als unterschiedliche Farbtöpfe, mit denen du deine Gefängnismauern zwecks Abwechslung immer mal wieder neu anstreichen kannst.

Die meisten so genannt „spirituellen" Angebote locken dich in immer neuen Varianten mit dem ewig gleichen Versprechen: „Meine Weisheit macht dich heil!". Doch hast du jemals die Voraussetzung hinterfragt, die erfüllt sein muss, damit diese Verheißung auf fruchtbaren Boden fallen kann? Damit du heil werden kannst, musst du doch erst einmal auf grundsätzliche Weise krank und entscheidend von deiner Vollkommenheit entfernt sein. Infolgedessen wird sich dieses unbewusste Mangelgefühl durch die Lektüre oder den Seminarbesuch noch verstärken. Und mit zunehmender Heils- und Heilungssuche wird sich das Schuldgefühl hinzugesellen, dass du es noch immer nicht geschafft hast, den Zustand dauerhafter Glückseligkeit zu manifestieren.

Ob du es einem schnelleren Auto oder der Ausmerzung deiner Kindheitstraumata zutraust, dein Leben glücklicher werden zu lassen, macht letztlich keinen Unterschied. Solange dein Begehren darauf abzielt, etwas zu bekommen, was du noch nicht hast, etwas loszuwerden, was dir nicht mehr gefällt, oder an etwas festzuhalten, was du für dein Glück glaubst haben zu müssen, drehst du dich im Hamsterrad der Selbsttäuschung. Solange du dich auf deiner Sinnsuche an bestimmten Lebensbedingungen und äußeren Umständen orientierst, wirst du von der Illusion eines Ichs dominiert, das glaubt, jemand Bestimmtes sein zu müssen.

In deiner alltäglichen Trance geht es dir vor allem oder sogar ausschließlich dann gut, wenn die äußeren Umstände deinen Vorstellungen entsprechen. Somit hast du stets ein Alibi für deine Unzufriedenheit und jederzeit einen berechtigten Anlass, dich in deiner inzwischen so vertrauten Opferhaltung zu suhlen. Doch unter dieser Abhängigkeit, die du dir da aufgebaut hast, liegt vor allem die Angst, ganz für dich selber einstehen und sorgen zu müssen.

Werde dir klar darüber, dass nichts und niemand da draußen dafür zuständig ist, dass es dir gut geht! Nur du ganz allein kannst dir das Gefühl der Bestätigung dafür geben, dass du dich wohl fühlst. Eine solche Selbstbestätigung ist Teil deiner Selbstverantwortung. Das ist ein innerer Akt, der mit äußeren Dingen und Handlungen überhaupt nichts zu tun hat. Die äußeren Umstände und deine Beziehungen zu deinen Mitmenschen bilden lediglich immer wieder neu die Einladung, die Aufmerksamkeit nach innen zu lenken und die Verantwortung für deine Befindlichkeit zu dir zurückzunehmen.

Wenn du dich allein auf die äußere Welt fixierst, siehst du nur das Vordergründige, die Welt der Erscheinungen, die auftauchen und wieder vergehen. Aber mach dir mal die Angst bewusst, die darin liegt, dass du dein Bewusstsein auf sterbliche Objekte ausgerichtet hast! Dem Wunsch, etwas zu bekommen oder an etwas festzuhalten, wohnt bereits der ganze Schmerz des Verlustes inne. Und selbst wenn du nicht nach einem Zuwachs strebst, sondern einfach nur bewirken möchtest, dass alles so bleibt, wie es ist, ist doch allein dieses Festhalten schon ein gewaltiger Stress.

Jeder Wunsch, der sich auf ein vergängliches Objekt bezieht, kann niemals dein wirklicher Wunsch sein. Ob Partnerschaft, Beruf oder Psychohygiene: Hinter allen vergänglichen Wünschen steckt letztlich der Wunsch nach einer greifbaren, beständigen Identität. Auf diese Weise begnügst du dich damit, dich den vorhandenen äußeren Gegebenheiten immer besser anzupassen und deine Persönlichkeit fortlaufend zu optimieren.

Je mehr du dich abmühst, dein Leben als müheloses Wellness-Programm zu gestalten, desto mehr Mühe wird es dir bereiten. Je mehr du auf einen Zustand hinarbeitest, in dem alle unangenehmen Gefühle beseitigt und nur noch angenehme Gefühle vorhanden sind, desto mehr verkommt dein Leben zu einem reinen Überlebenstraining. Das Leben jedoch, nach dem du dich wirklich sehnst, liegt jenseits von Gut und Böse. Und es liegt letztlich viel näher als die Frage deines Verstandes, wie du dorthin gelangen könntest.

Gib deine Vorstellung eines schönen und angenehmen Lebens auf und überlass die Dinge einfach mal sich selbst! Wenn du ehrlich zu dir bist, dann merkst du ohnehin, dass dein Leben umso unschöner wird, je mehr du um irgendwelche schönen Anteile kämpfst. Du kannst nicht den Kuchen essen und gleichzeitig wollen, dass er auf dem Teller bleibt. Du kannst nicht in etwas Neues aufbrechen, solange du noch in deinen alten Sicherheitsnetzen festhängst.

Das Verrückteste an deiner Glückssuche ist, dass nicht dein angeblich mangelhafter Ist-Zustand, sondern dein Streben nach persönlichem Glück die Wurzel deines Leidens bildet. Dein Leiden entsteht nämlich dadurch, dass du die Welt nach den Vorstellungen deiner Ich-Identität beurteilst und eine persönliche Form von Erfüllung, Bereicherung, Befreiung und Heilung anstrebst. Somit muss dein Wunsch, auf eine absolute Weise glücklich zu sein, in der unvollkommenen äußeren Welt ein ums andere Mal enttäuscht werden.

Dass dein Streben nach stabilem Glück dich leiden lässt, ist schwer zu durchschauen und noch weniger zu begreifen. Denn üblicherweise überspielst du dein Leiden unmittelbar dadurch, dass du deine Selbstbehauptung noch verstärkst. Wichtiger als Zufriedenheit ist deinem Ego nämlich die eigene Existenzberechtigung. Und so schlüpft es je nach Situation und Absicht in eine deiner zahlreichen Persönlichkeits-Rollen und präsentiert sich mal als jemand Gutes, als jemand Erfolgreiches, als jemand Spirituelles oder auch als jemand, der vom Schicksal betrogen wird. Um dich als ein eigenständiger und besonderer Jemand zu bestätigen, dient dir eine genüssliche Opferhaltung letztlich sogar mehr als alles Glück der Welt. Dein Ich ist zum Leiden verdammt, sonst hätte es nämlich nichts mehr zu tun.

Alle deine Ich-bezogenen Bemühungen erinnern dich gleichzeitig auf unbewusste Weise an das Gefühl des Getrenntseins von der All-Einheit. Damit geht einerseits die Angst einher, deine mühselig aufgebaute Ich-Existenz wieder zu verlieren. Anderseits bestärkt es dein Gefühl der Schuld dafür, deine eigene Ganzheit verleugnet und dich von deinem Ursprung getrennt zu haben. Deine einzig wirkliche „Schuld“ jedoch besteht in deinem Bemühen, diesem Schuldgefühl entgegenzuwirken. Du willst dir nicht eingestehen, dass du dich getäuscht und an dir selbst Schulden gemacht hast. Mit deinem Zwang zur Selbstverbesserung, zum permanenten Wohlfühlen und zur ultimativen Heilung glaubst du dein Schuldgefühl überwinden zu können.

Um deine Ich-Identifikation als Illusion zu erkennen, musst du mit ihr ringen. Wenn du deinem Ich nur in deinen Schuldgefühlen begegnen kannst, so gehört es wesentlich zum Prozess der Selbsterkenntnis, dir deine Gefühle der Schuld, der Scham und der Selbstverachtung schonungslos einzugestehen. Hör auf, dein Leiden einfach auszublenden und mit einer Wellness-Orientierung zu übertünchen! Nur in der Bewusstwerdung deiner Selbstvergessenheit erinnerst du dich deiner ursprünglichen Ganzheit. Ansonsten lässt du dich weiter von der Angst vor Mangel und dem Zwang zur Selbstvervollkommnung leiten. Mach dir klar, wie sehr dich die Illusion des Egos im Würgegriff hält und dich von deiner wahren Größe abschneidet. Schaue dir deine einengenden Prägungen und Identitätsmuster an und lasse sie im Feuer deiner Bewusstheit verbrennen.

Heilung braucht Wahrheit

Spirituelle Wege und Heilskonzepte versprechen dir in aller Regel, sie könnten dein Ich heilen. Doch ein Phantom kann niemals geheilt werden. Natürlich nimmt deine Ich-Illusion trotzdem jedes Angebot zur Verbesserung und Stabilisierung ihrer Scheinexistenz dankbar entgegen. Und so verstärkst du mit jedem neuen psychologischen oder spirituellen Konzept nur dein Koma und verschiebst deine Präsenz, dein Erfülltsein und deine Lebendigkeit ein weiteres Mal in die Zukunft.

Die unterschiedlichen Heilsansätze sind ihrerseits ebenfalls nicht sonderlich daran interessiert, dich aus deinem Dämmerschlaf aufzuwecken. Wenn sie dir nämlich Klarheit vermitteln würden, verlöre der Heilungsmarkt für dich jegliche Bedeutung. Denn es wird niemals eine Heilung für das Ich geben, sondern nur eine Heilung vom Ich. Wenn du dich in deiner wahren Größe wiedererkennen und die volle Verantwortung für dein Leben übernehmen würdest, gäbe es keinen Grund mehr, dich wieder zu einem begrenzten Jemand zurückzustufen, der nach persönlichem Heil strebt.

Heilung braucht Wahrheit. Wenn Heilung Sinn macht, dann kann sie sich allein daraus ergeben, dass du dir deine fundamentale Selbsttäuschung, nämlich die frühkindliche Verdrehung deiner eigenen Identität, bewusst machst. Wirkliche Heilung kann nur die Demontage deiner Ich-Illusion bedeuten, die Auflösung deiner Identifikation mit einschränkenden Denk- und Gefühlsmustern, die Verbrennung all deiner Vorstellungen und Glaubensbekenntnisse.

Es gibt keine mentale oder spirituelle Technik, mit der du dein Mangelbewusstsein beseitigen und deine Ängste umgehen könntest. Sämtliche Methoden, mit denen du bestrebt bist, die Unannehmlichkeiten deines alltäglichen Lebens zu überwinden und dich in deine private Ego-Gemütlichkeit zurückzuziehen, sind einfach nur Schrott in deinem Kopf. Besonders verfänglich sind dabei Fertigkeiten und Wissensbestände, die du mit dem Prädikat des „Spirituellen" zu weihen pflegst. Werde hellhörig, wenn du dich dabei erwischst, wie du mit schöngeistigen Phrasen um dich wirfst oder dir einen Pfad der Weiterentwicklung von A nach B zurechtlegst. Denn das meiste, was auf dem Heilungsmarkt angeboten und nachgefragt wird, ist bloß eine Spielzeugwaffe im aussichtslosen Kampf gegen deine unbewussten Ängste und ein Schutzschild gegen diejenigen ungeliebten und schmerzhaften Gefühle, die dein mühevoll aufgebautes Selbstbild bedrohen.

Mach dir ein für allemal klar: Es gibt keine Freiheit für das Ich, sondern nur eine Freiheit vom Ich! Das Ich, getrieben von einem unersättlichen Gefühl des Mangels, kann und will überhaupt keine Freiheit und keinen Frieden finden. Es gehört unauslöschlich zu seinem Betriebsprogramm, dass dauernd noch etwas fehlt, etwas zuviel ist oder etwas verteidigt werden muss. Die Freiheit vom Ich besteht in der Einsicht, dass es schon deshalb nichts zu verbessern geben kann, weil es niemanden gibt, bei dem etwas zu verbessern wäre.

In diesem Punkt bestätigt die moderne Gehirnforschung, worauf die „Weisen" aller Zeiten stets hingewiesen haben: Die Ich-

Vorstellung ist ein rein virtuelles Konstrukt, keine psychische oder neurologische Tatsache. Alle Entscheidungen, die das Ich zu treffen glaubt, gehen aus einem Mix aus genetischen Bedingungen, emotionalen Konditionierungen und psychosozialen Verhaltensregeln hervor. Die rationale Ebene, auf die du dir so viel einbildest, dient einzig dazu, die unbewusst bereits getroffenen Entscheidungen als etwas „Vernünftiges“ darzustellen – und damit das Ich als vermeintlich unabhängige Entscheidungsinstanz zu stabilisieren.

Wahre Freiheit ist die innere Gewissheit, dass du genau so, wie du bist, vollkommen in Ordnung bist, und zu jeder Zeit am richtigen Ort. In dieser radikalen Selbstakzeptanz löst sich das Ich-Empfinden in grenzenlose Liebe auf. Aus der Ich-Perspektive kann diese Freiheit jedoch in keiner Weise nachvollzogen werden. Denn für das Ego ist die Ausweitung der eigenen Grenzen eine Bedrohung, die im schlimmsten Fall bis zur Selbstauslöschung führen kann. Nichts zu tun zu haben, ist für deine Sucht nach Identität der größte Horror, weswegen du deinen Glauben, jemand zu sein, bis zum letzten Blutstropfen verteidigen wirst. Dennoch ist die Demontage dieses Glaubens, dem du solange das Kommando über dein Leben anvertraut hast die einzig sinnvolle Form von Heilung.

Erinnern, was von Anfang an da ist

Solange dein Lebensfokus auf die Frage ausgerichtet ist, wie du dein Leben besser hinkriegst, wirst du dich weiter von deiner wahren Tiefe abschneiden. Solange du dich an deinem Sicherheitsdenken festklammerst, wirst du selbst jene Situationen als Probleme wahrnehmen, die sich dir als Lösungen präsentieren wollen. Das, was du suchst, ist nämlich ganz schnell da, wenn du aufhörst, deinen gegenwärtigen Zustand dadurch abzulehnen, dass du ihn verbessern willst. Das einzige wirkliche Problem ist dein Widerstand gegen das, was geschieht. Denn er macht es dir unmöglich zu sehen, dass das, was du zu deiner Erfüllung brauchst, schon längst vor deinen Füßen liegt.

Indem du das zu sein glaubst, was du siehst, bist du nichts als dein eigenes Glaubenskonstrukt. Das Äußere folgt jedoch immer dem Inneren. Alles, was du im Außen siehst und erfährst, ist nur das Ergebnis deiner Bewusstseinseinstellung. Einen äußeren Widerstand als schlecht zu verurteilen und gegen ihn anzukämpfen, ist daher reine Energieverschwendung. Gelingt es dir hingegen, ihn als Spiegel eines inneren Widerstandes zu erkennen, eröffnet sich dir eine weitere Gelegenheit, dir eine Schattenseite von dir bewusst zu machen und als Teil deiner Ganzheit anzunehmen. Zu deiner Wahrheit zu erwachen, heißt also zuallererst, endlich klar hinzuschauen und vor dir selbst ehrlich auszusprechen, was du siehst.

Im Grunde gibt es nicht einmal einen spirituellen Pfad. Gewiss, das Leben ist ein Erkenntnisprozess, der sich in der Dimension der Zeit entfaltet. Doch sobald du dir diese Dynamik als einen bestimmten Pfad zurechtlegst, schaffst du dir nur wieder neue Halteseile für dein Ich. Dein Ego wehrt sich so unendlich trickreich gegen seinen Machtverlust, dass es jedes neue spirituelle Konzept sogleich dazu verwendet, sich zu stabilisieren und weiter zu verbessern. Wenn es eine spirituelle Reise gibt, dann ist sie nicht dazu da, dich an einen neuen Bestimmungsort zu führen, damit du dort etwas erlangen kannst, was du noch nicht hast. Dich deiner wahren Natur und deiner seelischen Bestimmung bewusst zu werden, ist ein Prozess der Erinnerung.

Selbst-Erkenntnis ist also lediglich eine Selbst-Erinnerung, ein allmähliches Hineinwachsen in etwas, was von Anfang an da ist. Schließlich bist du zu Beginn auch im vollen Bewusstsein deines Potenzials und deines Auftrags in dieses Leben gestartet. Dich zu erinnern heißt, deinen eigentlichen Wesenskern, den du im Laufe deines Lebens verdreht, verleugnet und vergessen hast, wieder ans Licht zu holen. Selbst-Erkenntnis ist ganz einfach die Auflösung der Unwissenheit über deine Existenz und das Leben und damit die Befreiung von der Illusion des Ichs.

Für ein vertieftes Gewahrsein deiner wahren Natur brauchst du nichts zu lernen und nichts zu erreichen. Es genügt, all das zu verlieren, was nicht zu dir gehört. Wenn Phönix nur aus der Asche steigt, brauchst du dich nicht um den Phönix zu kümmern. Du kannst nur alles dafür tun, um das niederzubrennen, was ihn verhindert. Deiner Wahrheit kannst du allein unter dem Schutt deiner falschen Identitäten und moralischen Bewertungen begegnen. Durch das Verbrennen von mentalem und emotionalem Schrott kehren die Gefühle und Sehnsüchte, die zu dir gehören und die du so lange aus deinem Leben ausgesperrt hast, von selbst in dein Leben zurück.

Es ist wichtig zu wissen, dass Selbsterkenntnis nicht primär über den Geist verläuft, sondern über den Emotionalkörper. Gefühle sind die Basis deiner Lebensgestaltung. Alles, was du tust, tust du nur, um ein ganz bestimmtes Gefühl zu fühlen und ein anderes bestimmtes Gefühl zu vermeiden. Und alles, was du getan hast, bleibt wesentlich als emotionale Schwingung in deinem Körper-Geist-System zurück. Was du bist, zeigt sich also weitaus eher in dem, was du fühlst, als in dem, was du über dich denkst.

Selbst-Erinnerung erfordert deshalb andauernde und vielfältige emotionale Bewegung, wie auch immer diese zustande kommt und wohin auch immer diese auf der äußeren Lebensbühne führt. Denn jedes Gefühl übermittelt dir – sofern du offen dafür bist, es ganz zu fühlen – eine Information aus deinem seelischen Feld. Liebe ergibt sich wesentlich aus der angstfreien Offenheit gegenüber deinen Gefühlen. Innere Freiheit ist in erster Linie die Freiheit, deine Gefühle zuzulassen.

Und so führt dich der Weg der Freiheit stets in deine nächste Angst hinein. Denn es ist die Angst, die dich daran hindert, mitten im Sturm des Lebens offen und durchlässig zu bleiben. Je mehr du mit deinen Ängsten Freundschaft schließt, desto mehr kannst du dich in deine wahre Natur als reines, offenes Gewahrsein hinein entspannen. Indem du dich auf deine Ängste einlässt und dich in ihrer Obhut auf die unbekannten Seiten deines Bewusstseins einlässt, folgst du deiner tiefsten Sehnsucht, der Sehnsucht deiner Seele nach sich selbst.

Lass also deine Sehnsucht wieder zu nach deiner wahren Größe, nach deiner unbegrenzten, unsterblichen Natur, nach deiner Macht und nach all dem, was du in dir trägst! Bekenne dich zum Größten, was du hast, anstatt dich mit den Kleinigkeiten abzufinden, die du bereits von dir kennst! Denn nur weil du das Größte, was du bist, nicht annimmst, suchst du pausenlos nach etwas Großem im Außen und willst etwas Besonderes sein: noch größer, noch stärker, noch reicher, noch schöner. Mit dieser pausenlosen Verbesserungsmanie hältst du nur deinen Schmerz, deine Angst und deine Schuld von dir fern. Doch genau in diesem Schatten, den du dir nicht angucken willst, liegt deine wahre Größe.

Hör also auf, dich ständig von dir selbst abzulenken, indem du reflexartig nach dem nächsten Lust-Kick im Außen suchst! Hör auf, dir stets vom nächsten Partner oder vom nächsten spirituellen Konzept die Erlösung von dem zu erhoffen, was du an dir verabscheust! Gib dich dir endlich selbst hin und halte dich als der aus, der du bist! Anerkenne dich genau so, wie du dich jetzt wahrnimmst, mit allen Macken und Makeln! Mach dir bewusst, dass du nicht in dieses Leben gekommen bist, um glücklich zu sein, sondern um durch deine Prozesse hindurchzugehen! Mute dich dir selbst zu und kümmere dich nicht länger darum, ob dir das, was dir begegnet, auch gefällt!

Selbstliebe ist keine Belohnung dafür, in der Welt eine gute Nummer abzugeben. Deine Liebe zu dir selbst kannst du dir nicht verdienen, auch wenn man dir das als Kind so beigebracht hat. Liebe kannst du nur zulassen, indem du aufhörst, sie durch deine Neins zu blockieren. Liebe schließt alles ein, das Helle und das Dunkle, und damit wird sie immer größer sein, als du es glauben und erfassen kannst. Liebe ist gerade auch das Ja zu deiner Unvollkommenheit, zu deiner Schuld, zu deiner Scham, zu deinem Gefühl des Ungenügens, zu deiner Einsamkeit und zu deiner Versagensangst.

Erst die Suche nach einer Lösung kreiert das Problem. Dabei besteht die Lösung ganz einfach genau in dem, was dir in diesem Augenblick widerfährt. Wenn dir beispielsweise deine Arbeitsstelle gekündigt wird, liegt darin zugleich die Möglichkeit, kreativ zu werden und etwas Neues zu entwickeln. Dein Verstand muss sich gegen diese Sichtweise wehren. Denn wenn er akzeptieren würde, dass alles, was geschieht, seine Richtigkeit hat, würde er zuletzt selber arbeitslos werden. Und da er sich primär über sein ständiges Beschäftigtsein definiert, versucht er das um jeden Preis zu verhindern.

Die Lösung ist immer vor dem Problem da. Das, was geschieht, ist nur eine Aufforderung zum ehrlichen Hinschauen – und damit die momentan beste Gelegenheit zum Durchschauen deiner Blindheit. Gleichermaßen ist die Antwort auf jede Frage immer der Fragende selbst. Wenn du etwa danach fragst, wie du deine Lebensidee und deine Lebensaufgabe erinnern kannst, dann mach dir dein Sicherheitsbedürfnis bewusst, aus dem heraus diese Frage entsteht. Wenn du dich fragst, wie du an den Ort deiner Sehnsucht gelangst, dann öffne dich der Sehnsucht selbst.

Dich dem Leben hinzugeben, läuft darauf hinaus, selbst zur Frage zu werden und den Prozess deiner Selbst-Erinnerung zu einer absichtslosen Forschungsreise werden zu lassen. Je offener du an dich herantreten lässt, was du von dir noch nicht kennst und bislang im Dunkeln gehalten hast, desto müheloser kommst du mit deiner seelischen Essenz in Resonanz.

Letzten Endes kann es nur deine innige Sehnsucht nach deiner ureigenen, eingeborenen Wahrheit sein, die dich mit dem Mut und der Willenskraft versorgt, die nötig sind, um die Enge deines begrifflichen Bezugsrahmens und deiner eingespielten Rollenfixierung zu durchschauen. Niemand kann es dir abnehmen, deinem selbst erbauten Käfig zu entkommen. Diesen Schritt musst du selbst tun.

Du bist nicht verpflichtet, aus deinem Ego-Gefängnis auszubrechen. Es ist auch nicht so, dass an deinem Streben nach Harmonie etwas falsch wäre. Es ist dir freigestellt, dich von diesem unbewussten Bündel aus Angst, Mangel und Kontrolle weiterhin durch den Vergnügungspark Welt hetzen zu lassen. Dann sei aber bitte ehrlich und höre auf, dein Ich heilig sprechen zu wollen.

Wie auch immer du dich entscheidest, deine Sehnsucht hat längst entschieden. Deine Sehnsucht nach Wahrheit ist die Sehnsucht Gottes nach sich selbst, die sich deine Geschichte als Vehikel der Selbst-Erkenntnis ausgesucht hat. Die Erfahrung deiner seelischen Essenz, jenseits von Wahl und Motiv, ist die bestmögliche Erfahrung von Existenz, die dir in diesem Leben beschert sein kann. Das einzig wahre Glück besteht darin, du selbst zu sein, ohne Wenn und Aber.

Kein Licht ohne Schatten

Das Leben hat es auf das Ganze abgesehen. Die auf Wohlgefühl und Selbstverbesserung ausgerichteten Angebote des psychospirituellen Marktes müssen deine tiefste Sehnsucht daher genauso verfehlen wie die am vermeintlich „Guten" orientierten Religionen und Moralsysteme. Indem diese nämlich darauf abzielen, das Böse auszumerzen, verkennen sie die zentrale Gesetzmäßigkeit, die das stoffliche Universum prägt, das Prinzip der Polarität. Licht gibt es nicht ohne Schatten. Das Helle gibt es nur im Zusammenspiel mit dem Dunklen. Und so kannst auch du deine Ganzheit nur entdecken, wenn du bereit bist, in die Dunkelheit hinabzusteigen.

Wo einseitig das Helle betont wird, wächst in dessen Schatten automatisch das Dunkle mit. Doch in Wirklichkeit ist das Dunkle – das Unbewusste, das Unbekannte, das Unterdrückte, das „Schlechte" und das „Böse" – lediglich das, was dir zu deiner Ganzheit fehlt. Der einzige Unterschied zum Hellen besteht darin, dass du das Dunkle bislang noch nicht in den Lichtkegel deines Bewusstseins genommen hast.

Der Teufel ist nicht der Gegenspieler, sondern ein integraler Teil Gottes, ein notwendiger Aspekt der göttlichen Vollkommenheit. Und so stellt sich Mephisto in Goethes „Faust" zu Recht vor als „Teil von jener Kraft, die stets das Böse will und stets das Gute schafft." Wenn also das Gute in der Ankerkennung des Bösen besteht und das Böse nur vom Bösen als Böses erkannt werden kann, dann gilt es das Schattenreich des so genannten Dunklen wertfrei zu erforschen und als gleichwertigen Teil der höheren Ordnung des Lebens zu befreien.

Deine ganze Wahrheit einzufordern, läuft darauf hinaus, deine wahre Ganzheit anzuerkennen. Der Aufbruch zu deiner Wahrheit erfordert demnach die Bereitschaft, dich vorrangig mit jenen Aspekten zu konfrontieren, die du lieber nicht sehen willst, und dich auf Fragen einzulassen, die du dir bislang nicht zu stellen gewagt hast. Dabei gilt es, dir einzugestehen, dass trotz deines Strebens nach sogenannt positiven Gefühlen der Krieg in deinem Innern noch immer heftig tobt, ja die Kluft zwischen Idealbild und Realität womöglich noch größer geworden ist. Und so kommst du nicht umhin, dich jenem giftigen Geflecht aus unterdrückten Emotionen und einschränkenden Glaubensmustern zuzuwenden, das angstvoll unter dem Deckel deiner Unbewusstheit gärt: deiner Scham und deinen Schuldgefühle, deiner Einsamkeit und deinem Gefühl des Versagens, deinem Hass und deiner Perversion und deiner unendlichen Angst vor dem unkontrollierbaren Unbekannten.

Die Entfaltung der eigenen Wahrheit strebt nicht nach dem Hellen, sondern nach dem Ganzen. Den Himmel aus „Licht und Liebe" gibt's nicht ohne die Hölle der Begegnung mit deinen tiefsten Ängsten und Widerständen. Diese laden dich geradezu dazu ein, dich deiner Täuschungen und Illusionen über dich und das Leben bewusst zu werden. Und sie zeigen dir stets den nächsten Schritt zur Befreiung deiner seelischen Essenz auf. Denn wo das Ich „Nein!“ ruft, da schreit die Seele „Ja!".

Wenn es vor allem deine Ängste sind, die dich daran hindern, dich in die Hölle deiner aufgestauten Aggression, deines schwelenden Selbsthasses und deiner uneingestandenen sexuellen Phantasien zu begeben, dann sind genau diese Ängste auch deine besten Wegbegleiter. Nimm sie bei der Hand und lass dir gleich von ihnen selber aufzeigen, wovor sie sich fürchten. Denn erst in der Begegnung mit der Angst erkennst du, dass die Angst letztlich nur vor sich selbst Angst hat.

Weder das Leben noch gelebte Spiritualität haben also irgendetwas mit Verbessern, Aufsteigen oder Emporschweben zu tun. Wenn du geglaubt hast, der Himmel sei oben, dann hast du dich einfach nur mächtig getäuscht. Da oben ist nichts als gähnende Langeweile. Der Weg in den Himmel führt dich vielmehr in die Hölle. Das Leben will dich nicht in die Höhe, sondern in die Tiefe führen, und zwar in deine eigene Tiefe. Das Leben ist kein Aufstieg auf der Himmelsleiter, sondern das andauernde Wagnis, dich fallen zu lassen, tiefer und immer tiefer. Das Leben ist also nichts als eine einzige „Ent-Täuschung".

2. Selbst-Erinnerung

Selbsterkenntnis führt dich ins Unbekannte

Im Prozess der Erinnerung deiner seelischen Essenz sind Widerstände und Ängste hilfreicher als reibungslose Harmonie und erfüllte Erwartungen. Diese Tatsache ist eine schallende Ohrfeige für deinen Verstand. Schlimmer noch: Dass es im Ringen um deine Wahrheit nichts zu begreifen, nichts zu kontrollieren und nichts zu steuern gibt, versetzt ihn vollends in Ohnmacht. Während der Verstand nur „äußere" Phänomene zu reflektieren vermag, sich also nur mit der Außenwelt und mit der um äußere Stabilität besorgten Persönlichkeit beschäftigen kann, liegt deine Essenz im Innern. Deshalb kann sie nur auf der Ebene des reinen Gewahrseins und des neutralen, wertfreien Fühlens angenähert werden.

Deine Selbsterkenntnis ist kein Sonntagsspaziergang und keine Wohlfühlübung. Du kriegst sie weder kostenlos unter die Nase gerieben noch kannst du sie unverbindlich mal ein paar Tage testen, um zu prüfen, ob es sich lohnt, dich auf sie einzulassen. Deine Wahrheit verlangt den Einsatz deines ganzen bisherigen Lebens, ohne Netz und doppelten Boden. Um sie zu dir zurückzunehmen, wirst du allen deinen Mut aufbringen müssen. Und es wird dabei nicht nur dein Verstand in Kontakt mit seiner Ohnmacht kommen, sondern restlos alles, was du bislang geglaubt hast zu sein.

Bei aller Unvorhersehbarkeit und bei aller Unzulänglichkeit, seelische Vorgänge in Sprache zu fassen, kann es für deine Selbst-Erinnerung trotzdem von Bedeutung sein, dich zunächst einmal auf der geistigen Ebene mit der Struktur und den wichtigsten Gesetzmäßigkeiten des Kosmos und der Seele vertraut zu machen. Dazu zählt vor allem das „Prinzip der Polarität", gemäß dem jedes Phänomen nur in der Spannung zu seinem Gegenpol existieren und erkannt werden kann.

In Bezug auf die seelische Entwicklung innerhalb deines irdischen Lebens lässt sich das „Prinzip der Polarität" als „Prinzip der Verdrehung" präzisieren: „Du wirst in etwas hineingeboren und gehst eine lange Zeit in etwas hinein, was du nicht bist, um zu erkennen, was du bist." Um also deine seelische Essenz zu erkennen und zum Ausdruck zu bringen, kommst du nicht umhin, zunächst ihre gegenteiligen Aspekte zu erfahren und anzunehmen. Die Essenz der Macht erschließt sich nur über die Erfahrung der Ohnmacht. Und wahre Unabhängigkeit ergibt sich erst aus der Akzeptanz der eigenen Schöpfung der Abhängigkeit.

Diese innerhalb der spirituellen Philosophie so zentrale Gesetzmäßigkeit ist wohl diejenige, die von der gegenwärtigen Wohlfühl-Mentalität am meisten ignoriert wird. Mit ihrer Botschaft, dich mit deiner eigenen Dunkelheit zu versöhnen, und ihrer Konsequenz, den Himmel gebe es nicht ohne die Hölle, wird sie auch kaum je große Popularität erlangen. Ihrer Wahrheit tut dies indes keinen Abbruch.

Unbegrenztes Bewusstsein und fiktives Universum

Im Selbstverständnis unserer „aufgeklärten" Kultur hältst du dich für eine Person, die vor so und so vielen Jahren geboren worden ist und sich in absehbarer Zeit wieder aus dieser Welt verabschiedet. Doch diese äußere Welt, die Welt der Materie und der Form, die du mit deinen Sinnen erfahren und mit deinem Verstand analysieren und bewerten kannst, ist bloß eine vordergründige Erscheinung. Sie ist eine Welt der Wirkungen, deren wahre Ursachen im unsichtbaren Hintergrund angesiedelt sind. Die Außenwelt – und dazu gehört auch deine Persönlichkeit, die sich auf diesem Planeten ein schönes Leben einzurichten versucht – ist nichts als ein gigantischer 360-Grad-Panoramaspiegel in 3D. Die Welt – oder vielmehr das, was du von ihr wahrnimmst – ist lediglich die äußere, sichtbare Reflektion deiner inneren, seelischen Realität.

Bei dieser „Innenwelt" handelt es sich nicht um irgendeine abgehobene esoterische Parallelwelt, sondern um etwas, das du nur übersehen kannst, weil seine Präsenz so offensichtlich ist. Das unbegrenzte Bewusstsein ist schlicht und einfach der Raum, der alle scheinbar äußeren und inneren Inhalte umgibt und durchdringt. Es ist die Leinwand, aufgrund deren du den Film deines Lebens überhaupt erst wahrnehmen kannst. Und so hast du zu dieser Dimension der Unendlichkeit und ihren feinstofflichen Informationen jederzeit Zugang, sobald du deine Aufmerksamkeit von den Inhalten abziehst und „nach innen" richtest.

Das ganze Universum ist Fiktion. Das, was du für die Wirklichkeit hältst, ist lediglich ein Traum des unbegrenzten Bewusstseins. Alles, was dich tagtäglich bedrückt und begeistert, ist eine Spielart des unverursachten, zeitlosen Gewahrseins. Die Welt der Form und der Materie, sämtliche Erscheinungen in Raum und Zeit entspringen gewissermaßen der Lust des unbegrenzten Bewusstseins, sich als räumlich und zeitlich begrenzt wahrzunehmen.

Über das Bewusstsein – oder welchen Namen du auch immer für das verwenden willst, was traditionellerweise mit den vier Buchstaben G-o-t-t bezeichnet worden ist – kann nichts ausgesagt werden, was nicht missverständlich und widersprüchlich wäre. Denn die Sprache und das menschliche Verständnisvermögen sind selbst nur bescheidene Versuche der begrenzten, dualistischen Form, sich dem Unbegrenzten, Nondualen und Formlosen anzunähern. Trotzdem ist auch diese Unvollkommenheit nur ein Ausdruck der Vollkommenheit.

Warum denn, so magst du dich fragen, begnügt sich das Bewusstsein nicht mit sich selbst? Warum konfrontiert dich dieses Bewusstsein überhaupt mit einer unvollkommenen Welt, die im Endeffekt sogar eine Illusion sein soll? Wie bei jeder Frage, ist die Antwort auch hier der Fragende selbst. Wenn du aus einer Sichtweise der Verwirrung heraus fragst, dann geht es schlicht und einfach darum, dass das Bewusstsein Lust hat, sich zum einen als Verwirrung, zum anderen als Verwunderung über diese Verwirrung in deinem Körper-Geist zu manifestieren.

Auf dieser Frageebene wirst du niemals eine sinnvollere Antwort erhalten können als einen Verweis auf die unergründliche „Eigenwilligkeit" des Bewusstseins. So vollzieht sich offenbar „Lila", das Spiel des Göttlichen mit sich selbst. Die unzähligen Varianten, in denen sich Bewusstsein in der Dualität manifestiert, sind in menschlichen Kategorien weder sinnvoll noch sinnlos, sondern einfach nur das, was sie sind. Die Totalität der Schöpfung ist ihre eigene Ursache und ihre eigene Erfüllung, ohne jeden „höheren" Zweck. Und da du im Grunde deines Seins identisch bist mit dem Bewusstsein, hast du selbst das alles genau so gewollt.

Die polare Welt als Erfahrungsraum

Aus einer anderen Perspektive lässt sich die Frage nach dem „Abstieg" des reinen Bewusstseins in die Manifestation anhand der Sehnsucht des Bewusstseins nach Erfahrung erörtern. Dem Absoluten ist es in gewisser Weise nicht genug, absichtslos in vollumfänglicher Harmonie, bedingungsloser Liebe und unerschütterlichem Friede zu ruhen. Als wäre der Himmel sich selbst zu himmlisch, erschafft er aus sich selbst heraus Variationen, die Bewegung, Spannung und damit Erfahrung ermöglichen. Aus diesem Impuls nach Selbsterkenntnis heraus kreiert das grenzenlose Bewusstsein die Erde mit ihrer Stofflichkeit, ihrer Zeitlichkeit und ihren Widersprüchlichkeiten.

Erfahrung ergibt sich nur durch die Spannung und die Reibung zwischen dem einen und dem andern. Und dazu braucht es erst einmal die Existenz von Phänomenen, die sich voneinander unterscheiden. Aus der Sehnsucht nach Erfahrung geht das Bewusstsein „in Aktion" und erträumt sich die Dualität. Aus der Quelle der universalen Energie gehen sämtliche Polaritäten hervor, die dein irdisches Leben prägen. Letztlich bilden aber auch sie nur eine weitere illusionäre Erscheinung des einen, ungeteilten Bewusstseins. Die göttliche Quelle erfindet räumliche und zeitliche Grenzen, um im fortdauernden Prozess von Schöpfung und Zerstörung alle seine Ausdrucksmöglichkeiten zu erkunden und sich schließlich im ewigen Wandel von Werden und Vergehen, in dem auch dein Körper-Geist zeitweilig als Spielfigur auftritt, seiner wahren Natur als unbegrenztes, unbewegtes, zeitloses Sein zu erinnern.

Du kannst ein Phänomen nur dann in seiner Besonderheit und in seinen Qualitäten erkennen, wenn du seinen polaren Gegensatz bewusst mit einbeziehst. Du kannst den Tag nicht verstehen, wenn du nicht auch die Nacht kennst. Ein Spiel oder eine Sportart wäre langweilig und meistens auch sinnlos, wenn nicht mehrere Spieler oder Gruppen gegeneinander kämpfen würden. Du wirst niemals deine Männlichkeit erleben und zum Ausdruck bringen können, wenn du dich nicht gleichzeitig auf die Welt der Frau und dadurch auf deine innere Weiblichkeit einlässt. Deine Wut zeigt dir nur deine verhinderte und zurückgehaltene Liebe zu dir selbst. Und du wirst niemals ganz in deine Kraft kommen, solange du dich weigerst, auch deine Ohnmacht zu akzeptieren.

Polarität ist allerdings nicht nur notwendig zur Erkenntnis von Gegensätzen, sondern auch zur Bewusstwerdung der ihnen zugrunde liegenden Einheit. Erst durch die intime Vertrautheit mit dem Weiblichen und dem Männlichen in dir, erst durch die Akzeptanz deiner Ohnmacht und deiner Macht zeigt sich dir, dass es sich bei diesem vermeintlichen Gegensatz um die beiden Seiten ein und derselben Münze handelt. Damit ist in jedem Pol die Existenz des Gegenpols bereits unabdingbar angelegt. Unter den Bedingungen der Polarität erweist sich so der permanente Wandel als einzige Form von Beständigkeit.

Der ganze Kosmos – und damit auch du selbst – ist durchdrungen von der Sehnsucht des Einen nach sich selbst. Um sich in seiner Ganzheit und seiner Essenz erleben zu können, ist jedoch die vorangehende Trennung notwendig. Die Vollkommenheit des Hintergründigen kann sich nur in der Unvollkommenheit des Vordergründigen nach ihrer Vollkommenheit zurücksehnen, um sich schließlich als Vollkommenheit wiederzuerkennen. Die Sehnsucht nach Sinn und Freiheit – und damit der Sinn und die Freiheit selbst – ergeben sich nur aus der vorangehenden Begrenzung.

Und so entfaltet sich die gesamte Schöpfung im Wechselspiel der Trennung von sich selbst und der gleichzeitigen Sehnsucht nach Selbst-Erinnerung. So, wie das Ganze sich nach sich selbst sehnt, strebt das Getrennte nach dem Wiedererkennen seiner Ganzheit. Allen voneinander getrennten Erscheinungen wohnt der Drang inne, wieder zur Einheit zusammenzukommen. Und weil diese Kraft der Gegensatzvereinigung nichts anderes ist als Liebe, geht Liebe immer nur aus der Trennung, aus der Angst und aus dem Schmerz hervor.

Erfahrung erfordert nicht nur die Dimension der räumlichen Trennung, sondern ist auch auf die Illusion der Zeit angewiesen. Aus der Perspektive der All-Einheit ist zwar alles schon immer geschehen und seit Ewigkeiten in der Potenzialität des Seins angelegt. Doch ohne räumliche und zeitliche Unterscheidungen lässt sich nicht viel mehr feststellen, als dass alles nichts ist und nichts alles. Nur die zwischenzeitliche Fiktion des Getrenntseins und vorübergehendes Nicht-Wissen ermöglichen Selbsterfahrung und Selbsterkenntnis.

Deswegen muss sich Gott zunächst einmal in der Gestalt eines konkreten Menschen „verkörpern" und sich darin „vergessen". Erst wenn du dich nicht mehr an deinen göttlichen Ursprung erinnerst, bist du offen dafür, die Erfahrung deiner Göttlichkeit zu ersehnen, als etwas Neues zu entdecken und bewusst zu erforschen. Die Bewegung von der Unwissenheit zum Wissen, von der Unerfahrenheit zur Erfahrung scheint für das Bewusstsein offensichtlich reizvoller zu sein als der „Stillstand" der reinen Selbstbezogenheit.

In Wirklichkeit spielt sich alles gleichzeitig ab: Die Sehnsucht des Bewusstseins nach Selbsterleben, die Schöpfung der Welt, die Trennung aus der Einheit, die Inkarnation in die Dualität, das Vergessen der seelischen Essenz, die Verdrehung der seelischen Essenz, die Erinnerung der seelischen Essenz und damit die Erinnerung des Einsseins. Doch um diese kosmische Wundertüte bewusst und in ihrer Vielschichtigkeit zu erfahren, musst du sie in deiner Wahrnehmung zunächst einmal in verschiedene zeitliche Prozesse aufteilen.

Dass die Zeitlosigkeit sich die Zeit erschaffen muss, um sich als zeitlos zu erfahren, wird für deinen Verstand auf ewig paradox bleiben. Ebenso rätselhaft muss ihm erscheinen, warum das ungetrennte Bewusstsein sich scheinbar von sich selbst abtrennt. Dein Verstand wird darauf niemals eine befriedigende Antwort finden, denn er ist – genauso wie die Zeit und das getrennte Bewusstsein – ein Produkt der Polarität und damit Teil der Illusion, die nötig ist, um die Illusion zu durchschauen.

Sehnsucht der Seele nach sich selbst

Auf der Ebene des reinen Bewusstseins kristallisiert sich die Sehnsucht des Einen in unendlicher Vielfalt in dem, was hier als „Seele“ bezeichnet werden soll. Ihre Aufgabe besteht darin, die göttliche Sehnsucht auf die Erde zu bringen, damit diese sich in der Dimension der raumzeitlichen Erfahrung ihrer wahren Natur gewahr werden und sich als ungeteilte Einheit erinnern kann. Als Mittlerin zwischen dem Einen und der Mannigfaltigkeit der dualen Welt ist sie gleichzeitig ein individueller Anteil der All-Einheit und die All-Einheit selbst. In ihrer Doppelnatur ist sie eine Welle im Ozean und damit auch der Ozean. Sie ist ein spezifischer Ausdruck des Ganzen und zugleich eins mit dem einen, ungeteilten Urgrund.

In deiner seelischen Essenz bist du reines, unbegrenztes Bewusstsein, das sich aus Sehnsucht nach sich selbst in die Polarität begeben hat. Deine Seele ist erfüllt vom schöpferischen Impuls, die feinstoffliche Idee, die sie in sich trägt, in der grobstofflichen Welt zu erfahren. Zu diesem Zweck hat sie sich entschieden – und entscheidet sich noch immer in jedem Augenblick –, sich den dafür am besten geeigneten Menschen zu erschaffen. Deine Seele hat all das, was dich ausmacht, als ideal dafür erachtet, ihre individuelle Essenz „mit Haut und Haar” in deinem Leben zu erfahren und sich dadurch als Aspekt der Einheit wiederzuerkennen.

Auf der zeitlosen seelischen Ebene hast du all das, was du in deinem Leben zu erleben und zu erfahren hast, bereits symbolisch in deinem „Drehbuch“ niedergeschrieben. In der Sehnsucht, deine Lebensidee als Mensch zu erfühlen, und im inneren Wissen um die kosmologischen Gesetzmäßigkeiten hast du dir in aller Freiheit exakt jene Eltern und jene Lebensumstände ausgesucht, die bei allem Schmerz und allem Leiden optimal dazu geeignet sind, dass du im Laufe deines Lebens – über die Erkenntnis dessen, wer du nicht bist – deine wahre Bestimmung wiederentdecken und dein volles Potenzial an Kraft, Kreativität und Liebe zum Ausdruck bringen kannst.

Auch wenn das für deine Ich-Konstruktion niemals zu begreifen ist: Deine Aufgabe als Mensch besteht einzig und allein darin, deinen bereits gedrehten Lebensfilm nun noch als Hauptdarsteller zu durchleben, ihn in allen seinen Facetten gefühlsmäßig auszukosten und ihn auf diese Weise als deine eigene Kreation zu erinnern und zu bejahen.

Du trittst also aus dem einzigen Grund in diese irdische Existenz, um das, was du als feinstoffliche Information in dir trägst, in die Sichtbarkeit zu bringen. Du bist einfach nur ein gigantisches Licht im Universum, das zu einem gewissen Zeitpunkt aufscheint und wieder verglüht. Es würde genügen, deiner dir innewohnenden Natur mühelos Ausdruck zu verleihen und einfach nur absichtslos vor dich hinzustrahlen – ohne heller, schlauer oder besser positioniert sein zu wollen als irgendein anderes Licht. Es wäre eigentlich alles so einfach – wenn du nicht vergessen hättest, wer du wirklich bist.

Verdrehung der seelischen Essenz

Dieses Vergessen ist jedoch notwendig. Denn nur durch die vorübergehende – und letztlich illusionäre – Trennung von deiner Wahrheit wächst in dir die Sehnsucht nach deiner ursprünglichen Essenz. Diese „wickelt" sich nach deiner Geburt als irdisches Wesen vorübergehend „ein", um von dir ersehnt und bewusst „ent-wickelt" zu werden. Zu Beginn deines Lebens kommst du als Seele nämlich im vollen Bewusstsein deines Drehbuchs auf dieser Erde an, voller Neugier, deine Geschichte in irdischer Gestalt zu erleben. Der Akt der Inkarnation ist somit auch ein Akt der Trennung. Indem deine Seele „sich vergisst", verblasst auch allmählich das Gefühl für dein ursprüngliches Aufgehobensein im göttlichen Urgrund und damit die intuitive Verbindung mit deiner seelischen Essenz.

Mit dem „Selbstvergessen" deiner Seele beginnt nun das „Prinzip der Verdrehung" zu spielen. Deine ursprüngliche Identität zu vergessen, bedeutet nämlich, sie während deiner ersten Lebensphase zu „verdrehen", sie also in ihr Gegenteil zu verkehren. Zu diesem Zweck kreierst du dir auf seelischer Ebene dein individuelles „Anfangsdrama": Du wählst dir deine Eltern und deine Geburtsumstände so aus, dass du dich als erstes mit dem Gegenpol dessen identifizierst, was du im Grunde deines Herzens bist.

Wenn du beispielsweise in dieses Leben gekommen bist, um die Qualität der Unabhängigkeit zu verkörpern, dann wirst du in der ersten Lebenshälfte nichts anderes tun, als dich voller Freude in alle möglichen Abhängigkeiten zu verstricken. Erst wenn du den Zustand der Abhängigkeit in allen seinen Spielarten kennst und von ihm gänzlich die Schnauze voll hast, wächst in dir die Sehnsucht nach deiner wahren Bestimmung. Und erst durch die intime Vertrautheit mit dem Gefühl der Abhängigkeit, die du schließlich schmerzhaft als Verdrehung deiner wahren Identität erkennst und anerkennst, erschließt sich dir die Qualität wahrer Unabhängigkeit.

Dein Landen auf diesem Planeten ist also gleich eine doppelt harte Landung. Zur Trennung von deiner Essenz im „Anfangsdrama“ kommt die Trennung von der All-Einheit hinzu. Dieser „Geburtsschock“, der als brutaler Rauswurf aus der grenzenlosen Weite deiner energetischen Heimat erfahren wird, hat dich mit dem Empfinden eines grundsätzlichen Mangels ausgestattet und dein Vertrauen in die innere Führungskraft in den Grundfesten erschüttert.

Die zunehmende Trennung von der Einheit und die Verdrehung der eigenen Identität werden – neben kulturell angelegten und erzieherisch vermittelten Wertmustern – wesentlich durch die kindliche Wahrnehmungsweise begünstigt. Darin sind die Innen- und die Außenwelt nämlich noch kaum voneinander unterschieden. Als kleines Kind beziehst du automatisch alles Äußere auf dich selbst und überträgst sämtliche inneren Regungen auf deine Umgebung. Während du den Blick nach außen richtest, hältst du das, was du siehst, für wirklich, ganz so, wie wenn du im Kino wie gebannt auf die Leinwand schaust, virtuell in die Schauspieler hineinschlüpfst und vergisst, dass du in einem Kinosessel sitzt.

Während du nur erkennen kannst, womit du innerlich in Resonanz stehst, verkennst du in dieser naiven Realitätsauffassung das Prinzip der Welt als Spiegel. Indem du den Blick auf die Außenwelt fixierst und dich mit dem identifizierst, was du siehst, verlegst du deine Kernqualitäten nach außen. Wenn du also mit dem Bewusstsein der Macht oder der Unabhängigkeit nach draußen schaust, erblickst du lauter tatsächlich oder angeblich machtvolle und unabhängige Menschen. Lokalisierst du in deiner kindlichen Wahrnehmung die Macht außerhalb von dir, besteht deine erste Ich-Erfahrung darin, selbst nicht mächtig zu sein, festgehalten im Glaubenssatz: „Ich bin nicht Macht." Und da eine Negation für eine kindliche Psyche schwer zu begreifen und zu ertragen ist, identifizierst du dich mit dem Gegenteil dessen, was du siehst: „Ich bin Ohnmacht".

Deine erste Identität im Leben formt sich also durch die Verlagerung deiner seelischen Essenz nach außen, durch die Projektion eigener seelischer Qualitäten auf deine unmittelbaren Bezugspersonen: auf Eltern, Freunde, Lehrer, Vorgesetzte oder Partner. Indem du dich mit effektiv oder scheinbar machtvollen Menschen umgibst, füllt dein geschwächtes Ich sein Macht-Vakuum. Da du über deine Projektionen wenigstens stellvertretend mit deiner Kernessenz in Verbindung kommst, wirst du dich fortan nur noch in diesem Abhängigkeitsverhältnis einigermaßen ganz und vollständig fühlen.

Während deine verdrehte Identität – das Gefühl der Ohnmacht, des Ausgeliefertseins und der Opferrolle – für die Selbsterhaltung deines Egos notwendig bleibt und sich durch das fortwährende Projizieren aufrechterhält, bleibt deine Kernessenz – deine natürliche Macht – im Unterbewusstsein aktiv und versucht auf immer neuen Wegen, dich an seine anhaltende Existenz zu erinnern. Und so bietet sich als nächste unbewusste Variante, dich deiner ursprünglichen Essenz anzunähern, die Strategie der Kompensation an.

Bei der Kompensation bemüht sich dein Ich darum, jemand Bestimmtes werden zu wollen. Es hofft, seine angenommene Ohnmacht dadurch überwinden zu können, dass es sich stark gibt. Es versteckt seine Ängstlichkeit hinter einer Miene kontrollierter Souveränität, deckt sich mit prestigeträchtigen Dingen ein oder versucht es mit äußerlichem Machtgehabe und gebärdet sich als Macho. Kompensation ist also die Leugnung der Leugnung deiner Kernessenz. Du erahnst den Schmerz, den du dir mit deiner Identitäts-Verdrehung eingehandelt hast, willst ihn aber nicht wahrhaben und flüchtest dich deshalb ins Gegenteil.

Es dürfte klar sein, dass du auf diese Weise niemals deine wahre innere Macht zurückerlangen wirst. Denn in der Welt der Polarität kann der eine Pol nur unter bewusstem Einbezug des Gegenpols zur Geltung kommen. Somit hast du dich mit der Herausbildung einer verdrehten Identität vollends in eine Zwickmühle gebracht. Einerseits dient sie dir dazu, ein ganz bestimmtes, schmerzhaftes Gefühl – nämlich das Gefühl der Ohnmacht – nicht fühlen zu müssen. Anderseits wirst du vom Gefühl, nach dem du dich im tiefsten Inneren sehnst – das Gefühl der Macht – solange abgeschnitten bleiben, bis du bereit bist, dem Schmerz deiner verdrehten Identität zu begegnen.

Das Ego als notwendige Illusion

Der Prozess der Identitätsverdrehung geht einher mit der Herausbildung des Ich-Empfindens. Als Kind wirst du in eine Welt hinein sozialisiert, in der die Trennung zwischen deinem Ich und dem Rest der Welt als zentrale Wahrnehmungs-Orientierung gilt. Diese verfestigt sich in dir nicht zuletzt durch moralische Bewertungen des kulturellen Umfeldes im Allgemeinen und deiner Erziehung im Besonderen. Die Unterscheidung zwischen dem Guten und dem Bösen beinhaltet im Kern die Botschaft: „Wenn du das Böse oder das Schlechte tust, bist auch du böse und schlecht. Und dafür sollst du dich schuldig fühlen!" Diese Androhung von Aufmerksamkeitsentzug erzeugt Angst: die Angst vor Verstoßung, Bestrafung und Einsamkeit.

Und so fängst du an, dich als jemand Eigenständiges zu behaupten, um dich gegen diese Bedrohung von außen schützen zu können. Die zunehmende Verfestigung eines Bündels an Ich-Vorstellungen, des so genannten Egos, stärkt zunehmend das Gefühl des Getrenntseins von der Außenwelt. Gleichzeitig durchdringt die Trennung zwischen außen und innen die Trennung zwischen Gut und Böse. In deiner Selbstwahrnehmung beginnst du, eigene innere Anteile als gut und als böse zu etikettieren, die angeblich guten nach außen hin wirksam zu präsentieren und die angeblich schlechten vor der Welt und vor dir selbst zu verstecken und zu leugnen.

Während du dich an äußeren Umständen und äußeren Normen orientierst und dich pausenlos bemühst, dich diesen bestmöglich anzupassen, merkst du kaum, dass du immer mehr Teile deiner selbst zurückstellst, verurteilst und unterdrückst. Die Angst, dich – vor dir und vor anderen – in deiner ganzen Wahrheit zu zeigen, hat zur Folge, dass du dich zunehmend von deiner Ganzheit und Vollkommenheit abspaltest. Dadurch verstärkt sich das

Bewusstsein des Mangels, das grundsätzliche Gefühl, nicht vollständig, nicht ganz, nicht gut genug zu sein, verbunden mit dem kompensatorischen Bedürfnis, dich zu verbessern, perfekt und demzufolge heil zu werden.

Die Verdrehung deiner Identität setzt sich also zunehmend fest im Gefühl, nicht richtig zu sein, und wird so zur Basis aller Werturteile, die du in dir trägst. So beginnst du, dem Verlust deines Urvertrauens durch ausgeklügelte Strategien zu begegnen, es trotzdem irgendwie „richtig" zu machen. Auf der Basis deines Trennungsschmerzes verfestigt sich die Vorstellung, dass du die Fäden deines Lebens selbst in die Hand nehmen und dich gegen die scheinbaren Widrigkeiten deines Daseins behaupten müssest. Aufgrund der Angst vor ungeliebten Gefühlen beginnt dein Ego, sich als eine innere Instanz zu gebärden, welche die Unwägbarkeiten des Lebens kontrollieren könne.

In der schmerzhaften Ahnung, sich von seiner Vollkommenheit abgeschnitten zu haben, beginnt jenes Ich-Empfinden, das einst als reiner Überlebensmechanismus entstanden war, eine immer größere Selbständigkeit für sich zu beanspruchen. Die sich herausbildende Persönlichkeit gründet auf einem mehr oder weniger fixen Repertoire an Verhaltensmustern. Um seine Existenzbedingungen zu stabilisieren, macht das Ego es sich zur Pflicht, seine verschiedenen Rollen auf den unterschiedlichen Bühnen des Lebens immer besser zu spielen. Es geht ihm dabei nicht einmal darum, jemand ganz Ausgefallenes zu sein. Es reicht ihm, jemand zu sein, der sich durch eine x-beliebige Besonderheit vom Rest des Universums unterscheidet. Hauptsache, es kann sich seine größte Angst vom Leib halten, nämlich die Angst davor, dass der Schwindel auffliegt und es in seiner eigenen Nichtigkeit entlarvt würde.

Im Laufe der frühkindlichen Entwicklung ergreifst du daher das erstbeste, nächstliegende Angebot – im vorangehenden Beispiel die verdrehte Identität der Ohnmacht –, um dich als ein Jemand zu konstituieren. Und da eine Identität nur durch andauernde Erfahrung überlebt, bleibt dir während deines Heranwachsens nichts anderes übrig, als dich in diesem falschen Selbstbild fortwährend zu bestätigen und von außen bestätigen zu lassen. Es ist so, als hättest du eine Brille aufgesetzt, deren Gläser nur das filtern, was das Gefühl deines eigenen Ohnmächtigseins bekräftigt. Gemäß dem Prinzip der Resonanz wirst du dich andauernd in einer Opferrolle wiederfinden und unbewusst Menschen in dein Leben einladen, denen gegenüber du dich schwach und unterlegen fühlst.

Oder angenommen, du hast dir als Kind die Haupt-Identität zugelegt: „Ich bin anders und gehöre deswegen nicht ganz dazu." Auch hier musst du diese Identität von morgens bis abends bestätigen, weil du nichts anderes hast. Da können Millionen Menschen dich lobpreisen und dich mit der Sänfte durchs Land tragen, du wirst trotzdem bis zum bitteren Ende darum kämpfen, dass du mit deinem Glauben an deine Einsamkeit Recht behältst.

Ohne diese Identität wärst du erstmal niemand mehr. Und da deine größte Angst in der Angst vor dem Nicht-Ich – vor der unbestimmten Leere des grenzenlosen Bewusstseins – besteht, wäre der Verlust deiner Identität noch viel schrecklicher als das Gefühl, nicht dazuzugehören. Auch wenn es von außen betrachtet idiotisch aussieht: Aufgrund deiner eigentümlichen Vertrautheit mit deiner Selbstverleugnung ziehst du eins ums andere Mal die „bekannte Hölle" dem „unbekannten Himmel" vor.

In der innigen Hassliebe zu deiner verdrehten Identität verlängerst du deine Kindheit oft noch lange ins Erwachsenenalter hinein. Doch um eines Tages zu erkennen, was du wirklich bist, kommst du gemäß dem „Prinzip der Verdrehung" nicht darum herum, zuerst gänzlich zu erkennen und gänzlich anzunehmen, was du nicht bist. Wenn du wirklich frei sein willst, musst du eines Tages bereit sein, diesen tiefen Schmerz in dir – die Verleugnung deiner Wahrheit – zu fühlen.

Diesen Schmerz, den du um jeden Preis zu verhindern suchst, bildet den Grundstein deines ganz persönlichen, von deiner Seele in perfekter Weise arrangierten Pfades der Rückeroberung deiner essentiellen Wahrheit. In diesem Sinne sind alle schmerzhaften Gefühle einfach nur Einladungen an dich, alle Seiten von dir angstfrei und wertfrei anzuschauen, zuzulassen und dem Leben zurückzuschenken. Denn hinter jeder Angst findest du ein weiteres Stück deines ursprünglichen Urvertrauens und damit deiner Liebe zu dir selbst.

zulassen

Von der Selbst-Vergessenheit zur Selbst-Erinnerung

Gemäß dem „Prinzip der Verdrehung" wirst du also in Umstände hinein geboren, aufgrund deren du dir eine erste Ich-Identität zulegst, die deiner seelischen Essenz entgegengesetzt ist. Mag dies für den Verstand absurd und für die Beliebigkeits-Esoterik viel zu umständlich klingen, ist diese „Selbstvergessenheit" bei Lichte besehen ein genialer Trick des unbegrenzten Bewusstseins.

Indem sich das Bewusstsein in deiner Persönlichkeit manifestiert, vollzieht sich das Spiel von Vergessen und Erinnerung in zweifacher Hinsicht: Dadurch, dass du dich vorübergehend mit deinem Körper-Geist identifizierst, dich für ein Ich hältst und deine ursprüngliche Identität verdrehst, verblasst sowohl deine bewusste Verbindung zum All-Einen als auch das Vertrauen in deine seelische Kernessenz. Und genau mit diesem „doppelten Versteckspiel" und der dadurch geweckten Sehnsucht gelingt es dem Absoluten schließlich, sich unter den Bedingungen der Polarität sowohl in seiner Unbegrenztheit als auch in seiner unendlichen Vielfalt und Kreativität auf bewusste Weise zu erfahren.

Als Ausdruck des reinen Bewusstseins hast du im Prinzip Zugang zu allem Wissen und zu aller Weisheit des Universums und damit auch zu sämtlichen Informationen über deinen bereits gedrehten Lebensfilm. Als körperlich-geistiges Wesen, das sich in der Dimension der Zeit und des Raumes entfaltet, hast du nun die Gelegenheit, das bereits vollumfänglich vorhandene Wissen über dich in Erfahrung zu bringen und dich dadurch in voller Bewusstheit deiner wahren Natur zu erinnern. Deine selbst gewählte vorübergehende Unbewusstheit ermöglicht es dir, dich auf dem Pfad von Versuch und Irrtum, in konstanter Reibung mit äußeren und inneren Widerständen als göttliches Wesen in menschlicher Form zu erkennen und dein volles Potenzial zum Ausdruck zu bringen.

Es kann in deinem Leben nicht darum gehen, dich zu verändern oder sogar jemand anderes zu werden. Dich selber zu erkennen bedeutet vielmehr, dich an das zu erinnern, was du von Anfang an bist. Deine ureigene Essenz kompromisslos anzunehmen und zuzulassen, heißt, dich dem Leben ohne Wenn und Aber hinzugeben. In dieser Totalität löst sich der Handelnde auf. In der absichtslosen Präsenz gibt es nur noch Taten, aber keinen Täter. In diesem zeitlosen Augenblick zelebriert sich das grenzenlose Bewusstsein in deiner Person als Getrenntes in der Einheit, als Zeit in der Zeitlosigkeit, als Unvollkommenheit in der Vollkommenheit.

Auf der Basis des „Prinzips der Verdrehung" geschieht Selbst-Erinnerung also auf zwei Weisen: Die „indirekte" Variante besteht darin, dass du dir die Verdrehung deiner Identität überhaupt bewusst machst und sie als die bestmögliche Wahl deiner Seele anerkennst. Die „direkte" Form ist die unmittelbare intuitive Erkenntnis dessen, wer und was du wirklich bist. Der Durchbruch zu deiner Wahrheit ergibt sich als Zusammenspiel der Bereitschaft, das „Unpassende" zu entlarven, und der Kraft, das „Passende" zu verkörpern und in die Sichtbarkeit zu bringen.

Die beiden Prozesse lassen sich selbstverständlich nur auf der sprachlichen Ebene auseinander halten, in der konkreten Lebenserfahrung jedoch sind sie sowohl in ihrer Existenz wie in ihrer Ausdruckskraft existenziell miteinander verbunden und aufeinander angewiesen. Deswegen kann dein Erinnerungs-Prozess auch kein geradliniger Pfad sein, der auf einen wie auch immer gearteten glücklichen Endzustand ausgerichtet ist. Deine Kernessenz ist nichts, was du eines Tages in Besitz genommen haben wirst, um dich darauf auszuruhen. Auch deine seelische Bestimmung ist wieder nur ein Ausschnitt, zu dem sich Bewusstsein verdichten kann.

Nach jeder Erfahrung geht das Leben weiter und konfrontiert dich mit der nächsten Gelegenheit zur Selbsterkenntnis. Je mehr du dein Bewusstsein konzentrierst, desto mehr erschließt sich dir das Potenzial der Lebensidee, die du in diesem Leben verwirklichen wolltest. Und um dir die Gelegenheit zu bieten, diese neuen Aspekte kontinuierlich weiter zu erforschen, werden auch immer neue Widerstände und Herausforderung in dein Leben treten.

Alles läuft in diesem Prozess genauso ab, wie es ablaufen soll, ganz unabhängig von deinen Ich-bezogenen Vorstellungen und Wünschen. Das einzige, was du im Schauspiel deines Lebens „bewirken" kannst, geht aus deiner Bereitschaft hervor, dir alle deine Lebensaspekte klar und kompromisslos anzuschauen und dich insbesondere auch auf deine Schattenseiten, deine Ängste und

Widerstände einzulassen. Liebe zu dir selbst ist die akzeptierende Offenheit gegenüber allem, was dir begegnet. Denn alles, was du wahrnehmen kannst, ist „nur" ein Teilaspekt deines eigenen Bewusstseins. Solange du deinen Schatten ablehnst, hältst du einen Teil deiner Wahrheit zurück und blockierst damit deine Lebenskraft.

Was Heilung daher vor allem braucht, ist Wahrheit. Alles Unbewusste, so sehr es auch verdrängt und abgelehnt wird, strebt nach Bewusstheit. Jeder Schatten will ins Licht, will auf der Ebene der wertfreien Akzeptanz schlicht und einfach wahrgenommen und dadurch „erlöst" werden. Jede Sehnsucht und jede Angst will als Aspekt des Absoluten erfahren und gewürdigt werden. Wahre Selbstliebe bedeutet also den Mut, das Dunkle willkommen zu heißen. Erst durch die vorbehaltlose Vergegenwärtigung deiner Ängste, deiner Widerstände und deiner Glaubenssätze vermagst du sie als mentale „Nichtigkeiten" zu durchschauen.

Heilung braucht daher deine volle Bewusstheit, und damit deine ganze Liebe. Herauszufinden, was durch dich erfahren und zum Ausdruck kommen will, ist eine Frage der Sehnsucht. Nur das Brennen in deinem Herzen vermag in dir die Bereitschaft zu wecken, dich deinen Ängsten zu stellen. Die Vision, die dich in dieses Leben gerufen hat und die dich auf jederzeit perfekte Weise durch dieses Leben trägt, enthüllt sich stets da, wo du deiner nächsten Angst zu begegnen wagst. Die Frage nach der Wahrheit kannst du somit nur in und mit deinem alltäglichen Leben beantworten. Je wahrhaftiger und aufrichtiger du dir selbst gegenüber bist, desto klarer erkennbar strahlt deine wahre Essenz auch nach außen. Indem du mehr und mehr selbst zur Frage wirst, erfährst du das Leben immer unmittelbarer und intensiver als die einzige, ewige und doch immer geheimnisvoll bleibende Antwort auf alle Fragen, die jemals erdacht werden können.

3. Die seelische Essenz

Die Seele als Informationsfeld

Bislang ist die Seele in ihrer Doppelgestalt als individueller Anteil des Einen und als das Eine selbst beschrieben worden. Einheit lässt sich nur im Bewusstsein der Zweiheit erkennen. Nur wenn du dir deine Identität als getrennte Welle vollumfänglich bewusst gemacht hast, erinnerst du dich als das Meer, das du von Anfang an bist. So ist auch das, was du als deine Seele bezeichnest, letztlich nichts Persönliches, sondern nur die Art und Weise, wie die unpersönliche und unsterbliche Essenz des Lebens sich durch deinen individuellen Körper-Geist hindurch erfahren und ausdrücken will.

Aus einem anderen Blickwinkel kannst du deine Seele als jenes feinstoffliche Energiefeld beschreiben, in dem du als Materie und Form erscheinst. Deine äußere Kontur ist der in die Sichtbarkeit gebrachte Aspekt eines schwingenden Informationsfeldes, das sich über deinen persönlichen Selbstausdruck selbst informiert. Über dein inneres wissendes Feld trägst du alle Antworten in dir, von deiner Lebensidee über deine Haarfarbe bis hin zu deiner größten Angst. Und da dein Feld in komplexer Verschachtelung mit sämtlichen Datenfeldern des kosmischen Internets verbunden ist, ist es dir auf der Ebene der subtilen Aufmerksamkeit auch jederzeit möglich, auf die Informationsmatrix der gesamten Schöpfung zuzugreifen.

Als feinstoffliches Feld ist deine Seele jenseits von Zeit und Raum angesiedelt und erhebt sich über die polare Struktur des stofflichen Universums. Außerhalb der Polarität angesiedelt, kennt deine Seele kein Bewertungssystem. Da ihr Angst unbekannt ist, stellt sie auch keine Fragen. Sie unterscheidet nicht zwischen gut und böse und ist daher mit allem, was dir in deinem irdischen Leben geschieht, im Einklang.

Während das Absolute unbewegt ist und sich wie ein unendlich großes Bild in alle Richtungen in die Unendlichkeit ausdehnt, entstehen Raum und Zeit und damit die Bewegung erst durch das Bewusstsein, das sich personifiziert. Und so bewegt und wandelt sich dein inneres wissendes Feld ständig, um dich Schritt für Schritt durch dein Leben hindurchzuführen. Deine Seele ist sozusagen gleichzeitig das Drehbuch und der Regisseur deines Lebensfilmes, in dem deine Persönlichkeit als Hauptdarsteller auftritt. Seelische Selbsterinnerung bedeutet also, dich ohne Anstrengung, ohne Motivation und ohne Erwartung auf dieses Feld einzulassen, dich als neutraler Zuschauer deines bereits gedrehten Filmes zu erkennen und die verschiedenen Rollen, über die dein Ich sich ausdrückt, immer wert- und angstfreier mit Bewusstsein zu begleiten.

Dein Leid entsteht nur durch den Versuch, die Bewegung deiner Lebensidee aufzuhalten und dem andauernden Wandel der Gegebenheiten in der polaren Welt Widerstand zu leisten. Anstatt das Vorübergegangene permanent loszulassen, wehrt sich dein auf Überleben und Kontrolle programmierter Verstand gegen die Unvorhersehbarkeit des Lebens, indem er die Dinge bewertet und einteilt. Anstatt im Kinosessel zu verweilen und sich den Film auf der Leinwand anzusehen, versucht er diesen immer dann anzuhalten, wenn ihm ein Bild nicht passt oder aber dann, wenn ihm eines so sehr gefällt, dass er es ein für allemal festhalten möchte. Dein Ich ist im Prinzip nichts anderes als ein solches Standbild, das einen Bilder- und Gedankenstau in Form mentaler und emotionaler Verstopfungen hervorruft.

Um wieder mit deinem neutralen inneren Feld in Resonanz zu kommen, musst du dich radikal von allen deinen Glaubensbekenntnissen und Konditionierungen lossagen und einfach nur den Lösungen zustimmen, die dir dein tägliches Leben anbietet. Durch die bewusste und totale Hingabe an das, was geschieht, führt dich deine Seele über deinen Emotionalkörper zurück in deinen Plan, in die Resonanz mit deiner eigenen Liebe. Dich deiner Seele anzuvertrauen, ist die Hingabe an die höhere Kraft in dir, die alle deine Vorstellungen von einem eigenständig wollenden und handelnden Ich entzaubert. Indem die Illusion des Getrenntseins erkannt wird, zieht sich das Ich von selbst zurück.

In einem anderen Bild lässt sich deine seelische Lebensidee auch als deine ureigene Musik charakterisieren. „Musik war meine erste Liebe", singt John Miles in seinem Jahrhundert-Hit, „und sie wird auch meine letzte sein." Da das ganze Universum aus energetischen Schwingungen besteht, vernimmst du die Schwingungen deiner Lebensidee genau dann als deine Musik, wenn dein Bewusstsein auf die richtige Frequenz eingestellt ist. Du vernimmst sie weder durch Denken noch durch Anstrengung und schon gar nicht dadurch, dass du dir einen Stil oder ein Stück aneignest, von dem du hoffst, dass es deine Eltern, deine Freunde oder Vorgesetzten toll finden.

Niemals wirst du im Außen etwas finden können, das nur annähernd so genial und erfüllend ist wie das, was von Anfang an in dir angelegt ist. Deine eigene Musik wieder durch dich hindurch klingen zu lassen, heißt, Klarheit darüber zu erlangen, was du in diesem Leben fühlen und erfahren wolltest. Es bedeutet, die Aufmerksamkeit aus dem Vordergrund der Lebensumstände zurückzuziehen und in den energetischen Hintergrund zu verlagern. Denn das Leben besteht nicht aus Inhalten, sondern aus dem Bewusstsein, das sämtliche Inhalte durchdringt und umgibt.

Die Musik in dir wieder zu finden, läuft darauf hinaus, deine Sehnsucht wieder zu fühlen. Die Sehnsucht nach deiner individuellen Wahrheit ist deine wahre Identität. Denn die höchste Liebe, die du erfahren kannst, ist kein unterscheidungsloses Liebsein, das zu allem Ja und Amen sagt, sondern die vollkommene Akzeptanz deiner individuellen inneren Ordnung. Nur wenn du dich und deinen Lebensplan ohne Bedingungen annimmst, kannst du deine Liebe auch nach außen hin bedingungslos verströmen. Diese innere Liebe, das Erklingen deines gesamten inneren Orchesters, wird immer deine erste Liebe bleiben.

Die seelische Kernessenz

Deine seelische Kernessenz ist sozusagen die Solistin deines seelischen Orchesters. Sie bildet das Zentrum deines inneren Informationsfeldes, jene ursprüngliche Qualität also, die in allen Facetten zu erfahren und auszudrücken deine Seele sich in deinem Leben vorgenommen hat. Die Kernessenz ist der Fluchtpunkt deiner tiefsten Sehnsucht und damit jene ganz bestimmte gefühlsmäßige Qualität, die du bei all dem, was du tust, insgeheim zu erfahren hoffst.

Wenn du die Kernessenz Konflikt in dir trägst, heißt das einfach, dass deine unbewusste Sehnsucht überdurchschnittlich stark auf Konflikte gerichtet ist, so dass du auf energetischer Ebene fortlaufend Konflikte anziehst und kreierst. Letztlich ist jedoch auch deine Kernessenz „nur" die Ausprägung einer deiner Persönlichkeits-Rollen, die du während deines Lebens mal mehr und mal weniger, mal bewusst und mal unbewusst ausfüllst.

Die Kernessenz ist gewissermaßen die zentrale „Botschaft" deiner Lebensgeschichte, ohne dass es dazu einen Botschafter gäbe, der diese Botschaft überbringen könnte. Aus der Sichtweise deiner Persönlichkeit ist es zwar durchaus angemessen, dich als den „personifizierten Konflikt" zu bezeichnen. Auf der Ebene des reinen Bewusstseins ist es jedoch die Wahrnehmung des Konfliktes selbst, welche die Illusion deiner Persönlichkeit dazu nutzt, um eine solche Selbst-Bezeichnung artikulieren zu können.

Wenn du etwa feststellst, dass Sexualität für dich der wichtigste Teil deines Lebens ist, dann bist du offenbar nichts anderes als der personifizierte Ausdruck von Sexualität. Dein Wesen verkörpert die Energie und die Symbolik der Sexualität, ohne dass es für diese Verkörperung ein Ich bräuchte. Wenn du dich auf deine sexuelle Wesenhaftigkeit einlässt, wird es für dich auf der Ebene der Sexualität niemals einen Mangel geben. Wenn es die Gelegenheit gibt, Liebe zu machen, dann machst du eben Liebe. Und wenn es keine gibt, dann ist auch das in Ordnung, denn als verkörperte Sexualität brauchst du keine Erfüllung mehr von außen. Wenn du dein Ich und sein Bemühen um Selbstdarstellung und Tätigsein beiseite lässt, bleibt nur sexuelle Energie zurück, gleichgültig, ob sie gerade in Aktion tritt oder nicht.

Jede spezifische Kernessenz – ob Konflikt, Sexualität, Inspiration, Macht oder Zerstörung – ist als solche völlig neutral. Sie ist der Kern deines wertfreien feinstofflichen Datenfeldes, das sich nun in menschlicher Gestalt als das erfahren will, was es an vielfältigen Informationen und Aspekten in sich trägt. Widerspruch zeigt sich erst, wenn du durch äußere Prägungen vermittelt bekommst, dass Konflikt, Macht oder Zerstörung etwas Schlechtes seien, die durch Friede und Harmonie überwunden werden sollten. Dieses Gebot wird für dich dann so lange zu einem äußeren Widerstand, bis du einsiehst, dass du in einer Atmosphäre der aufgesetzten Friedlichkeit ganz besonders unfriedlich wirst.

Als irdisches Wesen wirst du deine Kernessenz niemals verlieren oder überwinden können. Wenn du ein Grenzsprenger bist, dann wird sich diese Qualität durch alle Ebenen deines Wesens hindurch ziehen und sich in der Sexualität, in der Arbeit, im zwischenmenschlichen Umgang und in der Erforschung deines Bewusstseins zum Ausdruck bringen wollen. Hüte dich davor, deine Lebensenergie durch eine allgemeine Harmonievorstellungen zurückhalten zu wollen. Würdest du als Grenzsprenger nicht andauernd deine Grenzen ausloten und diese auch immer mal wieder überschreiten, würde dich das krank und für deine Mitmenschen erst recht unausstehlich machen. Konflikte, die du dir über deine Kernessenz einhandelst, sind keine zurechtweisenden „Mahnfinger Gottes“. Vielmehr wollen sie dich dazu animieren, deine Essenz auf eine immer neue Ebene zu heben und noch kreativer und freier auszudrücken.

Dass du während langer Zeit in Dissonanz zu deiner Kernessenz leben kannst – ja aufgrund des „Prinzips der Verdrehung“ sogar leben musst –, soll nun aber deinen Verstand nicht glauben machen, es gebe in deinem Leben oder auf dieser Welt irgendetwas, was nicht richtig wäre. Auch so genannte Umwege und Leidensprozesse sind ein vollkommener Teil der perfekten Ordnung des Universums. Auch sie sind als solche bereits in deinem Drehbuch angelegt und dienen dir dazu, dich zunächst mit dem Gegenteil dessen vertraut zu machen, was du bist. Solange du nicht gemäß dem lebst, was als Kernessenz in dir angelegt ist, wirst du zwar kaum einen Partner anziehen, der dich in der Verkörperung dieser Qualität direkt unterstützt. Aus der Perspektive des Ganzen ist dieser „verdrehte“ Partner trotzdem vollkommen perfekt, denn er führt dich einen Schritt näher zur Erkenntnis dessen, was du nicht bist.

Es gibt in deinem Leben weder Umwege noch falsche Entscheidungen. Erstens sind alle Entscheidungen, die du zu treffen hast, schon längst entschieden. Zweitens dienen dir Entscheidungen, die du im Nachhinein bereust, zur Erkenntnis dessen, was du nicht bist und was du nicht willst. Drittens gibt es ohnehin keinen „Entscheider“. Die einzige Entscheidung, die du treffen kannst – nicht als Akt eines „freien Willens“, sondern als Bewusstseinsverlagerung –, ist ein Ja oder ein Nein zu deinem eigenen Drehbuch.

Wenn du bislang auf allen Ebenen als Suchender durch die Welt gegangen bist, dann ist auch dieses Suchen ganz einfach Teil deines Drehbuchs. Möglicherweise wird sich deine Suche mehr und mehr nach innen richten und sich eines Tages sogar auflösen. Aber bis dahin gehört das Suchen zu dir und ist vollkommen in Ordnung. Es bringt nichts, Gedanken darüber zu verschwenden, wann das Suchen zu Ende sein wird. Der Sinn deiner Suche wird sich dir nur im Prozess des Suchens offenbaren. Offenbar geht es darum, wie ein Süchtiger nach dir selbst zu suchen, bis du vor lauter Suchen erschöpft zusammenbrichst.

Du kannst deine Suche nicht willentlich beenden. Denn auch dieser Versuch wäre nur ein weiterer Aspekt deiner Suche. Du kannst nur immer differenzierter beobachten, wohin dich deine Suche führen will, und dich dabei fragen, wer es ist, der da offenbar etwas finden will. Du kannst dein Leben nicht verbessern, sondern dir nur erforschend bewusst machen, wie es sich entfaltet. Zu verbessern gibt es schon deswegen nichts, weil es niemanden gibt, der verbessert werden müsste. Alles, was geschieht, ist Ausdruck des Vollkommenen, wie es sich Augenblick für Augenblick in deinem neutralen Gewahrsein präsentiert. Und indem du diesen Prozess absichtslos und neugierig erforschst, erfährst du dich als die Erforschung selbst.

Geburtsinformation

„Im Anfang zeigt sich alles." Dieses Prinzip gilt für alles, was dir in deinem Leben widerfährt. So zeigt sich etwa bereits in den ersten Minuten und Stunden einer Begegnung, was für die Dynamik der gesamten Beziehung prägend sein wird. In besonderem Maße gilt das „Prinzip des Anfangs" für dein irdisches Leben als Ganzes. Wie der Keim, der durch die Erde bricht, schon die ganze Pflanze in sich trägt, ist auch bei deiner Geburt bereits alles da, was dich ausmacht und in deinem Leben sichtbar werden will. Deine zeitlose seelische Matrix ist von Beginn an mit sämtlichen Informationen über dein Leben bestückt.

Während du dir auf seelischer Ebene die Geburtsumstände dergestalt arrangierst, dass sich deine Essenz perfekt in ihnen spiegelt – damit du sie im Prozess der Selbstvergessenheit ebenso perfekt unbewusst verdrehen kannst –, geschieht deine Landung auf dieser Erde noch im vollen Bewusstsein deiner Bestimmung. Eine Variante, dich deiner seelischen Kernessenz zu erinnern, besteht also darin, dich – auf der neutralen, wertfreien Gefühlsebene – mit deiner Geburtsinformation wieder zu verbinden. Diese Art der Rückverbindung lässt sich trainieren.

Wenn sich deine Geburtsinformation etwa als unbändige Kraft zu erkennen gibt, dann bist du offensichtlich die personifizierte Wahrnehmung dieser Kraft. Du brauchst sie weder zu verstehen noch zu bewältigen noch zu steuern. Atme einfach in sie hinein und stell dich ihr zur Verfügung, ganz gleich, wohin sie dich führt. Diese überpersönliche Kraft zu deinem Besitz erheben zu wollen, ist die Wurzel deiner Lebenslüge, denn ein Besitz erschafft automatisch einen Besitzer. Nicht wer du bist, sondern was du bist, ist die grundlegende Frage. Du bist in dieses Leben gekommen, um eine bestimmte Qualität zu erfahren, nicht um ein bestimmtes Subjekt zu sein.

Auch der Impuls, aus deiner Kernessenz eine bestimmte Tätigkeit ableiten zu wollen, ist eine Einschränkung deiner wahren Natur. Nicht was du tust, sondern wie du es tust, ist entscheidend. Es geht um die Musik, nicht um das Stück oder das Lied, das daraus hervorgehen will. Wenn du authentisch die Qualität lebst, die du bist, ergeben sich daraus die passenden Handlungen und Formen ganz von alleine. Wenn du in deinem ursprünglichen Bewusstsein der Kraft verankert bleibst, wird es dich dorthin tragen, wo du hingehen sollst. Nichts und niemand außer deine Kernessenz kann dir zeigen, was durch dich getan werden will. Das ist die Hingabe an die innere Führung.

Und solltest du über die Rückverbindung mit deiner Geburtsinformation mit einem starken Willen zum Überleben in Kontakt kommen, so bist du eben die personifizierte Wahrnehmung dieser Überlebenskraft, das personifizierte „Ich schaffe es!". Es wäre in diesem Fall nicht verwunderlich, wenn du dich in deinem Leben immer wieder in Situationen der Ausweglosigkeit wiederfindest. Denn deine Kernessenz kann sich immer nur am Rande der Bedrängnis entfalten. Und wenn du jeweils glaubst, du hättest deine Lektion gelernt, wird dich das Universum stets einen Schritt weiter an den Abgrund führen, damit die innere Gewissheit, es zu schaffen, sich mehr und mehr vertieft. Indem du dich von dieser Überzeugung tragen lässt, bist du gleichzeitig das personifizierte Vertrauen.

Möglicherweise präsentiert sich dir deine Geburtsinformation auch als starkes Hin- und Hergerissensein zwischen dem einen und dem andern, als die gleichzeitige Präsenz von Ja und Nein. In diesem emotionalen Erbe der Ambivalenz erfährst du die beiden kosmischen Kräfte des Anziehens und des Abstoßens in Reinkultur: Hingabe und Unabhängigkeit, Willenskraft und Absichtslosigkeit. Indem du wahrnimmst, dass erst aus der Wechselwirkung zwischen diesen beiden polar ausgerichteten Energien Reibung, Kraft und Bewegung entstehen, erfährst du dich als die personifizierte Spannung. Somit dürftest du auch in deinem Alltag immer wieder die Erfahrung machen, dass du dich nur da wohl fühlst, wo Spannung herrscht. Sobald du diese Spannung aus einer gesellschaftskonformen oder esoterischen Vorstellung von Friedlichkeit heraus zu überwinden versuchst, wirst du unruhig und krank. Harmonie, Frieden und Stille gibt es nicht als globale, allgemeingültige Konzepte, sondern immer nur als innere Qualitäten, die sich daraus ergeben, dass du im Einklang lebst mit deiner individuellen seelischen Essenz.

Das Anfangsdrama

Die Ausführungen über die Geburtsinformation mögen dich zu der Annahme verleiten, dass die Wiederentdeckung deiner seelischen Essenz relativ einfach sei. Das ist im Grunde genommen richtig, in der konkreten Umsetzung jedoch ein lebenslanges inneres Ringen. Denn im Spiel der Polaritäten, die dein Leben als Erfahrungsweg prägt, gibt es nichts ohne seinen Gegenpol. Deswegen ist die frühkindliche Verdrehung deiner ursprünglichen Essenz kein unnötiger Umweg, sondern eine notwendige Voraussetzung dafür, deine Wahrheit in ihrer ganzen Fülle bewusst zu erinnern. Die Konfrontation mit deinen Schattenseiten und Ängsten sind von daher kein Vorgeplänkel, sondern Ausdruck deiner Liebe zu dir selbst.

Selbst-Erinnerung ist insofern ein Kinderspiel, als sie zum Leben erweckt, was bereits als Kind vollkommen in dir angelegt ist und von dem du dich auf der Ebene deines Herzens niemals auch nur einen Millimeter entfernt hast. Sie ist anderseits ein Prozess des Erwachsenwerdens, da die Illusion deiner Ich-Identität sich tief in deinem Körper-Geist-System verankert hat. Deine individuelle Wahrheit auf mentaler Ebene zu kennen, heißt also noch lange nicht, sie auch mit deinem Gefühlskörper zu erfassen. Und sie zu spüren ist noch lange kein Garant dafür, dass sie sich auf der grobstofflichen Ebene in authentischem Verhalten zum Ausdruck bringt. Erwachsensein heißt also buchstäblich, deine Wahrheit zu „verkörpern".

Und so folgt dein Pfad der seelischen Entfaltung bis zum letzten Atemzug dem „Prinzip der Verdrehung", gemäß dem du zunächst „in etwas hineingeboren wirst, was du nicht bist". Das „Anfangsdrama", das du zu Beginn deines Lebens durchlebt hast, hat nichts mit der Lieblosigkeit deiner Eltern zu tun. Bestimmt haben sich auch deine Eltern alle Mühe gegeben, dir im Rahmen ihrer Möglichkeiten die besten Entwicklungsbedingungen angedeihen zu lassen. Doch auch sie konnten das „Prinzip der Verdrehung" nicht außer Kraft setzen.

Auch deinen Eltern ist nichts anderes übrig geblieben, als gegen sämtliche Erziehungsratgeber zu verstoßen und zu bewirken, dass du dich zunächst von deinem Ganzheitskern getrennt und das Urvertrauen zu dir selbst verloren hast. Und wenn du dich dabei erwischst, deine Eltern, das von ihnen mitgeprägte Umfeld und die damals vorherrschenden gesellschaftlichen Normen dafür zu beschuldigen, dir eine ungerechte Last aufbürdet zu haben, dann rufe dir in Erinnerung, dass du selbst es ganz genau so gewollt hast. Auf der Ebene deiner Seele hast du dir – in intimer Kenntnis der kosmischen Gesetzmäßigkeiten – dein „Anfangsdrama" und dein ganzes Drehbuch so zurechtgelegt, um deine individuelle Wahrheit optimal und in allen ihren Facetten erfahren und auskosten zu können.

Um den Prozess der „Verdrehung" an einem Beispiel zu illustrieren: Wenn es deine Lebensaufgabe wäre, deine weibliche, gefühlsoffene Seite bewusst zu pflegen, so magst du dir – auf seelischer Ebene – etwa eine Mutter ausgewählt haben, die ihre Weiblichkeit nie authentisch zu leben getraut hat. Gemäß dem „Prinzip der Verdrehung" entscheidest du dich also für das emotionale Erbe einer ungelebten Weiblichkeit, um dann im Laufe deines Lebens immer wieder mit dieser energetischen Blockade konfrontiert zu werden. bis du sie schließlich voll und ganz als deine eigene Schöpfung zu bejahen vermagst.

Du wirst deine Mutter so lange als äußeren Widerstand wahrnehmen, bis du diesen als Spiegel deiner ungelösten Beziehung zu deiner eigenen Weiblichkeit erkennst. Und nur dann, wenn du dir auch den Hass auf deine Mutter und das daraus hervorgehende Schuldgefühl eingestehst, kannst du erspüren, wie tief du deine eigene Gefühlswelt verurteilst. Unter deiner Verzweiflung und deiner Ohnmacht liegt letztlich der Hass auf dich selbst, nämlich dafür, dass du dich und deine Lebensführung von äußeren Personen und Objekten abhängig gemacht hast.

Diese Gefühle – Hass, Schuld und Angst – bilden die Basis deiner verdrehten Identität. Ohne Wertung und ohne Interpretation durch den Filter deiner Geschichte sind diese inneren Erfahrungen vollkommen neutral und damit vollkommen in Ordnung. So sehr du deine Mutter dafür verurteilen magst, dass sie es angeblich unterlassen hat, dich einen freien Umgang mit deinen Gefühlen zu lehren: Offensichtlich ist die langjährige Identifikation mit dieser elterlichen Prägung für dich notwendig, damit die darunter schlummernde gefühlsoffene Essenz deine Sehnsucht nach dem wecken kann, was du von dir abgespalten hast. Du hast dir deine

Mutter also genau deswegen ausgewählt, um dir über deine Angst vor starken Gefühlen bewusst zu machen, wie sehr du dich nach starken Gefühlen sehnst. Wovor du am meisten Angst hast, danach sehnt sich deine Seele mit größter Intensität.

In analoger Weise verläuft das „Prinzip der Verdrehung" in Bezug auf alle möglichen Qualitäten. Damit sich in dir beispielsweise das Bewusstsein eines Königs entwickeln kann, wählst du dir am besten eine enge Wohnung, einen alkoholisierten Vater und eine verschlampte Mutter aus. Diese Geburtskulisse ist für dich zunächst völlig neutral, da dir keine Vergleichsmöglichkeit zur Verfügung steht. Sobald dir jedoch auffällt, dass deine Freunde in gepflegteren und geordneteren Verhältnissen aufwachsen, setzt emotionale Reibung ein. Erst in diesem Kontrast beginnst du, dich vernachlässigt und minderwertig zu fühlen, deine königliche Essenz infolgedessen zu leugnen und dich an deine verdrehte Identität als Verlierertyp zu gewöhnen.

Bist du als Frau auf diesen Planeten gekommen, um die Essenz der Unabhängigkeit zu erfahren, könnte deine Wahl auf einen freizügig lebenden Vater und eine Mutter gefallen sei, die ihr Sexualleben vom Verhalten ihres Mannes abhängig macht. Da deine Mutter unter dem umherschweifenden Wesen deines Vaters leidet, wirst nun auch du deine Ungebundenheit lange Zeit nicht annehmen. Um deiner Mutter nicht weh zu tun, traust du dich nicht, deinem väterlichen Erbe Raum zu geben. Doch jedes Mal, wenn du deine Bedürfnisse missachtest und dich den vorgegebenen Bedingungen anpasst, fühlst du dich deinem Vater gegenüber schuldig. Dein emotionales Erbe bildet ein Spannungsprinzip, das dich dazu zwingt, bei allem, was du tust, einen Teil deiner Eltern zu verraten. Und so wirst du für diese Spannung so lange nach äußeren Lösungen suchen, bis du sie als deine prägende innere Dynamik anerkennst.

Ist es dir bestimmt, in deinem Leben die Qualität der Macht auszuprägen, wählst du dir mindestens einen tatsächlich oder vermeintlich starken Elternteil aus, damit du vor diesem Hintergrund ein verdrehtes Lebensgefühl der Schwäche ausbilden kannst. Für deinen Auftrag, deine Macht als Frau zu stärken und die weibliche Macht auch in einem überindividuellen Sinn befreien zu helfen, kann es durchaus von Vorteil sein, dich für einen schwachen Vater und für eine Mutter zu entscheiden, die versucht, diese Schwäche noch zu überbieten. In dieser Konstellation wirst du deinem Vater dennoch eine gewisse Macht unterstellen, um dich als schwache Frau identifizieren zu können. Sobald du erkennst, dass auch dein Vater kaum entscheidungsfähig ist, wirst du ihn zu einem Weichei degradieren und gleichzeitig deine Mutter für ihre Unterwürfigkeit zu verachten anfangen. Und erst wenn es dir gelingt, die Hassliebe zu deinen Eltern zu dir zurückzunehmen und dich als Tochter einer doppelten Ohnmacht anzunehmen, wächst dir deine wahre weibliche Macht zu.

So unglaublich es für deinen Verstand klingen mag: Das kindliche „Vergessen" deiner wahren Bestimmung ist die beste Startvoraussetzung dafür, das zu erfahren, was du den Sinn des Lebens nennst: dir das Grundvertrauen in deine Essenz auf bewusste Weise wieder zu erarbeiten, indem du endlich klar und deutlich hinschaust und herausfinden willst, wie es wirklich ist. Erwachsenwerden heißt, zum zweiten Mal geboren zu werden und in diesem irdischen Leben richtig zu landen. Und wie bei jeder Geburt muss auch hier zunächst die alte Form sterben.

Die Illusion deiner verdrehten Identität zu erkennen, ist ein Sterbeprozess mit offenem Ausgang. Denn auch wenn deine Wahrheit bereits von Anfang an da ist, ist sie doch immer ganz anders, als du sie dir „vor-stellst". Da dein Denken auf Angst gründet, ist die Wahrheit immer anders, als du denkst. Erwachsenwerden bedeutet deswegen auch, an einem Ort anzukommen, von dem du dich niemals entfernt, sondern höchstens ein wenig „weg-gedacht" hast. Denn jenseits deiner mentalen Projektionen kannst du niemals irgendwo anders sein als in deinem inneren Zuhause, in der authentischen Verbindung mit deiner wahren Natur.

Das emotionale Erbe der Eltern

Im Rahmen des Polaritätsprinzips verkörpert das emotionale Erbe deiner Eltern genau das Gegenteil deiner eigenen seelischen Essenz. Nur wenn du zunächst lange genug in die „falsche" Richtung gelaufen bist, wird dein Blick frei für das „Andere" in dir. Sorgfältig herauszuarbeiten, welche Eltern und welches soziale und kulturelle Umfeld sich deine Seele für die erste Lebensphase ausgesucht hat, ist daher ein weiterer naheliegender Schlüssel deiner Selbst-Erinnerung.

Wenn du etwa das Kind eines Vaters bist, der in seinen Vorstellungen von Statusdenken geprägt war, sowie einer Mutter, die vorwiegend den Haushalt und die Familie gemanagt hat, dann besteht das emotionale Erbe deiner Eltern aus Kontrolle und Funktion. Aufgrund dieser Prägung hast du deine eigentliche Identität verdreht, die seither unbewusst dein Leben steuert. Deine Essenz zu leben, würde also bedeuten, das Leben in seiner ganzen Vielfalt zuzulassen, ohne Konzepte drauflos zu leben und ahnungslos ins Leben hinein zu springen. Diese Diagnose trifft umso mehr zu, je deutlicher du spürst, dass du genau davor am meisten Angst hast.

Oder angenommen, du bist als kleiner Junge mit einer Mutter aufgewachsen, die sich kaum um dich gekümmert hat, und einem kauzigen Vater, der wenig von sich erzählte und Frauen nie wirklich ernst nahm. Dann dürfte es dich nicht erstaunen, dass du heute Mühe hast, dich locker mit Frauen zu unterhalten, und im Glauben lebst, sie würden sich ohnehin nicht für dich interessieren. Aufgrund des Verdrehungs-Prinzips müsstest du im Grunde jedoch ein redseliger Mensch sein, der nichts mehr liebt, als unter Menschen froh und lustig zu sein. Hinter deiner zurückgezogenen Fassade versteckt sich ein ausgehungerter Partylöwe! Wenn du ehrlich bist mit dir, dann wirst du auf die Sehnsucht treffen, dich wieder in die Mitte zu stellen, dich ungehemmt mit Menschen zu unterhalten und absichtslos zu flirten. Mach dir diese Sehnsucht bewusst und lass sie nicht mehr los, denn das ist dein Naturell.

Falls deine Mutter hingegen in ausgeprägtem Maße beschützend war und dich als Jungen vor allen negativen Einflüssen bewahren wollte, ist es naheliegend, dass du auch in deinen Partnerinnen vor allem den mütterlichen Aspekt siehst und sie kaum als Geliebte wahrnimmst. Dadurch, dass deine Mutter alles verhindert hat, was dir eigene männliche Erfahrungen ermöglicht hätte, erscheint die Frau aus dem Blickwinkel deiner verdrehten männlichen Identität nur noch als Heilige. Den archetypischen weiblichen Gegenpol, die Hure, hast du hingegen aus deinem Bewusstsein verdrängt. Wenn dich also immer mal wieder sexuelle Sehnsüchte umtreiben sollten, die weit über das hinausgehen, was du dir selbst erlaubst, dann mach dir bewusst, dass du die Angst vor wilden weiblichen Frauen nur deswegen entwickelt hast, um dich heute wieder nach ihnen zu sehnen.

Und welche Botschaft ist dir als Kind vermittelt worden, wenn deine Mutter früh gestorben ist und deine Stiefmutter dich nie wirklich akzeptiert hat? Auf diese Weise hat sich dir die Liebe als etwas eingeprägt, das außerhalb von dir angesiedelt ist und das du dir deswegen erkämpfen, erkaufen und verdienen musst. Außerdem hat dir der Verlust deiner Mutter vermutlich den Reflex verliehen, an der Liebe festzuhalten, solange sie noch da ist. Deine emotionalen Erbcharaktere in Bezug auf Liebe lauten also Verdienen und Festhalten. Damit versucht dir deine Seele mitzuteilen, dass du niemals etwas festhalten, sondern nur jederzeit total offen sein kannst. Und wenn du von außen nichts bekommst und es dir auch nicht verdienen kannst, dann bleibt dir nichts anderes übrig, als dir alles selber zu geben. Und genau darin liegt deine Freiheit: Du brauchst weder in partnerschaftlicher noch in beruflicher Hinsicht länger auf die Anerkennung der Gesellschaft zu schielen! Und wenn du die Verantwortung für deine Bedürfnisse in deine eigenen Hände nimmst, brauchst du auch keine Angst mehr davor zu haben, was andere über dich denken! Also schau nach innen und vertrau deinen eigenen Normen!

Die starke elterliche Prägung deiner kindlichen Identität macht offensichtlich, wie wichtig es für dein Erwachsensein ist, dich von deinen Eltern bewusst zu verabschieden. Wenn du in der Kindheit eine starke Verletzung erfahren hast, mag es vielleicht dein starker Wunsch sein, deine äußeren oder inneren Banden zu ihnen ein für allemal zu kappen. Vielleicht beschuldigst du sie so sehr für ihr Verhalten, dass du insgeheim sogar von ihnen erwartest, dass sie die dir zugefügten Verletzungen auf irgendeine Weise rückgängig machen würden.

Das emotionale Erbe deiner Eltern loszulassen, bedeutet jedoch nicht, es loszuwerden, sondern das genaue Gegenteil: den damit verbundenen Schmerz zuzulassen. Denn alles, was du dir nicht bereit bist anzuschauen, dominiert dich aus dem Schatten heraus. Wenn dir viel daran liegt zu betonen, dass du niemals wie deine Eltern werden willst, dann ist dies das sicherste Zeichen dafür, dass du bereits wie sie geworden bist. Doch du kannst noch so alt werden und eine noch so hohe gesellschaftliche Stellung erreichen: Gegenüber deiner Mutter und deinem Vaters bist und bleibst du auf ewig der Kleine. Wenn du dich über sie erhebst, blockierst du unbewusst die natürliche Kraft deines Ahnenfeldes und damit einen wesentlichen Aspekt deines Selbstvertrauens und deiner Durchschlagskraft.

Der elterliche Spiegel-Effekt bezieht sich gleichermaßen auf dein Lebensthema wie auf das Verhältnis zu deiner inneren Geschlechtlichkeit. Die bewusste oder unbewusste Verurteilung deiner Mutter blockiert deinen Zugang zu deiner emotionalen Intelligenz und zum intuitiven Wissen um dein inneres Sosein. Und mit deinem Wunsch, deinen Vater zu verändern, schneidest du dich von deiner natürlichen Souveränität ab und trübst deine innere Klarheit.

Du wirst also nicht darum herumkommen, dir den Widerstand oder den möglichen Hass auf deine Eltern und damit auch den Hass auf das einzugestehen, was du unbewusst von ihnen übernommen hast. Du wirst deine Grundprägung niemals loswerden. Nur wenn du sie bejahst, wird sich dir zeigen, wozu sie dir dient. Damit gibst du dir genau die Liebe, die du von deinen Eltern nie bekommen hast, und zwar genau für das, wofür sie sich selbst gehasst haben. Erst im Lichte deiner Dankbarkeit zeigt sich dir in aller Klarheit, wofür sie sich dir zur Verfügung gestellt haben.

Das emotionale Erbe deiner Eltern, das deine verdrehte Identität widerspiegelt, bleibt damit stets der Ausgangspunkt deiner Liebe zu dir selbst. Deine Liebe zeigt sich nicht gegen, sondern durch all das hindurch, was du an deinen Eltern verurteilst. So gesehen wurdest du genau aus dem Grund geboren, um das zu konfrontieren, was deine Eltern an sich selbst abgelehnt und verdrängt haben. Und du wirst so lange „wie sie" sein oder von deinen Partnern und Chefs „wie sie" behandelt werden, bis du diesen unerlösten Aspekten mit offenen Augen und mutigem Herzen ins Angesicht blickst. Denn Heilung braucht Wahrheit.

4. Das Polaritätsprinzip

Polarität als Grundlage von Erfahrung und Erkenntnis

Solange du nach dem „Guten" anstatt nach dem Ganzen strebst und dich am „Richtigen" anstatt am Wahren orientierst, verkennst du das Prinzip der Polarität: die zentrale Gesetzmäßigkeit innerhalb der Welt und damit des Erfahrungs- und Entfaltungsraums deiner Seele. Damit bleiben dir sowohl der Grund für die Verdrehung deiner seelischen Essenz wie auch der Ansatzpunkt verschlossen, um sie dir bewusst zu machen und als notwendige Bedingung deiner Selbst-Erinnerung anzunehmen.

Das Prinzip der Polarität ist die grundlegende Gesetzmäßigkeit in diesem Universum und damit eine der zentralen Spielregeln für die Art und Weise, wie sich das unbegrenzte Bewusstsein in der Welt der Materie und der Form manifestiert. Sowohl sein Versteckspiel als auch sein Erinnerungsspiel unterliegen der Dynamik von Anziehung und Abstoßung und den unzähligen Spannungsfeldern, die zwischen jeweils zwei einander entgegen gesetzten Polen aufgespannt werden.

Ohne den Tag gibt es keine Nacht, ohne Schüler wäre ein Lehrer sinnlos, und ohne Begrenzung wirst du niemals erfahren, was Freiheit bedeutet. Und selbst wenn das ganze Universum nichts anderes ist als reine Liebe, führt dich nur die Erfahrung der Angst zu dieser Erkenntnis. Erst das Aufeinandertreffen von Gegensätzen, Kontrasten, Grenzen und Widersprüchen setzt Reibung und Bewegung und damit Differenzierung und Entwicklung in Gang. Auf diese Weise bietet sich dir das Spannungsfeld der Polaritäten, durch das sich das Leben zum Ausdruck bringt, als permanente Einladung zur Selbst-Erkenntnis an.

Anziehung entsteht einerseits dann, wenn zwischen zwei ähnlich gelagerten Phänomenen Resonanz entsteht; dabei ist nicht der Inhalt, sondern die Form maßgebend. Anderseits geschieht Anziehung auch zwischen den beiden Polen ein und derselben Polarität. Beide Redensarten haben also Recht: „Gleiches zieht Gleiches an", und: „Gegensätze ziehen sich an." Während eines Konzertes verhältst du dich gegenüber den anderen Konzertbesuchern tendenziell offener als in einem Supermarkt gegenüber den Mitkunden. Die Schwingung des gemeinsamen musikalischen Geschmacks verstärkt das gemeinsame Feld und bringt die Beteiligten dazu, einander unwillkürlich näher zu rücken.

Demgegenüber ziehen sich auch Opfer und Täter oder das Gute und das Böse gegenseitig an, da sie jeweils die beiden polaren Endpunkte derselben Energieform darstellen. Nur in ihrer Gegenüberstellung werden sie wechselseitig wahrnehmbar und dadurch überhaupt erst existent. Wie die Hauptpolarität der Geschlechtlichkeit eindrücklich zeigt, ziehen sich die beiden Pole einer Polarität – in diesem Fall: Mann und Frau bzw. Männlichkeit und Weiblichkeit – umso mehr gegenseitig an, je klarer und differenzierter sie ausgeprägt sind. Ein besonders männlicher Mann baut eine Resonanz auf zu einer besonders weiblichen Frau. Eine Frau mit einer akzentuierten männlichen Seite fühlt sich tendenziell eher von einem weiblichen Mann angezogen.

Auf diese Weise hält die Dualität von Anziehen und Abstoßen das Rad des permanenten Werdens und Vergehens in Gang, im Kleinen wie im Großen. So gesehen ist das Leben im Kosmos nichts anderes als vibrierende Sexualität. Gleichzeitig weist jede Polarität stets auch über sich hinaus. Das Wechselspiel von Tag und Nacht zeugt immer auch von der Dimension der Zeitlosigkeit und der Unbewegtheit. Jede polar gewonnene Erfahrung verweist immer auch auf das reine, nicht-polare Gewahrsein, in dem sie erscheint. Darin liegt die Schönheit und gleichzeitig der Witz des Kosmos: dass auch die Polarität nur eine weitere Imagination des Bewusstseins ist, weil dieses sich selber nicht in die Augen schauen kann. Erst die Zweiheit ermöglicht es der zugrundeliegenden Einheit, sich als Einheit zu erinnern.

Die Polarität annehmen

Äußeres und inneres Wachstum neigt also stets zur Vereinigung von Gegensätzen, zur Integration abgespaltener Aspekte, zur Ganzwerdung von Unvollständigem. Wenn du das Spiel der Polarität begreifst, kannst du sie als Entwicklungsmotor deiner Selbst-Erkenntnis nutzen. Deine Essenz strahlt umso klarer durch dich hindurch, je mehr du dich auch ihrem Gegenpol öffnest. Deine Macht wächst dir umso natürlicher zu, je mehr du dich deiner Ohnmacht hingibst. Je modriger der Schlamm ist, desto kraftvoller wächst die Lotusblume als Symbol der Reinheit aus ihm heraus.

Unter den Bedingungen der Polarität geht das Entweder-Oder konsequent in ein Sowohl-als-auch über. Wenn du einen Pol zu verleugnen oder zu bekämpfen versuchst, stärkst du ihn dadurch auf unbewusste und damit verzerrte Weise. Dieses Phänomen zeigt sich nicht nur im Umgang der katholischen Kirche mit der Sexualität, sondern auch an der freudlosen Zwanghaftigkeit gewisser esoterischer „Lichtarbeiter" und sonstiger Gutmenschen, die das Dunkle ein für allemal zu verbannen trachten.

Ähnlich aussichtslos muss dein Bemühen ausfallen, reich zu werden, indem du dein Bewusstsein auf Reichtum trimmst und deine ganze Wohnung mit Zetteln zuklebst, auf denen die Affirmation steht: „Ich bin reich". Denn auch hier vernachlässigst du den Gegenpol. Dein Wunsch nach Reichtum entspringt nämlich dem Bewusstsein der Armut und kann deswegen nichts anderes bewirken, als deine Angst vor Armut noch zu stärken. Der Weg zu Reichtum – wenn er denn in deinem Drehbuch überhaupt vorgesehen ist – verläuft in die andere Richtung, nämlich in die Akzeptanz der Tatsache, dass du das Bewusstsein der Armut, das du loswerden willst, selber geschaffen hast.

Auch Unabhängigkeit ist eine innere Qualität, die sich nur einstellen kann, wenn du das Gefühl der Abhängigkeit bis ins Letzte ausgekostet hast. Unabhängig bist du dann, wenn du mit der Abhängigkeit soweit in Frieden bist, dass du nicht mehr unabhängig werden willst. Aus dem Bewusstsein der Getrenntheit und des Mangels heraus nach Unabhängigkeit zu streben, ist nichts als die Abhängigkeit vom Gedanken, ja nicht abhängig werden zu dürfen.

Das Streben nach Unabhängigkeit ist also nur die Rückseite deiner Angst vor Abhängigkeit. Indem du dein Denken und Handeln auf Unabhängigkeit ausrichtest, gibst du deiner Abhängigkeit pausenlos neue Energie.

Wenn du diesen Mechanismus bei dir wiedererkennst und insgeheim denkst, dass dies ein fieses Spiel sei, dann hast du dir offenbar noch nicht bewusst gemacht, wie sehr du deine Abhängigkeit im Grunde liebst. Denn auf diese Weise lieferst du deinem Ego das notwendige Futter, um seinen Selbstbeschäftigungstrip weiter am Laufen zu halten. Der scheinheiligen Suche nach Unabhängigkeit kannst du nur dadurch begegnen, dass du sie dir schonungslos ehrlich eingestehst: „Ja, ich bin abhängig. Und ich selbst habe das genau so gewollt."

Unter den Bedingungen der Polarität funktionieren auch „Bestellungen beim Universum" nicht als naives Wunschdenken. Gott ist nicht einfach „der Liebe", der darauf wartet, dass du dich ihm zuwendest, damit er dich zur Belohnung mit dem versehen kann, was du dir wünschst. Gott schließt immer auch „das Andere" mit ein. Wenn du dich danach sehnst, mutiger zu werden, dann entsteht dieser Wunsch aus deiner Vorstellung heraus, ein Schwächling zu sein. Und so lädst du mit deiner Sehnsucht nach Mut zunächst einmal alle Ängste und Widerstände ein, damit du nun vor dem Hintergrund dieser Kontrastfolie deinen Mut überhaupt erst überprüfen, erproben und vertiefen kannst.

Die Polarität kannst du nicht überwinden, indem du den Pol der Schwäche ignorierst und weghaben willst. Im Gegenteil: Mit jedem Wegschauen, mit jedem Nicht-Wahrhaben-Wollen und mit jeder Unehrlichkeit wächst der Schatten an, der die ursprüngliche Einheit verdunkelt. Die Sehnsucht, aus dem irdischen Jammertal befreit zu werden, und die Frage, wann denn dieses ganze Drama ein Ende nehme, sind Aspekte des Mangelbewusstseins. Und so kann das in der Illusion der Getrenntheit gefangene Ego nicht anders, als seine Erlösung in die Zukunft zu verschieben. Auf der Ebene der Zeit wirst du ständig vom Gefühl des Mangels und von der Angst vor dem Tod in Atem gehalten. Die Zeit – und damit auch die Polarität – löst sich erst dann auf, wenn du beide Pole in dir annimmst, den Mut und die Mutlosigkeit, die Stärke und die Schwäche, das Gute und das Böse.

Am allerwenigsten jedoch wird dein Versuch, die Polarität zu überwinden, dadurch funktionieren, dass du dich äußerlich und innerlich aus der Welt zurückziehst und auf dem Weg der meditativen Versenkung direkt in die Einheit zu gelangen strebst. Weder dein Ich noch sonst irgendwer wird die Einheit je erlangen können. Die angstgetriebene Flucht ins Nicht-Ich läuft auf dasselbe hinaus wie die blinde Identifikation mit dem Ich: In beiden Fällen glaubst du, ein Jemand zu sein, der irgendetwas tut, um irgendwo hinzugelangen. In Wahrheit jedoch ist jeder einzelne Moment genau richtig, um zu erkennen, dass du das Bewusstsein bist, das beide Aspekte umfasst, über beide hinausgeht und sich jederzeit vom einen zum anderen verlagern kann. Die Polarität ist eine Manifestation der Einheit. Als solche ist sie auch der Entwicklungsmotor dafür, dich deines Einheitsbewusstseins zu erinnern.

Falls du also Ekel vor dem Irdischen oder Abscheu gegenüber der Ich-Verhaftung verspürst, dann ist dies das klarste Anzeichen dafür, dass die Erde noch eine Lektion für dich bereit hat. Wie weit auch immer sich dein Bewusstsein ausgedehnt hat, du wirst weder deine Geschichte noch deinen Körper-Geist und seine alltäglichen Verpflichtungen jemals überwinden können. Deine Geschichte bleibt stets deine Geschichte, denn sie ist das Vehikel, in dem sich deine Seele in ihrer Grenzenlosigkeit und in ihrer Essenz erfahren will. Und je mehr du deine Geschichte zulässt, desto mehr verschwindet derjenige, der sich mit ihr identifiziert.

Selbsterkenntnis führt dich zunächst ins Gegenteil

Wenn du das kosmische Prinzip verstehst, dass du dich immer zuerst in die falsche Richtung begeben musst, um zu dir zurückzukommen, ist Selbstfindung eigentlich überhaupt nicht schwierig. Im Grunde brauchst du einfach nur das Gegenteil von dem zu leben, was du bis jetzt aus deiner verdrehten Identität heraus gelebt hast. Wenn du dich im falschen Film wähnst, scheint das, was du bis jetzt gewollt hast, das Gegenteil von dem zu sein, was von deiner Kernessenz her in dir angelegt ist.

Wenn du bis jetzt stets nur nach dem Hellen gestrebt hast, dann lass dich jetzt auf das Dunkle ein. Hast du bislang vor allem das

Opfer gespielt, dann geht es jetzt darum, den Täter in dir anzunehmen und zuzulassen. Und wenn du dich bis jetzt erfolglos darum bemüht hast, ein sogenannt gutes Leben zu führen, dann überprüf mal, welche verborgenen Sehnsüchte du dabei aus deinem Leben verbannt hast, weil du sie als schlecht und böse verurteilst.

So einfach das Wirkungsprinzip der Selbstfindung im Spannungsfeld der Polaritäten erscheint, so radikal stellt es sämtliche deiner Wohlfühl-Taktiken in Frage. Deine verdrängten Schmerzen machen dir nämlich im gleichen Maße Angst wie deine verdrängten Sehnsüchte. Schließlich handelt es sich bei all dem, was in deinem Schatten liegt, um das, was du bislang mit allen Kräften zu verhindern gesucht hast. Die Fixierung auf das Angenehme ist ein Virus, der dich von deiner Ganzheit abschneidet und deinen Selbstverbesserungstrip immer mehr intensiviert.

Gefangen in der gesellschaftlich geprägten Sucht nach permanentem Wohlfühlen, ist dein Ego darauf programmiert, beim Auftauchen von Unannehmlichkeiten sogleich die Frage zu stellen: Wie komme ich da wieder raus? Auf diesem Wunsch nach Schmerz- und Angstfreiheit basiert die ganze Armada von therapeutischen und spirituellen Ansätzen. Wenn du jedoch das Prinzip der Polarität als zentrale Spielregel jeglicher Erfahrung wirklich ernst nimmst, kann die Antwort nur lauten: Geh erst mal richtig rein!

Wenn du feststellst, dass du dich bislang aus deiner verdrehten Identität heraus stets nach Harmonie und Frieden gesehnt hast, dann schau mal, ob nicht eine permanente Unruhe eher zu dir passt. Damit ist nicht die mentale Unruhe gemeint, die von deinem bewertenden Verstand ausgeht, sondern jenes angenehm vibrierende Grummeln im Körper, das dich vorantreibt, dich für deine Wahrheit einstehen und dich immer wieder angstfrei für das Neue öffnen lässt.

Wenn du über ein starkes Harmoniebedürfnis verfügst, mag es erschreckend sein zu erkennen, dass es Frieden immer erst dann gibt, wenn zuvor ein Krieg ausgefochten wurde. In der polar strukturierten Welt gibt es Frieden nur vor dem Hintergrund des Krieges. Deswegen findet der Krieg letztlich nur deswegen statt, damit du dich danach wieder versöhnen kannst. Die Lösung ist immer vor dem Problem da. Wenn der Krieg anfängt, liegt der Friedensvertrag bereits in der Schublade.

Gehörst du vielleicht zu jenen Kriegern, die alles dafür getan haben, um sämtliche Konflikte aus ihrem Leben auszuschließen? Hast auch du rundum Friedensverträge geschlossen, obwohl du dich im Grunde nach Risiko und Abenteuer sehnst? Dann sei wenigstens ehrlich mit dir und steh dazu, dass du deine Wahrheit für irgendwelche vergänglichen äußeren Annehmlichkeiten verraten hast! Und dann mach dir bewusst, dass selbst ein „Krieger des Lichts" seine Mission nur erfüllen kann, indem er sich in die Dunkelheit begibt.

Wenn dein Leben langweilig geworden ist und du spürst, dass du dich nicht leidenschaftlich von deiner ursprünglichen Vision antreiben lässt, dann gesteh dir das erst einmal ein! Sonst kommst du noch auf die Idee, dich als Opfer der Umstände zu fühlen und andere dafür verantwortlich zu machen. Und dann werde dir bewusst, dass du Spannung suchst! Entspannung kannst du immer erst wirklich erleben und auskosten, wenn du zuvor Spannung durchlebt hast. Lass dich vom Leben herausfordern, immer ein Stück mehr. Nur auf diese Weise erfährst du Liebe als ein sich ausdehnendes Prinzip.

Wenn du dich um alles in der Welt in den Himmel gewünscht hast und nun feststellst, dass es hier oben selbst dem „lieben Gott" zu langweilig ist, dann bleibt dir nichts anderes übrig, als mit nacktem Hintern wieder ins Leben zurück zu springen. Es ist nicht notwendig, dass du Spannung künstlich aufbaust. Gestehe dir einfach ein, dass du dich danach sehnst. Und frage dich, was du bereit bist zu opfern, damit wieder Spannung in dein Leben zurückkehren kann.

Wahre Entspannung ist nur erfahrbar im bedingungslosen Ja zur Spannung. Und Harmonie gibt es nur im vorbehaltlosen Zulassen des Konflikts. Die Akzeptanz deines inneren Spannungs-Pols erzeugt ein Resonanzfeld, das die notwendige Spannung von alleine in dein Leben einlädt. Sobald du sie nicht länger durch deine Vorstellungen blockierst, legt dir deine seelische Führung stets die passenden Konflikte vor die Füße. Um die „Lösung" zu entdecken, mit der dich diese Konflikte in Kontakt bringen wollen, brauchst du einfach nur konsequent hinzuschauen. Denn Heilung braucht in allererster Linie Wahrheit.

Die Spannungen deines Lebens abmildern oder auflösen zu wollen, ist letztlich eine von unzähligen Ego-Strategien, um dein eigenes verdrehtes Selbstbild aufrechtzuerhalten und deinem inneren Schmerz auszuweichen. Ein beliebtes Alibi, einem Widerstand auszuweichen, besteht etwa auch im Versuch, ihn als Zeichen dafür zu deuten, dass dein Weg höchstwahrscheinlich woanders durchführe. Und so stürzt du dich, sobald es schwierig wird, in eine neue Aufgabe, in der Überzeugung, dass sich die Wogen mit dem neuen Job, dem neuen Partner oder der neuen Wohnung wieder glätten. Die Begründung, das Alte „nicht mehr zu brauchen", klingt vordergründig zwar vernünftig. Doch wie die darunter liegende Wellness-Orientierung beruht sie auf der Vorstellung eines egohaften Scheinfriedens, mit dem du deinen Schmerz so lange wie möglich zu überspielen versuchst.

Denn wenn es dir im Leben irgendwo weh tut, fängt der Lernprozess erst richtig an. Wenn du an Grenzen stößt und mit Herausforderungen zu kämpfen hast, ist das nichts anderes als ein hilfreiches Zeichen. Solange du in der Erfüllung einer bestimmten Aufgabe auf Widerstände triffst, birgt sie noch Erkenntnisse in sich. Die Kündigung einer Arbeitsstelle oder die Beendigung einer Partnerschaft ist erst angebracht, wenn du entweder nicht mehr leidest oder alles gähnend langweilig wird. Aber solange es noch weh tut und solange du noch kämpfst, gibt es darin noch etwas zu lernen. Denn alle äußeren Widerstände sind Spiegel innerer Widerstände.

Wenn du eine Lektion zu früh abbrichst, trägst du deinen blinden Fleck einfach in den nächsten Job oder in die nächste Beziehung hinein. Was wie eine Abkürzung zum Glück aussieht, ist auf der Ebene der Bewusstwerdung ein Umweg. Also hör auf, dich jedes Mal sogleich zurückzuziehen, sobald es schwierig wird. Geh erstmal richtig in den Widerstand hinein, ohne dich dabei zu verschließen. Zunächst einmal zu erkennen, was du nicht bist, ist die zentrale Voraussetzung für die Erkenntnis dessen, was du bist.

Um eine Sache ganz abzuschließen, musst du dir das Hintergründige bewusst machen, dasjenige also, worüber dich dein seelisches Informationsfeld in Gestalt der äußeren Situation informieren will. Alles Unabgeschlossene und alles Nicht-Gefühlte trägst du als Last in das neue Tätigkeitsfeld hinein. Alle Ängste, denen du ausgewichen bist, bilden ein Resonanzfeld, aufgrund dessen sich die neue Aufgabe früher oder später genauso schwer gestalten wird wie die alte.

Notwendigkeit von Spannung und Widerstand

Wenn du das Leben als Erkenntnisprozess begreifst und verstehst, dass Erkenntnis immer nur in der Reibung mit der entgegengesetzten Polarität stattfindet, entdeckst du Ängste und Widerstände als zuverlässige Wegweiser deines inneren Wachstums. Wenn es in deinem Leben nicht weiter geht, gibt es von daher nur eine sinnvolle Frage: „Wovor habe ich momentan am meisten Angst? Was würde ich jetzt gerade niemals freiwillig tun?" Die Antwort darauf wäre genau das, was dich mit der Erkenntnis in Kontakt bringen würde, die deine Seele gerade machen will.

Körperliche, emotionale und geistige Widerstände und Konflikte sind niemals lästige Defizite, die es auszumerzen gilt. Vielmehr sind sie notwendige Bedingungen dafür, dass du überhaupt Freiheit und Sinn erfahren kannst. Wie für dein Leben als solches gilt nämlich auch für jede einzelne Erfahrung: Im Anfang ist zwar alles schon da und in seiner ganzen Potenzialität angelegt. Erfahrbarer und damit fühlbarer Sinn jedoch ergibt sich in der Welt der Polarität immer erst aus einer vorangehenden Begrenzung.

In jeder Situation deines Lebens, bei der du einen Widerstand in dir spürst, kannst du dir gewiss sein, dass sich dir eine neue Erfahrung zeigen will. Während dein Ich sich mit der Angst vor dem Unbekannten und Unkontrollierbaren identifiziert, weiß deine Seele, dass alles Neue, alles Frische und alles Lebendige nur aus dem Raum des Unbekannten hervorgehen kann. Wo dein Ich „Nein!" ruft, schreit deine Seele „Ja!"

Deine Hoffnung auf ein spannungsfreies Bilderbuchglück ist daher vollkommen lebensfremd. Der Weg der Freiheit konfrontiert dich immer wieder neu mit Widerständen, Widersprüchen und Konflikten. Und wenn deine Lektion darin besteht, mit der Faust auf den Tisch zu hauen, um dir selbst den nötigen Respekt zu geben, so wird es wohl auch nicht genügen, dies bei einem einzigen

Respekt

Mal bewenden zu lassen. Nach jedem Schritt, den du tust, kommen gleich die nächsten Herausforderungen.

Dein Leben ist eine Aneinanderreihung von Erfahrungen, die dich dazu herausfordern, dich immer umfassender als denjenigen zu erinnern, der du bist. Und in diesem lebenslangen Prozess wird dir kein einziger Schritt geschenkt. In dieser Auseinandersetzung brauchst du auch nicht einfach nur passiv auf den nächsten Konflikt zu warten. Es kann durchaus auch mal angesagt sein, aktiv einen Widerstand herzustellen, um an deine Lebenskraft heranzukommen. Anstatt passiv zuzusehen, wie jemand anderes deinen nächsten roten Knopf drückt, kommst du ihm am besten zuvor und legst selbst den Finger in die offene Wunde.

Und so gestaltet sich dein irdisches Leben wie ein Computer-Spiel, bei dem es einfach immer weiter geht. Nach der Erledigung gewisser Aufgaben geht's in den nächsten Raum und auf ein höheres Level. Jeder Übergang ist dadurch gezeichnet, dass du wach und offen dafür bist, deine gegenwärtigen Begrenzungen an dich heranzulassen, seien diese gedanklicher, emotionaler, spiritueller, beruflicher oder partnerschaftlicher Natur. Nur die Existenz von Begrenzungen, Hindernissen und Widerständen lassen dich das Leben als sinnvoll wahrnehmen.

Das Vertrauen in dich selbst wächst durch Mutigsein. Und dazu brauchst du auf allen Ebenen immer wieder neue Herausforderungen, die deinen Mut auf die Probe stellen. Denn Vertrauen ist grenzenlos und kommt nie an ein Ende. Je mehr du aus alten Räumen ausbrichst und in neue Räume eindringst, desto größer wird dein Vertrauen, dich immer tiefer auf das Leben einzulassen.

Lass dich von deiner Neugier vorantreiben und schau, wohin sie dich trägt! Da all das, was du dir in deinem Kopf zusammenreimst, auf Angst beruht, und Angst letztlich eine Illusion ist, geschieht ohnehin stets etwas anderes als das, was du denkst. Sobald du bereit bist, durch deine inneren Kämpfe hindurchzugehen, öffnen sich Türen, die du in der Haltung des Widerstandes nicht sehen konntest und nicht sehen wolltest. Es geht einfach immer wieder nur um das Neue, um die Bewegung als solche, ohne etwas zu wissen, ohne irgendwo hinzukommen oder an etwas festzuhalten. Sobald du die nächste Lektion ausgekostet hast, geht die Reise ins Unbekannte weiter.

Polarität in Beziehungen

Als sinnlich-geschlechtliches Wesen erfährst du das Prinzip der Polarität natürlich in besonderem Maße in den Phänomenen der Liebe, der Partnerschaft und der Sexualität. Schließlich bildet die Spannung zwischen dem Männlichen und dem Weiblichen die zentrale Polaritätsachse des Universums. Da bei kaum einem anderen Thema deine ungezügelte Gefühlswelt so stark involviert ist, werfen dich partnerschaftliche Konflikte und Sehnsüchte weitaus häufiger auf deine Schattenseiten zurück, als es deinem Ego lieb sein dürfte.

Der Sinn einer Partnerschaft ist also etwas ganz anderes als das, was du dir während deiner ersten Verliebtheit einmal vorgestellt hast und was du dir in deinen romantischen Träumen vielleicht noch immer erhoffst. Eine Partnerschaft ist nämlich für nichts Geringeres zuständig als für den Tod deiner Identitäten, über die du ein bestimmtes Bild von dir aufrechtzuerhalten versuchst und dich dabei von deiner tieferen Wahrheit abschneidest.

Eine Partnerschaft ist zwischendurch vielleicht auch mal eine Quelle des Trostes. Doch in erster Linie ist sie dafür da, dass dir dein eigener Schmerz überhaupt einmal voll und ganz bewusst wird. Sobald du in einem Konflikt deinen Partner kritisierst und beurteilst, siehst du nicht mehr, was du selbst zu lernen hast. Dein Partner ist primär ein Schmerzverstärker und als solcher dafür zuständig, dir deinen Widerstand gegen einen Teil von dir selbst bewusst zu machen. Wenn du in deinem Leben immer wieder ein Schuldgefühl verdrängen und wegreden willst, dann lädst du über diesen Verdrängungsmechanismus einen Partner um den anderen in dein Leben ein, der dich mit deiner Schuld-Thematik konfrontiert. Denn du bist erst dann bereit, wirklich hinzuschauen und das äußere Nein als ein inneres Nein zu erkennen, wenn dir vor Schmerz keine andere Alternative mehr bleibt.

Wie sämtliches Leben im Universum ist auch dein irdisches Dasein durch und durch von der Dynamik der Polarität geprägt. Leben ist Sexualität, denn es besteht aus Bewegung, und Bewegung entsteht aus Spannung. Es geht einmal rein und dann wieder raus, um sogleich wieder reinzugehen. Denn das Schönste in der Spannung ist die Sehnsucht nach Entspannung. Mehr denn anderswo zeigt sich im Spiel der Geschlechtlichkeit, dass Wachstum sich nur aus der konstanten Reibung ergibt. Und so ist Sexualität wohl die beste Möglichkeit der Selbsterkenntnis.

Aufgrund des Polaritätsprinzips sind Liebesbeziehungen grundsätzlich umso lebendiger, je unterschiedlicher du und dein Partner euch in eurem Wesenskern seid, je selbstbewusster und differenzierter eure seelische Essenz und euer geschlechtlicher Pol ausgeprägt sind und je mehr Reibungsflächen ihr euch demzufolge bietet. In der Phase der Verliebtheit hast du vielleicht noch über das „Wunder“ gestaunt, endlich jemanden gefunden zu haben, der „aus dem gleichen Holz geschnitzt“ ist wie du. Diese Resonanz bezog sich in Wirklichkeit jedoch nicht auf die Gesamtpersönlichkeit, sondern vor allem auf jene Aspekte, die du in deiner Verliebtheit von dir gezeigt und von deinem Partner wahrgenommen hast. In Wirklichkeit warst du bloß in ein Bild von dir verliebt.

Nach der notwendigen „Ent-Täuschung“ dieser illusionären Gleichheit ist das Gefühl der Anziehung jedoch umso größer, je mehr ihr euch in eurem Wesen als Andersartige ergänzt. Die immer klarere Ausbildung deiner eigenen Geschlechtlichkeit und deiner eigenen Essenz bedeutet also auch anzuerkennen, dass das polar Gegensätzliche niemals zu erreichen und niemals zu verstehen ist. Als Frau im Vollbewusstsein deiner Weiblichkeit kannst du die Natur des Mannes nur einfach so stehen lassen. Und als Mann wird die Frau für dich ebenfalls immer ein Mysterium sein, auf das du nur aus deiner eigenen Autonomie heraus Bezug nehmen kannst.

Die Polarität zwischen dir und deinem Partner spielt sich nicht nur auf der Ebene der Geschlechtlichkeit ab, auf der ihr einander eure eigene männliche und weibliche Seite widerspiegelt. Da jeder noch so ideal erscheinende Partner deine Vorstellungen und Erwartungen früher oder später enttäuschen muss, gibt dir dies die Möglichkeit, auch die Projektion all deiner Ängste und Sehnsüchte bewusst wahrzunehmen und zu dir selbst zurückzunehmen.

Die Partnerschaftsebene stellt gewissermaßen die äußere Bühne dar, auf die du gewohnheitsmäßig den inneren Kampf mit deinem „inneren Du“ verlagerst. Widerstände gegen deinen Partner und die Unzufriedenheit mit gewissen Aspekten deiner Beziehung spiegeln dir unmittelbar deine eigenen, ungelösten Anteile wider und informieren dich über das Ungleichgewicht zwischen der männlichen und der weiblichen Seite in deinem Innern.

Innere Freiheit gewinnst du also niemals dadurch, dass du dich sexuellen und partnerschaftlichen Ängsten durch äußeren oder inneren Rückzug entziehst. Wenn du deine Sehnsüchte durch ein hinausgezögertes Singledasein oder meditative Praxis verdrängst, schränkst du damit nicht nur die Lebendigkeit und die Ganzheit deines Wesens ein. Du verleugnest dadurch auch die ursprüngliche Wahl deiner Seele, dieses irdisch-körperliche Leben in diesem polar strukturierten stofflichen Universum als sinnlich-ekstatische Spielwiese zu nutzen.

Ebenso verdächtig ist die Vorstellung, gewisse Mängel zunächst im Alleingang ausmerzen zu müssen, damit diese ja nicht die nächste Partnerschaft belasten mögen. Hinter dieser nobel klingenden Absicht verbirgt sich jedoch nicht nur das Gefühl des eigenen Ungenügens, sondern auch die Erwartung an dich selbst, eine „schöne" oder wenigstens eine „funktionierende" Beziehung hinkriegen zu müssen. Zudem verkennst du mit dieser Einstellung, dass Entwicklungen in Beziehungsthemen nur im Austausch mit einem realen Partner möglich sind.

Gewiss kann es sinnvoll sein, eine kurze Ruhepause einzulegen, nachdem du dich jahrelang über deine Partnerschaft definiert hast. Aber glaube ja nicht, du müssest das andere Geschlecht nun so lange aus deinem Leben ausschließen, bis du gelernt hast, was Unabhängigkeit heißt. Um dich als Mann oder als Frau zu finden und etwas Neues von dir zu entdecken, brauchst du zur Überprüfung doch wieder ein neues partnerschaftliches Bezugssystem. Wenn deine Haupterwartung an einen Partner bislang darin bestanden hat, dass du dich getragen fühlen willst, dann geht es doch jetzt darum, dich selbst so tragen zu lernen, dass du deinen nächsten Partner nicht mehr für dein Glück verantwortlich machst. Also brauchst du jetzt erst recht einen Partner, um diese Form der Unabhängigkeit leben zu lernen.

Das Beziehungsmuster, auf dessen Grundlage deine letzten Partnerschaften gescheitert sind, wirst du nicht einfach in deinem Kopf auflösen können. Angenommen, du hast bislang die Vorstellung gepflegt, dein Partner müsse groß und stark sein, dann spiegelt sich darin dein Glaube, du seiest klein und schwach, und deine Sehnsucht, dein Partner möge dich von diesem Schmerz erlösen. Wenn du nun mit diesem Bewusstsein allein bleiben willst, wird sich daran kaum etwas ändern. Dich vermehrt selber aushalten zu wollen, ist ja in Ordnung. Doch deine wahre Größe und Stärke wirst du nur verkörpern können, wenn du dich abermals dorthin begibst, wo du diese Qualitäten bislang geleugnet hast: in den Austausch mit einem Menschen aus Fleisch und Blut.

Tödliche Harmoniesucht

Die meisten Beziehungen beruhen auf einem Waffenstillstandsvertrag, der auf oberflächliche Stabilität, aufgesetzte Harmonie und scheinheilige Konfliktlosigkeit angelegt ist. Hintergründig fehlt jedoch das Anregende und Faszinierende, das sich nur aus der Spannung der Fremdheit ergibt. Für die differenzierte Entwicklung und Wahrnehmung der eigenen Geschlechtlichkeit und der eigenen seelischen Essenz ist es unbedingt notwendig, dass du dich an deinem Partner reibst und dass ihr einander Widerstände bietet.

Für die Lebendigkeit eurer Beziehung ist es tödlich, wenn ihr euch darum bemüht, euch in eurer Unterschiedlichkeit zu verstehen oder euch dem andersgeschlechtlichen Prinzip anzunähern. Denn sobald ihr versucht, einander zu verstehen, begebt ihr euch aus eurer Polarität heraus und trefft euch irgendwo in der Mitte, in einer Scheinharmonie aus Kompromissen und Halbheiten.

Wenn du mit einem Partner zusammenlebst, der in einem verdrehten Bewusstsein von Schwäche lebt, dann ist es falsch verstandenes Mitgefühl, ihm auf halbem Weg entgegenzukommen oder ihn zu trösten. Du kannst ihn nicht mittels vorgetäuschter Harmonie an seine ursprüngliche Stärke erinnern. Nur wenn du deine eigene Wahrheit lebst und deinem Partner immer mal wieder einen Konflikt bereitest, kannst du seine Durchsetzungskraft wirksam auf die Probe stellen.

Solange du dir überlegst, wie du deine Botschaft über dich selbst etwas milder formulieren kannst, um deinen Partner nicht zu enttäuschen, agierst du aus einem Schuldgefühl heraus. Solange du dir die Maske des Schwachen anziehst, um deinem Partner die Chance zu geben, zu sich zu stehen, verleugnest du dich selbst. Das kommt zwar vordergründig edel daher, führt aber nur zu weiterem Beziehungshickhack.

Wenn du deine aufgestaute Wut auf dich selbst nicht zulässt, weil du befürchtest, dass dein Partner nicht damit umgehen kann, dann unterstellst du ihm letztlich, dass er einen Fehler begangen hat, sich auf dich einzulassen. Das kann aber doch keine Basis für eine Beziehung sein. Mute deinem Partner zu, dass er sich wehren kann, wenn ihm etwas nicht passt, und dass er selbst die Folgen seines Entscheides tragen kann, mit dir eine Partnerschaft eingegangen zu sein!

Vielleicht gehörst du zu den Menschen, die sich von einer Beziehung erhoffen, dass sie dich vom Gefühl, nicht ganz in Ordnung zu sein, erlösen möge. Unbewusst hoffst du, dass dein Partner deine Selbstabwertung nicht mitbekommt. Du erwartest von ihm, für das geliebt zu werden, wofür du dich selbst ablehnst. Damit betrügst du jedoch nicht nur deinen Partner, sondern vor allem dich selbst.

Wenn du bei jedem Beziehungskonflikt möglichst rasch wieder Harmonie herstellen willst, dann schau hin und frage dich, was dich dazu antreibt: Ist es deine Angst vor Einsamkeit? Ist es ein Versuch, deine Schwäche zu verbergen? Oder willst du dich auf diese Weise vor Eifersucht schützen? Schau dir an, vor welchem Schmerz du dich mit deiner Beziehungsvorstellung abzuhalten versuchst, und welches Gefühl du damit anstrebst. Die Spannung zwischen dir und deinem Partner ist nämlich auch dazu da, dir die Kluft zwischen dem, was du lebst, und deinen Sehnsüchten und Ängsten bewusst zu machen.

In Situationen, bei denen du Konflikte vermeidest, gibt es nur eine sinnvolle Frage: „Für welche Rolle möchte ich hier geliebt werden?" Diese Frage konfrontiert dich unter anderem mit der brutalen Tatsache, dass du nicht den geringsten Einfluss darauf hast, wie dich deine Mitmenschen sehen. Der einzige Grund, weshalb du beim anderen Geschlecht gut ankommen willst, ist demzufolge der Wunsch, dich selber gut zu finden. Wenn dir das wirklich klar geworden ist, wirst du damit aufhören, deinen Partner als Umweg zu dir selbst zu benutzen und etwas werden zu wollen, was du längst schon bist.

Auch der Versuch, sämtliche Widerstände frühzeitig über das Gespräch aufzulösen, erscheint auf den ersten Blick als „reife" Form der Konfliktvermeidung. Doch eine Partnerschaft, in der die Angst keinen Platz hat, verliert rasch an Spannung und wird langweilig. Wachstum geschieht nur, indem du immer wieder an eine Grenze gelangst und über sie hinauszugehen strebst. Wenn sich rundum alles kuschelig anfühlt, dann geh tiefer, bis du auf die Konfliktherde triffst, die du durch deine Verliebtheit oder deine Harmoniebedürftigkeit überdeckst! Was zeigst du noch nicht von dir? Denn so, wie das Leben immer weiter geht, gebiert es auch immer neue Ängste. Bleib nicht stehen, sondern halte Ausschau nach den nächsten Gefahren! Die Partnerschaft ist nicht zum Händchenhalten da. Nur wenn du Hand in Hand mit der Gefahr durchs Leben gehst, bist du in deiner wahren Kraft.

5. Das Spiegelprinzip

Die Welt als Spiegel

Die Verdrehung deiner ursprünglichen Identität beruht zu einem guten Teil auf dem Missverständnis, die Welt für wirklich zu halten, anstatt sie als Spiegel deines Innern zu betrachten. Während du deinen Blick auf das vordergründige Außen richtest, vergisst du, dass die eigentlichen Ursachen dessen, was du siehst, in deinem Innern liegen. Ein entscheidender Schritt deiner Selbst-Erinnerung besteht also darin, die Welt als das zu erkennen, was sie wirklich ist: ein hundertprozentig zuverlässiger Spiegel dessen, was du bewusst oder unbewusst in dir trägst. Und wie bei allen geistigen Gesetzmäßigkeiten wohnt auch dieser ein Paradox inne: Je mehr du dich nämlich auf das Spiegelprinzip einlässt und deinen Blick konsequent nach innen wendest, desto mehr wirst du entdecken, dass es eine Trennung zwischen innen und außen gar nicht gibt.

Die äußere Welt ist nichts anders als der Panorama-Spiegel deines eigenen Bewusstseins. Alles, was du darin über dich und die Welt erfährst, siehst du immer genau so, wie es in deinem momentanen Bewusstsein angelegt ist. Alle äußeren Dinge sind durch ihr Erscheinen in der Welt als potentielle Reflexionsmöglichkeiten angelegt. Deine größtenteils unbewussten Wahrnehmungsfilter sind es, die sie schließlich festlegen. Aufgrund deiner individuellen mentalen und emotionalen Prägungen, Ängste und Sehnsüchte legst du eine Blume oder einen Mensch als klein oder als groß, als schön oder als hässlich fest.

Gleichermaßen biegst du die anderen mit deinen unbewussten Wahrnehmungsfiltern jeweils genau so zurecht, dass sie der Stabilisierung deiner Identität am meisten dienen. Wenn es in deinem

Leben darum geht, deine Autorität mit jeder Faser deines Körpers auszufüllen, dann schaust du anfänglich mit der Haltung „Ich bin nicht autoritär" in die Welt. Jeder, der tatsächlich oder scheinbar über Autorität verfügt, vermag dir nun deine verweigerte eigene Autorität widerzuspiegeln und ist damit in deinem Drehbuch als Träger deines Widerstandes angelegt. Als autoritär festgelegt werden sie nun von deiner verdrehten Sichtweise. Und so wirst du, solange du deine Autorität nicht zu dir zurückgenommen hast, alle selbstbewusst scheinenden Menschen als Bedrohung und als Schmach erleben.

Eine ähnliche Form der Projektion ist im Gange, wenn du dich einem Menschen ausgesetzt fühlst. Offenbar hast du dir dann im Außen jemand Größeres und Mächtigeres gesucht, damit du dich in deiner verdrehten Identität bestätigen und zunächst einmal deine Kleinheit und deine Ohnmacht fühlen kannst. Mit der Person selbst hat das überhaupt nichts zu tun. Deine Wahrnehmungsweise ist es, die sie groß, weise und stark macht. Denn nur so kannst du dein Glaubensmuster nähren, klein, dumm und ohnmächtig zu sein.

Wenn du den Eindruck hast, von deinem Chef zuwenig Geld und Anerkennung zu bekommen, kann dies nur darauf zurückzuführen sein, dass du dir selber den dir gebührenden Wert verweigerst. Du verlangst von außen, was du dir selbst nicht gibst. Und dein Frust, den du unbewusst pausenlos selber nährst, ist nur eine Ablenkung von deinem Selbsthass. So musst du dir nicht den Schmerz darüber eingestehen, dass du dich selbst wertlos findest.

So bedrohlich sich auch der Zustand von Ohnmacht und Ausgeliefertsein anfühlen mag: In Wirklichkeit gibt es nichts und niemanden außerhalb deiner Wahrnehmung, der dich bedrohen könnte. Es gibt keine Ursache außerhalb deines eigenen Geistes, die dir Bedrängnis und Schmerz bringen könnte. Es gibt nichts, aber auch gar nichts auf dieser Welt, was die Macht hätte, dich krank, traurig, schwach oder gebrechlich zu machen. Es gibt kein Problem und kein Elend, das seine Ursache nicht in deinem Geist hat. Allein du hast die schöpferische Macht, die Dinge so zu sehen, wie du sie wahrnimmst.

Verkehrtheit liegt immer im Auge des Betrachters. Diese Aussage ist gleichbedeutend mit der Vollkommenheit des Ganzen. Wenn sich im Außen nichts verändern lässt, dann muss das, was du als unpassend, falsch, schlecht und böse empfindest, auf deiner inneren Einstellung gründen. Niemals kannst du als Mann einen zu kurzen Penis oder als Frau zu kleine Brüste haben. Deine körperliche Beschaffenheit ist perfekt, so wie alles an dir seinen Sinn hat. Im Universum gibt es nichts Falsches. Offenbar wird ein anderer Aspekt von dir zum Wohle des Ganzen in größerem Maß gebraucht. Vielleicht verfügst du über ein so weites, grenzenloses Bewusstsein, dass dich größere Sexualorgane von deiner wahren seelischen Bestimmung zu sehr ablenken würden.

Wenn du dich verletzt fühlst, dann kann es offenbar nicht anders sein, als dass du dich durch die Wahrnehmung dessen, was geschieht, selbst verletzt. Dies wiederum hat schlicht und einfach damit zu tun, dass du in deinem Drehbuch stehen hast, die Erfahrung des Verletztseins zu brauchen. Und so läufst du unbewusst mit Einladungskarten zur Verletzungs-Party unter dem Arm durch die Straßen und wirfst sie in die passenden Briefkästen. Dann brauchst du dich aber auch nicht zu wundern, wenn es abends klingelt und die ganzen verletzungswilligen Gäste vor der Tür stehen. Auf der feinstofflichen Ebene hast du selber eingeladen. Denn damit du dich als Opfer fühlen kannst, brauchst du auch die entsprechenden Täter.

Auf diese Weise suchst du dir zu sämtlichen Aufgaben im Spiel deines Lebens die passenden Darsteller aus, schlüpfst in den Anzug des Hauptdarstellers und legst los. Dein seelisches Informationsfeld, das nach dem Prinzip der Resonanz schwingt, bringt dich immer und immer wieder mit denjenigen Menschen und Ereignissen in Kontakt, die dich mit einem ungelösten emotionalen Thema konfrontieren. Sobald du bereit bist, dich für das verweigerte Gefühl zu öffnen, wirst du entdecken, dass alle äußeren Täter, die in deinem Leben auftreten, nur Spiegelbilder deines inneren Täters sind.

In den äußeren Wirkungen begegnest du stets nur den inneren, in deinem Bewusstsein angelegten Ursachen. Damit ist alles, was dich in deinem Leben zwickt und beißt – das Chaos in deiner Wohnung, die Beziehung zu deinen Eltern oder deine aktuelle berufliche Herausforderung –, ein Wink deines Bewusstseins, dir einen Aspekt deines Innern anzuschauen. Alles, was du in der äußeren Welt erlebst, hast du auf seelischer Ebene ganz genau so arrangiert, dass es dich auf deinem Weg der bewussten Selbst-

Erinnerung optimal unterstützt. Wenn diese Tatsache deine eigene lebendige Erkenntnis wäre, würdest du sofort damit aufhören, dich und dein Leben verbessern zu wollen. Und so steht es in deiner Verantwortung, endlich klar und mutig hinzuschauen. Denn Heilung braucht Wahrheit.

Im Äußeren spiegelt sich das Innere

Was du als Welt bezeichnest, ist deine eigene Welt. Das Schöne und das Hässliche, das dir aus der Welt entgegentritt, widerspiegelt einfach nur deinen eigenen ästhetischen Maßstab. Wenn du dich im „falschen Film" wähnst, kann das nur an deiner Sichtweise liegen. Damit ist jeder äußerer Widerstand stets ein Angebot an dich, zu überprüfen, ob die Art und Weise, wie du die Welt siehst oder dein Leben lebst, deiner individuellen Wahrheit entspricht. Auf der Ebene der individuellen Wahrnehmung gibt es kein Rechthaben. Da alles Äußere nur dazu da ist, dich auf einen Aspekt deiner selbst zurückzuwerfen, ist alles genau so, wie es ist, vollkommen in Ordnung. Sonst wäre es nämlich anders.

Deine Wahrnehmungsweise funktioniert wie ein Dia-Projektor aus dem vor-digitalen Zeitalter. Solange dir das nicht bewusst ist, klebt deine Aufmerksamkeit draußen an der Leinwand, so dass du die farbigen Punkte vor deinen Augen für die letzte Realität hältst. Wenn dir etwas nicht passt, tendierst du dazu, auf der Leinwand herumzukratzen, damit sich das Bild verändert. Dass es sich bei dem, was dir erscheint, um eine Projektion deiner Innenwelt handelt, die zudem vollumfänglich aus deiner Vergangenheit stammt, erkennst du nur, wenn du deinen Fokus nach innen, auf das Dia, verlagerst.

Das Dia – deine kategorisierende, wertende und dadurch trennende innere Matrix – ist überlagert von mentalen und emotionalen Verkrustungen. Diese hast du dir in unbewusster Vorzeit zugelegt, um dich vor Ängsten und Schmerzen zu schützen. Da du sie seither im Dunkel deines Unbewussten hast weitergären lassen, blockieren sie nach wie vor deine Lebenskraft. Und da dein Ego mit dieser Sichtweise über sich selbst inzwischen so vertraut ist, bemühst du dich mit der anderen Hälfte deiner Kraft darum, diese Schutzmauern weiterhin aufrechtzuerhalten.

Der Spiegel-Effekt geschieht dabei vollkommen neutral, ganz ohne Bewertung. Wenn du deinen Partner als aggressiv empfindest, dann projizierst du einfach deine eigene Unsicherheit im Umgang mit Aggression auf ihn. Eine offene Frage ist dabei, ob du deine Aggressivität genauso vehement auslebst oder ob du deine natürliche Antriebskraft im Gegenteil unbewusst zurückhältst. Oder angenommen, du nimmst deinen Partner als egoistisch wahr. Wenn du ehrlich hinschaust, wirst du rasch erkennen, ob du dich im gleichen Maße in den Vordergrund stellst oder dich vor dir selbst abwertest. In beiden Fällen spaltest du einen Teil von dir ab und verdrängst ihn in den Schatten.

Ganz gleich, ob du dich über jemanden aufregst oder ob du jemanden bewunderst: Das, worüber du dich ärgerst, ist genauso ein Teil von dir wie das vermeintlich äußere Wunder. Ganz egal, ob du ein angenehmes oder ein unangenehmes Gefühl auf einen Menschen projizierst, jedes Mal trennst du dich von einer inneren Eigenschaft ab und verbannst sie ins Unbewusste.

Indem du die ungeliebten und gefürchteten Aspekte deines Wesens auf jemand anderen überträgst, vermagst du sie zwar vorübergehend auf Distanz zu halten. Was du in den Schatten verdrängt hast, prägt dich unbewusst jedoch in weit stärkerer Wucht. Doch nur dadurch, dass du dich zunächst von einer inneren Qualität abtrennst und nach außen verlagerst, kannst du sie schließlich auf bewusste Weise als Aspekte deiner Ganzheit und deiner Totalität erinnern.

Gefühlsmäßige Resonanz

Die Bedeutung, die die Welt für dich hat, liegt nicht in ihrer äußeren Beschaffenheit oder Gestalt. Sie wird für dich immer erst dann relevant, wenn sie in deinem Körper-Geist-Organismus bewusst oder unbewusst ein Gefühl auszulösen vermag. Die neutrale Wahrnehmung eines Gefühls bringt dich stets unmittelbar zurück zu deinem Kern, zurück in deine Lebensidee. Erst mit deinem Widerstand gegen sogenannt „negative" Gefühle blockierst du deine natürliche emotionale Intelligenz.

Überall da, wo dich im Außen etwas stört, spiegelt dir die Welt über das „Prinzip der Resonanz“ ein gefühlsmäßiges Thema, das in deinem Drehbuch angelegt ist, bei dem du dich aber noch nicht gewagt hast, es bis auf den Grund zu erforschen. Grundsätzlich ist jedes Gefühl eine vollkommen neutrale Energieform, die einfach nur gefühlt werden will, um sich unmittelbar danach wieder zu verflüchtigen. Gewisse Gefühle jedoch hat dein Körper-Geist-System aufgrund elterlicher Prägung oder einer frühkindlichen Verletzung als unerwünscht kodiert und mit einer Kruste aus Angst, Schuld, Scham und Hass überzogen.

Ein äußerer Widerstand ist dadurch gekennzeichnet, dass er ein solch unerwünschtes Gefühl in dir auslöst oder zumindest bedrohlich in seine Nähe kommt. Sobald du diesen äußeren Widerstand zum Anlass nimmst, dir anzuschauen, gegen welches Gefühl du dich wehrst und welche Erfahrung über dich selbst du dabei vermeiden willst, hat die Welt ihren Auftrag für dich erledigt. Erkennst du die Welt als Spiegel deiner gefühlsmäßigen Realität, dient sie dir fortan dazu, dir die „Botschaft” deiner Seele zu überbringen.

Anstatt auf einen Widerstand außenorientiert zu reagieren, ist es weitaus effizienter, dir den Abwehrreflex in deinem Innern auf brutal ehrliche Weise bewusst zu machen. Nur wenn du dich auch deinen „hässlichen“ Gefühlen und deinen Ängsten öffnest, vermagst du zu erkennen, welchen immensen Aufwand du betreibst, um dir und deinen Mitmenschen zu demonstrieren, wie toll und wichtig du bist. Wenn du beispielsweise selber in eine Krise gerätst, wenn deinem Sohn gekündigt wird: Steckt dahinter tatsächlich deine selbstlose Fürsorglichkeit oder willst du dir nur nicht eingestehen, dass er die Situation leichter nimmt als du? Vielleicht will dir dieser äußere Widerstand einfach nur deine fehlende Lockerheit bewusst machen.

Oder angenommen, du fühlst dich gekränkt, weil deine Familienmitglieder zuwenig Anteil an deinem Leben nehmen: Gesteh dir diese Gekränktheit endlich mal ein! Mach dir bewusst, wie bedürftig du geworden bist. Schau dir an, wie du deinen Mitmenschen deine Macht auf dem Silbertablett anbietest – in der Hoffnung, sie würden dir gütig zulächeln und dir das Gefühl geben, dass du in Ordnung bist! Nimm wahr, wie sehr du dich unbewusst danach sehnst, dass dich jemand von deinen Schuldgefühlen und deiner Scham freispricht! Und mach dir dann bewusst, dass du dieses Abhängigkeitsspiel so lange mitspielen wirst, bis du zu allen Aspekten von dir – gerade auch zu deiner Bedürftigkeit und zu deiner Abhängigkeit – vorbehaltlos Ja gesagt hast.

Jedes verbannte Gefühl wird auf immer neuen Wegen versuchen, dich auf seine Existenz aufmerksam zu machen. Das vermeintlich „Böse" wird sich dir so lange als äußere Bedrohung zeigen oder dich in Form unbewusster Selbstsabotagen zum Stolpern bringen, bis du es als deine eigene Schöpfung akzeptierst und zu dir zurücknimmst. Heilung braucht Wahrheit. Auf der Ebene der unmittelbaren emotionalen Berührung ist dir die Welt dabei behilflich, die Vielfalt und die Ganzheit deines Wesens zurückzuerobern.

Probleme als Hinweisschilder

Was du in deinem Leben als Problem oder als Konflikt empfindest, ist niemals etwas, das du durch irgendeine äußere Tat wieder aus der Welt schaffen könntest. Alle äußeren Probleme sind bloß vordergründige Phänomene. Jeder äußere Widerstand ist also nichts als ein wertvoller Hinweis, eine Einladung deiner Seele nämlich, dir einen blinden Fleck bewusst zu machen. Jeder äußere Widerstand, an dem du dich aufreibst, eröffnet dir die Gelegenheit, dir eine innere Blockade anzuschauen, mit der du dich daran hinderst, der zu sein, der du im Grunde deines Herzens bist und sein willst. Jedes Problem hält dir exakt den Spiegel hin, den du im Augenblick brauchst, um zu erkennen, wie sehr du dich durch deine innere Einstellung von deiner Kraft und deiner Größe abschneidest.

Wenn dein Chef dir auf den Wecker geht, weil er demonstrativ verkündet, der Beste und der Größte zu sein, dann regt er dich nicht nur auf, sondern er regt dich gleichzeitig auch an. Falls du nämlich voll und ganz mit dir zufrieden wärst, würde er dich mit seinen Bemerkungen gar nicht unter Druck setzen können. Dein Chef spiegelt dir also nur deine Kleinheit, die du dir zugelegt hast, damit du dich nach deiner Macht zurücksehnen kannst. Denn der Beste und Größte zu sein – auf der Grundlage deiner individuellen Ordnung –, ist auch dein göttliches Geburtsrecht.

So gesehen regt dich dein Chef noch zu etwas Zweitem an, nämlich dazu, dein Bewertungssystem zu überprüfen und dir die Frage zu stellen, was es für dich denn überhaupt bedeutet, gut und groß zu sein. Vielleicht bedeutet das für dich ja in erster Linie mal, dir selber gegenüber großzügig zu sein und dir zuzugestehen, dass du auch einfach genüsslich faul sein darfst.

Fixiere dich also nicht auf das Vordergründige, sondern schau nach innen und achte auf das, was du fühlst. Erforsche, welcher Teil in dir sich unwohl fühlt, wenn sich dein Chef in seiner Machtposition präsentiert. Und sobald du ihn nur noch als Auslöser deiner Selbsterkenntnis sehen kannst, wird er auch aufhören herumzustolzieren. Indem du nicht mehr zu ihm hinguckst, sondern einfach nur noch deinen Job erledigst, untergräbst du nämlich die Basis seines Machtspiels.

Einen Umstand als Problem zu bezeichnen, lässt stets auf ein inneres Nein schließen, verbunden mit der Absicht, die gegebene Situation zu verändern oder dich von ihr zurückzuziehen. Verkehrtheit jedoch ist allein das Produkt einer unangemessenen, realitätsfernen Einstellung. Deine Bewertung löst sich in dem Augenblick auf, in dem du die Situation danach befragst, was sie dir zeigen will. Du brauchst deinem Ego also nicht nahezulegen, das Problem toll zu finden. Indem du einfach nur offen und absichtslos hinschaust und auf diese Weise dein Nein bejahst, lösen sich sowohl das Nein wie das Ja auf. Und nur in dieser Neutralität kannst du sehen, was wirklich ist.

Bildlich gesprochen ist ein Problem wie ein Straßenschild, auf dem nicht das draufsteht, was du erwartet hast. Wenn du ursprünglich nach Rom aufgebrochen bist und plötzlich vor einem Schild mit der Aufschrift „Budapest" stehst, dann magst du dich für eine Weile im falschen Film wähnen. Diese Verwirrung gibt dir in erster Linie die Möglichkeit, nochmals zu prüfen, ob du nun tatsächlich nach Rom willst oder ob Budapest nicht vielleicht auch reizvoll wäre. Oder du fährst nach Budapest und tust so, als ob's Rom wäre.

Irgendwann wirst du ohnehin merken, dass sich alle Ziele auflösen. Am Schluss landest du immer nur bei dir selbst, egal ob du in Rom bist oder in Budapest. Die Umstände und die Inhalte deines Lebens verändern sich andauernd, dein Bewusstsein aber bleibt unverändert immer das gleiche. Die Leinwand bleibt vollkommen unberührt von dem, was auf ihr spielt. So gesehen ist es egal, wen du heiratest, welchen Job du ausübst und in welche Stadt du fährst: Du begegnest immer nur dir selbst.

Dich in äußeren Problemen und Machtkämpfen zu verstricken, widerspiegelt dir auf einer tieferen Ebene den Verlust deiner Identität. Und mit dem Vertrauen in dein ureigenes Sosein ist dir auch deine innere Weiblichkeit verloren gegangen. Dieses Loch aus Angst und Mangel kompensierst du nun mit deinem männlichen Teil, indem du deine Lebensumstände durch Nachdenken und Tun zu regeln versuchst. Doch genau durch diese angstgetriebene Suche nach einer äußeren Lösung erschafft sich dein Ich das Problem erst. Das Ich braucht Probleme als sein ureigenes Lebenselixier.

Der Verlust des Vertrauens in deine innere Weiblichkeit ist gleichbedeutend mit dem Verlust deiner natürlichen Macht. Es mag zwar durchaus ein authentischer Ausdruck deines Machtanspruchs sein, jemanden zu beschimpfen, rechtliche Maßnahmen zu ergreifen oder dich politisch zu betätigen. Dein Machtstreben wird jedoch kompensatorisch, sobald du gegen unveränderliche Tatsachen ankämpfst oder erwartest, dass dir jemand für deinen äußeren Machtkampf applaudiert.

Deine wahre Macht liegt stets in deinem Innern, im gefühlten Wissen um deine wahre Identität. Und da du diese zu Beginn deines Lebens verdreht hast, gelangst du nur dadurch zu deiner Macht zurück, dass du dir deine Ohnmacht vor Augen führst. Wenn dir das Vertrauen in deine Gefühle und in deine Intuition abhanden gekommen ist, bringt es nichts, an deinen Lebensumständen herumzudoktern und diese gemäß irgendwelchen Vorstellungen zurechtzubiegen. Nur wenn du dich zum Ursprung deiner Verdrehung begibst, deiner Selbstverleugnung ins Angesicht schaust und deine Ohnmacht akzeptierst, wirst du das Vertrauen in deine Urkraft zurückgewinnen.

Sobald du das Gefühl, vollkommen in Ordnung zu sein, wieder in dir spürst, überträgt sich diese innere Qualität auch auf alle äußeren Felder, in denen du tätig bist. Für die äußere Veränderung brauchst du nichts zu tun. Du kannst auch gar nichts dafür tun.

Denn Veränderung geschieht immer nur von innen nach außen. Und somit ist jede Veränderung immer nur eine Veränderung deines Bewusstseins.

Beziehungsdynamik als Spiegel

Dass die Außenwelt deine Innenwelt widerspiegelt, lässt sich wohl nirgends so zuverlässig beobachten wie in deinem Beziehungsleben. Da dich die emotionale Nähe zu deinem Gegenüber nämlich daran hindert, aufgebrochene Konflikte und Sehnsüchte einfach so zu ignorieren, bieten dir Beziehungen die erstklassige Möglichkeit, deine unbewusst abgelehnten seelischen Eigenschaften zu erkennen und zu dir zurückzunehmen. Alles, was dir am realen oder ersehnten Partner als erfreulich oder als ärgerlich ins Auge sticht, reflektiert nur deine gegenwärtige innere Befindlichkeit.

Wenn du zum Beispiel ausnahmslos Exoten als Partner auswählst, dann heißt das wohl nichts anderes, als dass der Exot in dir leben will. Und so verweist dich diese Einsicht unmittelbar auf deine Angst vor dem, was geschehen würde, wenn du deinem inneren Exoten freien Lauf ließest. Denn das wirft deine Vorstellung einer geregelten Beziehung ganz schön über den Haufen. Anstatt dir nun aber über irgendwelche künftigen Konsequenzen den Kopf zu zerbrechen, richte deine Aufmerksamkeit lieber auf deine Angst vor dem Unbekannten. Lade deine Angst ein, da zu sein und sich als das zu zeigen, was sie ist.

Falls deine exotischen Partner dich jeweils nach kurzer Zeit wieder verlassen, wäre also auch dieses „Problem“ bereits wieder die Lösung. Die äußere Trennung gibt dir nun nämlich erst recht die Möglichkeit, dich um die Trennung von deinem inneren Exoten zu kümmern. Schütte ordentlich Salzsäure in die Wunde, anstatt sie mit einem Pflaster zu überkleben und dein Schicksal zu bedauern! Deinem inneren Exoten begegnest du nur im Schmerz deines Andersseins.

Und was sagt es über dich als Frau aus, wenn du dich andauernd in Männer verliebst, die du früher oder später als Muttersöhnchen wahrnimmst und sie dadurch zu Weicheiern degradierst? Wenn du diesen Konflikt nach innen verlagerst, dann wirst du höchstwahrscheinlich erkennen, dass in dir die beiden Frauen-Archetypen – die Hure und die Heilige – noch heftig miteinander streiten, und damit auch die Macht und die Ohnmacht.

Solange du deine Hure verurteilst und deine wahre Macht ablehnst, verlegst du diesen Kampf nach außen. Vielleicht zeigst du der Welt ein geschöntes Bild von dir, willst niemandem wehtun und lädst dann deine Giftpfeile auf unbewusste und manipulative Weise los. Aber erst, wenn du deine Macht annimmst, gelangst du auch zu deiner Mütterlichkeit. Denn die Mutter ist das mutigste und damit auch das stärkste Wesen der Welt: Sie lässt sich auf den Schmerz und auf das Unbekannte ein, ohne zu wissen, was sie dafür kriegt. Dich deiner Macht zu erinnern bedeutet also gleichzeitig die Versöhnung mit der Mutter in dir.

Ein anderes Beispiel: Wenn du dich nicht getraust zu flirten, obwohl du dich insgeheim danach sehnst, hast du in Wirklichkeit Angst vor deinem inneren Weiblichen und damit vor starken, unkontrollierbaren Gefühlen. Hör also auf, dich weiter vor deiner Angst zu verstecken, über sie nachzugrübeln oder sie wegzutherapieren. Geh dorthin, wovor du dich am meisten fürchtest! Das könnte in diesem Fall heißen: Fang an zu flirten! Wann auch immer du im Laufe deiner Kindheit oder deiner Pubertät deine Gefühle abgestellt hast: Stell sie jetzt wieder an! Es braucht einzig und allein die Entscheidung, nicht mehr vor deinen Gefühlen wegzulaufen – komme, was da wolle! Die Furcht vor irgendwelchen Konsequenzen ist ohnehin eine Illusion, da Konsequenzen immer nur als Vorstellungen in deinem Kopf existieren.

Oder angenommen, du bist eine Frau, deren Sexualität bislang in allen Beziehungen langweilig, öde und ohne Spannung gewesen ist. Dann muss dahinter doch die Angst stecken, dein Begehren offen zu zeigen. Vielleicht unterdrückst du deine Lust nur aus Angst davor, dass sie dich in eine Ohnmacht bringen könnte, die du nicht mehr kontrollieren kannst. Doch während du Sex als kontrollierten mechanischen Ablauf erlebst und dir jegliche Sehnsucht nach Hingabe verbietest, arbeitet deine unbewusste Sucht, begehrt zu werden, nur um so stärker in dir weiter. Und so wäre es nicht erstaunlich, wenn Männer in deinem Leben den größten Widerstand darstellen würden. Denn sie verkörpern für dich deine unterdrückte Begierde, dein unterdrücktes „Böses“. So sehr du also von den Männern verlangst, dass sie dich begehren, so sehr bestrafst du sie für ihre Lust.

Um deine weibliche Essenz – das Empfangende, das Gefühlsoffene, das Verletzliche, das Intuitive – zurückzugewinnen, würde es nun überhaupt nichts bringen, deinen Ängsten aus dem Weg gehen oder sie bekämpfen zu wollen. Du kannst dieses Spiel nur aufdröseln, indem du dir deine unendliche weibliche Begierde bewusst machst, deine Sehnsucht danach, dich unkontrolliert fallen zu lassen und dich ungeschützt dem Leben hinzugeben. Das Dunkle lässt sich nur durch Licht erhellen. Angst kann sich nur auflösen, wenn du sie dir bewusst machst und annimmst.

Genauso erkenntnisreich wäre die Feststellung, dass du in allen deinen Beziehungen die Rolle der weiblichen Dienerin gespielt hast. Nun bleibt dir nur noch zu erforschen, welche Motivation hinter dem Wunsch steckt, deinen Partner auf sexueller und beruflicher Ebene zu unterstützen. Wenn du ganz genau hinschaust, dann erkennst du, dass es sich dabei um eine verkappte Form von Macht geht. Denn wenn du den Mann in die höchste Erfüllung gebracht hast und er wie ein zitternder Wackelpudding vor dir liegt, dann hast du das Männliche in seiner Ohnmacht vor dir. Das ist die typische Waffe einer starken Frau, die sich als schwach verkauft, um zu ihrer Macht zu gelangen: Sie kontrolliert das Nähe-Distanz-Verhältnis mit dem unbewussten Werkzeug der Manipulation.

Solange du dich mit der Dienerin in dir identifizierst und sie nicht als eine von vielen Rollen deiner Persönlichkeit erkennst, wirst du weiterhin nur schwächliche Männer anziehen, die dich sexuell nicht zu erfüllen vermögen. Als Dienerin wirst du lauter Männer anziehen, die ihre fehlende männliche Identität dadurch kompensieren, dass sie sich in die Arbeit stürzen und äußeren Erfolg anstreben. Denn die einzige Möglichkeit eines schwachen Mannes, seine Schwäche vor einer starken Frau zu verbergen, besteht darin, ihr zu widerstehen und sich ihr zu entziehen. Also sei künftig lieber ehrlich und teile den Männern von Anfang an mit: „Ich bin hier die Macht. Wer sich mit mir einlässt, muss sich warm anziehen!“ Erst in diesem authentischen Resonanzfeld können sich starke Männer überhaupt bei dir melden.

Möglicherweise sieht deine unbewusste Partnerdynamik aber auch so aus, dass du dich immer wieder neu durch einen Mann verführen lässt und dein Schicksal in seine Hände legst? Wenn dir dieser Drang zugleich unbegreiflich erscheint, weil du dich in deinem Innersten doch eigentlich nach Unabhängigkeit sehnst, dann mach dir klar, dass du die Abhängigkeit offenbar noch nicht tief genug in dich aufgesogen hast. Gemäß dem „Prinzip der Verdrehung" wirst du dich so lange wie eine Süchtige in jedem Mann suchen, bis irgendwann ein ohrenbetäubendes „Nein!" aus dir herausschreit. Erst in diesem Zustand der äußeren Ohnmacht wirst du dich ganz auf deine vernachlässigte Weiblichkeit einlassen können. Denn was dich da ständig in die Welt hinaustreibt, ist in Wirklichkeit die Sucht nach dir selbst. Und ein Nein nach außen ist häufig ein Ja zu dir: „Ja, ich will mich endlich greifen, mich packen, mich lieben können!" Und kein Mann, kein Prinz und kein Ritter dieser Welt werden dir jemals geben können, was du von dir schon in der Tasche hast: nämlich dich – und zwar ganz genau als das, was du jetzt gerade bist. Das ist das Größte, was du hast. Mehr gibt es nicht.

Einen besonders aufschlussreichen Spiegel-Effekt liefert auch die Idee der Treue, die mindestens so sehr verbreitet ist wie die Sucht nach dem immer neuen sexuellen und partnerschaftlichen Kick. Was könnte es etwa zu bedeuten haben, wenn du dich nach ewiger Treue sehnst und gleichzeitig von einem Partner nach dem andern verlassen wirst? Offensichtlich gehört es zu deiner Geschichte, dass du das Programm erfährst: „Ich will verlassen werden", um zu erkennen, wer du nicht bist. Denn jedes Verlassenwerden gibt dir wieder neu die Möglichkeit, deine Treue zu dir selbst zu nähren.

Die Idee der Treue entspringt dem Bewusstsein, der Partner sei Teil des eigenen Besitzes. Je mehr jedoch deine Erwartung, das Glück komme von außen, enttäuscht wird, desto eher erkennst du, dass dir nichts anderes übrig bleibt, als dir selbst treu zu sein. Eigen-Treue läuft auf ein unbedingtes Vertrauen hinaus, auf das Vertrauen, dass sich dein Beziehungsleben in perfekter Weise von selbst arrangiert, unabhängig von deinem persönlichen Willen. Auch hier geht es einzig und allein darum, endlich klar hinzuschauen. Mach dir bewusst, dass du in keiner Begegnung, in keinem sexuellen Akt und in keiner spirituellen Idee finden wirst, wonach du dich sehnst: nämlich nach der Lust auf dich selbst.

Die Lust auf dich selbst beschränkt sich aber nicht auf Auserwähltes, sondern auf alles, was dich ausmacht. Lenke dich also nicht länger von deinem Verlustschmerz und von deiner Langeweile ab. Halte es mal eine Weile mit dir selbst aus, damit deine Lust auf dich selbst überhaupt erst entstehen kann. Es mit dir selbst auszuhalten, darin besteht die Kunst des Lebens.

Deine Liebesbedürftigkeit und deine Ohnmacht sind für sich genommen vollkommen in Ordnung. Zum Problem werden sie nur, weil du sie bewertest und überwinden willst. Deine innere Freiheit besteht nun darin, deine Bedürftigkeit als innere Rolle zu erkennen, so dass du wählen kannst, ob du reaktiv an dieser Rolle leiden oder sie voller Freude mit Bewusstsein füllen willst. Solange du eine Rolle nicht lebst, lebt sie dich. Erst wenn du die Rolle des Bedürftigen in allen ihren Facetten auskostest und verkörperst, hast du dich über sie erhoben.

Falls du jedoch weiterhin unbewusst an dieser Rolle festhältst, muss das damit zu tun haben, dass du dir in der Rolle des Opfers noch zu sehr gefällst. Denn auch in einer Opferhaltung kannst du Macht ausüben – wenn auch nur auf manipulative Weise. Gestehe dir also ein, dass dir dieses Spiel auf irgendeiner Ebene Spaß macht. Eine höhere Kraft in dir möchte jetzt diese Opferhaltung voller Freude fühlen. Die Vollkommenheit offenbart sich in diesem Augenblick durch die Unvollkommenheit deiner Opferhaltung. Und damit ist auch deine Opferhaltung ein Teil der Vollkommenheit.

Mit deiner Opferhaltung und mit all deinen anderen Schattenseiten Freundschaft zu schließen, ist die höchste Form gelebter Treue. In dieser Treue dir selbst gegenüber verliert äußere Untreue für dich jede Bedeutung. Wahre Treue ist das Bewusstsein, dass du einerseits für die Erfüllung deiner Erwartungen selber zuständig bist, dass du anderseits aber gerade deswegen auch die Ansprüche an dein Leben nicht weiter zurückzuhalten brauchst. Da du für dich selbst stets das Größte und Beste darstellst, gibt es keinen Grund, in irgendeinem Bereich deines Lebens nicht das Größte und Beste von dir zum Ausdruck zu bringen.

Beziehungssehnsucht als Spiegel

Nicht nur die Muster und Spannungen deiner realen Beziehungen geben dir Auskunft über die unbewussten Seiten deiner seelischen Dynamik. Mindestens ebenso sehr verweisen dich deine partnerschaftlichen Sehnsüchte auf jene Qualitäten, die dir selber abhanden gekommen sind. Wenn du dich nach einem bestimmten Menschentyp sehnst oder dich in einen bestimmten Menschen verliebst, widerspiegelt er dir gewissermaßen in Reinkultur einen Aspekt deiner selbst, der wieder zum Leben erweckt werden möchte.

Wenn du dich nach jemandem sehnst oder dich in jemanden verliebst, der sich frei durchs Leben bewegt, bist in Wirklichkeit du es, der kurz vor dem Sprung in die Freiheit steht. Würdest du diesen verlorenen Teil vom Verhalten deines Angehimmelten abhängig machen, würden sowohl deine Freiheit wie deine Liebe sogleich absterben. Du würdest dich vollkommen aufgeben, indem du deine ganze Liebe einem anderen Menschen als Last und Bürde auferlegst. Dich zu verlieben muss nicht heißen, dich zu verlieren. Dich der Liebe hinzugeben, bedeutet vielmehr, dich auf dich selbst einzulassen. Wenn sich das Zusammensein mit deinem neuen Stern göttlich anfühlt, ist dieser, nüchtern betrachtet, doch nichts anderes als der Auslöser dafür, dass du die Göttlichkeit in deinem eigenen Gefühlskörper wiederentdeckst.

Und wenn du feststellst, dass du deine Sehnsucht nach der ewigen Liebe immer wieder an Menschen heftest, mit denen du dann doch nicht zusammenkommst, dann hängt das ganz einfach damit zusammenhängen, dass du sie nicht kriegen sollst. Falls du nämlich deinen Traumpartner bekämst und diesen jeden Tag so haben könntest, wie du möchtest, würde dir das höchstwahrscheinlich bereits nach ein paar Tagen stinklangweilig werden. Mit deinem Festhalten an einem alten Bild von harmonischer Stabilität lenkst du dich also bloß von der Tatsache ab, dass es in deinen Beziehungen um dauernde Herausforderung geht. Und wenn die Essenz deines Lebens darin besteht, immer wieder neu das Unbekannte zu konfrontieren, dann wird auch dein Beziehungsleben ständigen Turbulenzen unterworfen sein.

Die uralte Sehnsucht, alle deine Bedürfnisse von einem einzigen Menschen befriedigt zu bekommen, muss so oder so auf eine verzwickte Paradoxie hinauslaufen. Einerseits willst du mit deinem Partner verschmelzen, anderseits willst du innerhalb dieser Beziehung frei bleiben. Die Krönung wäre, dass er deine aktuellen emotionalen Bedürfnisse erfüllt, noch bevor sie dir selber bewusst werden. Solange du nach einem solchen Übermenschen Ausschau hältst, heißt das doch aber, dass du diese doppelte Sehnsucht in dir selbst noch nicht angenommen hast und sie vielleicht als kindisch oder als unmöglich zurückweist. Anerkenne also zunächst einmal, dass du derart voller Erwartungen steckst, dass sich der für dich passende Partner gar nicht zeigen kann. Er wird erst kommen, wenn du dich soweit auf deine innere Sehnsucht eingelassen hast, dass du deinen Geliebten nicht mehr im Außen suchst.

Dein realer Partner wird deinen Idealvorstellungen niemals entsprechen. Das ist auch gar nicht nötig. Das Wesentliche an einer Partnerschaft ist, dass das Stimmige stimmt. Und das erkennst du daran, dass du von deinem Partner nichts mehr haben willst. Erwartungen zeugen stets von deiner Liebesbedürftigkeit. Erst der Zustand der Erwartungslosigkeit macht dich liebesfähig. Denn du vermagst dich erst dann einem anderen Menschen hinzugeben, wenn du dich zuerst dir selbst voll und ganz hingegeben hast.

6. Gefühle

Die unbewusste Suche nach einem bestimmten Gefühl

Die Welt der Beziehungen und der Sexualität macht deutlich, was für sämtliche Bereiche deines Lebens gilt: dass es sich nämlich bei all dem, was dich tagtäglich beschäftigt, um Gefühle dreht. Ob du dich in einen Partner verliebst, ob dich etwas an deinem Partner stört oder ob du deinem Partner zu gefallen versuchst, in allen Fällen geht es dir darum, entweder ein Gefühl zu erlangen, ein Gefühl zu vermeiden oder an einem Gefühl festzuhalten.

All das, was du tust, tust du nur, um ein bestimmtes Gefühl zu bekommen. Vielleicht magst du einwenden, dass du deinen Job vielmehr nur deswegen ausübst, damit am Ende des Monats genügend Geld auf dem Konto liegt. Doch auch dahinter verbirgt sich eine Reihe von Gefühlen: etwa die Genugtuung, deine Miete bezahlt und deinen Kindern eine Freude gemacht zu haben. Damit hast du die emotionalen Grundbedürfnisse deiner Versorger- und deiner Elternrolle genährt.

Und wenn du dich bei all den lästigen Verpflichtungen, auf die du dich eingelassen hast, hinter dem Alibi versteckst, dass es dir nur um das Wohl deiner Kinder geht, dann mach dir klar: Da du niemals wissen kannst, was für deine Kinder gut ist, benutzt du sie in Wirklichkeit dafür, dass sie dich in dem ersehnten Gefühl bestätigen, dass du ein „guter“ Vater oder eine „gute“ Mutter bist, und dass das, was du tust, „richtig“ ist.

Gefühle lassen sich auf ganz unterschiedliche Weise erlangen: Das Gefühl, wahrgenommen zu werden, erreichst du durch Kunst ebenso wie durch Kriminalität oder Kinderkriegen. Das Gefühl der Macht kann sich durch sportlichen Erfolg, durch eine leitende Position im Beruf oder auch durch Rechthaberei einstellen. Genauso steckt hinter jedem deiner nach außen gerichteten Wünsche die Sehnsucht nach einem ganz bestimmten Gefühl. Wenn du verliebt bist oder auswandern willst, geht es dir nur vordergründig um einen anderen Menschen oder um einen anderen Wohnort. In der Tiefe deines Herzens sehnst du dich jedoch nach dem Gefühl, das du dir von der neuen Situation versprichst: nach dem Gefühl, verstanden und geliebt zu werden, oder nach dem Gefühl von Freiheit und Weite.

Es ist dir üblicherweise nicht bewusst, von welcher emotionalen Sehnsucht deine Handlungen und Beziehungen gesteuert werden. Da dein Blick zudem genauso unbewusst nach außen gerichtet ist, gehst du oft kraft- und zeitraubende Umwege und machst dich abhängig von äußeren Umständen und anderen Menschen. Du versprichst dir von deiner beruflichen Beschäftigung die Erfüllung von Bedürfnissen, die dir selber gar nicht klar sind. Und wenn du nach Jahren der Aufopferung dein Haus gekauft oder deine Firma positioniert hast, stellt sich die Befriedigung möglicherweise als weitaus schaler und flüchtiger heraus, als du dir das ursprünglich in deinem Kopf ausgemalt hast.

Eine solche Alltagsgestaltung ist vollkommen ineffizient. Anstatt irgendwelchen vagen Versprechungen nachzurennen und ein ums andere Mal von der „Welt“ enttäuscht zu werden, konfrontiere dich bei allem, was du tust, mit der Frage: Nach welchem Gefühl sehne ich mich?. Schau hin und frage dich, welche Rolle in dir sich gerade auf welche Weise nach welchem Gefühl bemüht. Nachdem du dir das klar gemacht hast, kommt der entscheidende Schritt, nämlich die konkrete Umsetzung deiner Wahrheit in deinem alltäglichen Leben: Verschaffe dir das Gefühl, das du haben willst, endlich selbst!

Sobald du klar herausgearbeitet hast, dass es dir in deiner Kindererziehung um das Gefühl der Bestätigung geht, oder dass du deinen ganzen Arbeitsaufwand auf dich nimmst, um mit dem Gefühl in Kontakt zu kommen, wichtig zu sein, dann erspare dir künftig deine täglichen tausend Spagate! Wenn du weißt, welche Rolle du spielen und in welcher Rolle du gesehen werden willst, dann hör auf, dich durch wohlklingende Phrasen selbst zu verarschen!

Lass alle Bewertungen beiseite, nimm deine Bedürftigkeit an und steh dazu, dass du bestätigt werden und wichtig sein willst! Gestehe dir ein, dass dir deine Opferhaltung auf irgendeiner Ebene noch immer gefällt, aus welchen Gründen auch immer. Nur mit dieser Ehrlichkeit dir selbst gegenüber kannst du dann erkennen, dass eine andere Tätigkeit oder der Verzicht auf jegliches Tun dich weitaus schneller zum ersehnten Gefühl bringt und dir vielleicht erst noch mehr Spaß macht.

Dass du Gefühle, also innere Zustände, über den Umweg der Außenwelt zu erlangen versuchst, ist nichts anderes als eine Form der Projektion. Da du den Spiegel-Effekt verkennst, glaubst du, deine Erfüllung läge in irgendeinem Zustand im Außen – in einem Leben mit möglichst viel Freizeit, in einem Leben in finanzieller Unabhängigkeit oder in einem Leben, in dem du alle deine spirituellen Erkenntnisse vollumfänglich in deinen Alltag integriert haben wirst. Diese Fixierung auf das unvollkommen erscheinende Äußere ist gleichzeitig die Fixierung auf das Zukünftige.

In Wirklichkeit jedoch sehnst du dich nach dem damit verbundenen Gefühl. Du hast dich über deine Vorstellungen, Bewertungen und Ängste also derart von deiner Gefühlswelt abgeschnitten, dass du Gefühle für objektive Tatsachen hältst, die du dir durch irgendeinen Kraftakt erst glaubst verdienen zu müssen. Deine Wünsche gehen also aus dem Glauben hervor, ein abgetrenntes, isoliertes Individuum zu sein. Damit schaffen sie ein Abhängigkeitsverhältnis, das auf Angst gegründet ist: auf der Angst, dass die erwünschten Tatsachen sich nicht einstellen, dass sie sich nicht in genügendem Maße einstellen, oder dass sie, nachdem sie sich eingestellt haben, dir wieder abhanden kommen.

Dir diese Verdrehung bewusst zu machen, verschafft dir eine neue Stufe von Freiheit und Selbstverantwortung. Denn sie erlaubt dir, den Fokus deines Lebens von äußeren Umständen, zeitgebundenen Zielen und menschlichen Abhängigkeiten abzuziehen und nach innen zu verlagern. Dabei wirst du entdecken, dass alle Gefühle, nach denen du dich sehnst, von Anfang in dir vorhanden sind. Letztlich bist du selbst das, wonach du dich sehnst. Das Gefühl, das deinem Wunsch zugrunde liegt, ist die Spannung zwischen dem, was du wirklich bist, und dem, was du glaubst zu sein oder glaubst, sein zu müssen. Wenn du dich nach einer intimen Beziehung oder nach finanzieller Sicherheit sehnst, dann kann dies doch nur deswegen der Fall sein, weil du selbst die reine Liebe und der reine Überfluss bist.

Am Ursprung jeder – verdrehten oder wahren – Identität steht immer ein Gefühl. Aus dieser Perspektive kannst du dir die zentrale Aufgabe deines Lebens noch einmal vergegenwärtigen: Das Universum wird nur zu dem Zweck vom Bewusstsein „erträumt", damit deine Seele ein Forschungslabor hat, um ihre ureigene Lebensidee zu erfühlen und sich in dieser gefühlten Fülle als sich selbst erfüllende Leere zu erinnern. Somit verdichtet sich deine Kernessenz im Prinzip auf das Gefühl, das deiner tiefsten Sehnsucht zugrunde liegt. Die Frage „Wer bin ich wirklich?" lautet in dieser Hinsicht: „Was will ich fühlen? Um welches Gefühl zu fühlen bin ich auf diesen Planeten gekommen?"

Ein ersehntes Gefühl zu dir zurückzuholen und als Teil deiner ursprünglichen Wahrheit zu erinnern, ist ebenso einfach wie schwierig. Im Grunde genügt es, dich voll und ganz auf die Sehnsucht nach diesem Gefühl und schließlich auf das Gefühl selbst einzulassen, so dass der „Fühlende" sich im Fühlen auflöst. Dazu braucht es allerdings die Bereitschaft, auch wirklich zu fühlen. Und das ist etwas ganz anderes, als reaktiv ein emotionales Programm abzuspulen.

Die zweite Herausforderung ergibt sich aus dem Prinzip der Polarität, das auch für den Gefühlskörper Geltung hat: Das ersehnte Gefühl wirst du nur dann in seiner Fülle entdecken können, wenn du dich auch dem polar gegenüberliegenden, schmerzhaften, abgelehnten oder gefürchteten Gefühl auftust. Reichtum als Gefühl, rundum versorgt und zufrieden zu sein, ergibt sich nur aus der Annahme der Armut als Gefühl des Mangels und des Vernachlässigtwerdens.

Fühlen ohne Geschichte

Wenn es überhaupt sinnvoll ist, von einem guten Leben zu sprechen, dann kommt dafür nur ein Leben des bewussten und intensiven Fühlens in Frage. Dabei spielt es überhaupt keine Rolle, ob dir ein Gefühl angenehm ist oder nicht: Es bewusst zu fühlen, bringt dich zurück zu deiner Wahrheit, wie sie sich dir in diesem Augenblick präsentiert. Für ein erfülltes Leben brauchst du nirgendwo anders hinzugehen. Es genügt, fortan nichts mehr auszuklammern, vor nichts mehr wegzulaufen und dich offen und erwartungslos auf das einzulassen, was dir hier und jetzt begegnet.

Du vergeudest ungeheuer viel Energie, indem du gewisse Gefühle zurückhältst oder kanalisierst, aus Angst, dass du sonst von ihnen beherrscht würdest. Mit deinen Begrifflichkeiten, Bewertungen und Ängsten, die allesamt aus der Vergangenheit stammen, hast du mitten im dynamischen Wellenspiel deiner Gefühle eine Mauer errichtet, die das Ausdehnen der Gefühlswellen unterbindet. Durch diese Taktik der Verbannung wandeln sich deine ursprünglich neutralen Gefühle in emotionales Gift.

Während sich Gefühle auf die Gegenwart beziehen, wurzeln Emotionen in der Vergangenheit. Sie sind das Echo jener Gefühle, die du in der Vergangenheit nicht unmittelbar ausgedrückt oder kommuniziert hast. Emotionen überziehen dein Leben mit einem dunklen Schatten und bewirken, dass du dich vor deiner Wahrheit, vor der gegenwärtigen Realität und vor deinen Mitmenschen verschließt.

Was die neutrale Wahrnehmung deiner Gefühle so kompliziert macht, ist die Tatsache, dass dein polares Bewusstsein sich nur innerhalb eines begrifflichen Bezugsrahmens orientieren kann. Eine Situation, die in dir ein bestimmtes Gefühl auslöst, versieht dein Verstand sogleich mit einem Etikett, das entweder als erwünscht oder als unerwünscht kodiert ist. Und so nimmst du den größten Teil dessen, was sich im Außen abspielt, nur reaktiv wahr, in emotionaler Reaktion auf das, was du unter den zugehörigen Worten unbewusst abgespeichert hast.

Wenn du etwa eine Bemerkung deines Partners über deinen Körper als demütigend empfindest, dann hältst du es für eine

Tatsache, dass es demütigend ist, so zu sein, wie du bist. Dein Verstand stilisiert die auftauchenden oder vorgestellten Gefühle irrtümlicherweise zu – erwünschten oder aber bedrohlichen – externen Objekten. Alles, was er im Außen registriert, bezieht er dabei automatisch auf einen fiktiven inneren Mittelpunkt. Er wird jedoch niemals selber erkennen können, dass es seine kategorisierende Tätigkeit selbst ist, die diesen Mittelpunkt überhaupt erst erschafft – und so aus dem Leiden den Leidenden erst hervorbringt.

Das Ich, das „deine" Gefühle angeblich „erleidet", ist nicht mehr als ein Produkt deines Verstandes, ein Gedanke unter vielen. Solange dir der illusionäre Charakter deiner Ich-Identifikation jedoch nicht bewusst ist, wird sich diese in jeder Situation verstärken, die das Gefühl der Demütigung triggert. In Gestalt der Glaubensblase: „Ich bin gedemütigt." stellst du dir das gefürchtete Gefühl als bedrohliche Tatsache vor und fasst es als dein persönliches Eigentum auf: als das Gefühl, das du hast und das du wieder loswerden musst. Gleichzeitig identifizierst du dich mit der Angst vor dem Gefühl. Mit deiner Befürchtung, die Demütigung würde dich – also dein Ich – vernichten, verbarrikadierst du das Gefühl selbst – in seiner neutralen Qualität – hinter immer dickeren Schutzmauern.

Auf dem Weg deines Erwachsenwerdens gilt es also nach und nach zu erkennen, dass deine Gefühle dazu da sind, damit du sie einfach nur neutral fühlst und annimmst. Deine Gefühle sind wie deine eigenen Kinder: So unterschiedlich sie auch sein mögen, jedes einzelne sehnt sich nach deiner liebevollen Aufmerksamkeit. Sonst zieht es sich verängstigt oder trotzig ins Unbewusste zurück und schränkt deine Lebensgestaltung weitaus stärker ein, als du das wahrhaben willst. Heilung braucht Wahrheit. Denn was du nicht lebst, lässt dich nicht leben.

Ohne Interpretation durch den Filter deines Verstandes und deiner individuellen Geschichte ist ein Gefühl einfach nur eine Art und Weise, dich in einem bestimmten Augenblick zu fühlen, ohne dass dies etwas mit dir als Person zu tun hätte. Ein Gefühl erscheint und verflüchtigt sich wieder, wenn du sein Durchfließen nicht mit deiner Angst blockierst. Wut ist, genauso wie Freude, einfach nur eine Art und Weise, wie sich die essentielle Lebensenergie zu manifestieren pflegt. Wenn du die emotionale Energie, die sich in deinem System gerade zeigt, nicht durch die Vorstellung blockierst, sie sei schlecht, wird sie nichts anderes tun, als so lange in dir zu vibrieren, bis sie ihre Funktion erfüllt hat, und sich danach wieder auflösen.

Gefühle sind wie Wellen, die sich aus sich selbst heraus aufbauen und sich am Ufer wieder auswellen wollen. Jede Gefühlswelle lädt dich dazu ein, sie bewusst und in ihrer ganzen Ausdehnung zu reiten. Wenn du deinen Gefühlen den vollen Respekt gibst, geschieht alles andere von alleine. Vielleicht lösen sie sich wieder auf, vielleicht wollen sie in Handlungen übergehen. Gleichgültig, ob es sich dabei um Freude, Wut oder Trauer handelt: Wenn du sie im Augenblick ihres Auftretens vollumfänglich zulässt, verbinden dich deine Gefühle mit deinem inneren Kern, machen dich offen, leicht und lebendig und zeigen dir ganz von selbst, was weiter geschehen soll.

Ein Gefühl zu fühlen, heißt also, es bewusst wahrzunehmen und dich zugleich vollständig von ihm erfassen zu lassen. Das Gefühl zu beobachten heißt nicht, darüber nachzudenken, woher es kommt oder wie du es abmildern, verlängern, bearbeiten oder ausdrücken könntest. Der innere Beobachter ist keine neue Rolle, sondern diejenige innere Haltung, aus der heraus du deine Rollen neutral wahrnehmen kannst. Das Zeugenbewusstsein dient dir dazu, deine Abwehr- und Kontrollmechanismen zu durchschauen und dich immer mehr in das Gefühl hinein sinken zu lassen.

Nur wenn du ganz im Gefühl bleibst und seine Anwesenheit zu hundert Prozent gutheißt, ist es dir möglich, es zu erforschen. Ein Gefühl auszukosten bedeutet, in seinem Zentrum zu verweilen, dich ganz von ihm einhüllen zu lassen und dabei mit frei fließendem Atem wahrzunehmen, was es in deinem Körper auslöst. Gib dem Gefühl den Raum, den es braucht, um sich in allen seinen Facetten zu erkennen zu geben. Um es zu erforschen, brauchst du es weder zu analysieren noch festzuhalten. Lass es also auch zu, falls sich das Gefühl verwandeln will oder weitere Gefühle auslöst. Wenn du dich deiner Wut ganz öffnest, kommst du vielleicht auch in Kontakt mit Trauer, Einsamkeit oder Verzweiflung.

Während du mit deiner Aufmerksamkeit bei dem Gefühl bleibst, das im gegenwärtigen Augenblick präsent ist, bist du nichts als die Wahrnehmung der Tatsache, dass dieses Gefühl jetzt ganz gefühlt wird. Da gibt es kein Ich mehr, das sich vor dem Gefühl schützen oder mit dem Gefühl irgendetwas unternehmen will. Nur indem du das Gefühl auf diese Weise von innen her erforschst, erkennst du, dass es sich dabei „nur" um ein Gefühl handelt, eine Welle von Energie, die auftaucht, sich durch dein Körper-Geist-System hindurch brennt und sich wieder auflöst. Der einzig sinnvolle „Schutz" vor einem Gefühl besteht also darin, es zu hundert Prozent auszukosten.

Gefühle als Informationen der Seele

Auf der Ebene deiner tiefsten Wahrheit als reines Bewusstsein gibt es keine Gefühle. Betrachtest du die Inhalte deines Lebens als die Bildpunkte, die in ihrer Gesamtheit deinen Lebensfilm ausmachen, so stellst du fest, dass die Leinwand von diesem ganzen Geflimmer vollkommen unberührt bleibt. Das Unsterbliche in dir ist gegenüber all dem, was dir geschieht, vollkommen neutral. Aus Sicht des inneren Beobachters ist deine persönliche Geschichte weder gut noch schlecht, weder erfreulich noch beklagenswert. Wenn dich etwas berührt, dann geschieht dies immer erst über deinen Emotionalkörper.

Indem sie die im feinstofflichen Bereich angelegten Ursachen in die Welt der Wirkungen bringen, sind Gefühle das Hauptwerkzeug des Universums. Die göttliche Quelle ist unbenennbar und von deinem Verstand in keiner Weise zu verstehen. Das einzige, was dir zur Verfügung steht, um dich dem Absoluten anzunähern, ist dein Gefühlskörper. Was auch immer du in der sichtbaren Welt als Wirkung erlebst, manifestiert sich im Endeffekt als Gefühl. Somit bilden deine Gefühle gewissermaßen das Radarsystem deiner Seele.

Das Großartige in dir kannst du niemals begreifen. Du kannst es nur fühlen und in seiner Unfassbarkeit sein lassen, so dass es sich ohne Widerstände durch dich ausdrücken kann. Deine neutralen Gefühle – unabhängig von Geschichte und Interpretation – sind deine innere Weisheit. Im Grunde gäbe es dabei nichts zu kontrollieren, nichts zu analysieren und nichts in eine bestimmte Richtung zu lenken. Das Bemühen deines begrenzten Egos, deine Gefühle zu kanalisieren und damit die Weisheit des Unbegrenzten zu regieren, ist so gesehen reiner Größenwahnsinn.

Die Bibel erzählt, dass am Anfang, als Gott den Himmel und die Erde schuf, der Geist Gottes „über den Wassern“ schwebte. Damit ist symbolisch ausgedrückt, dass sich das Essenzielle stets nur gefühlsmäßig-intuitiv erfahren lässt. Das Gefühl steht am Beginn jeder Schöpfung. Nur das Gefühl ermöglicht es deiner Seele, sich über ihren Selbst-Ausdruck selbst zu informieren. Im gleichen Atemzug verrät dir Gott auch gleich, wie du mit den Gefühlen in Kontakt kommen kannst, die in deiner individuellen seelischen Matrix angelegt sind. Seine erste biblische Aussage ist gleichzeitig das wichtigste Gebot: „Es werde Licht!“ Zeitgemäß formuliert heißt das: „Schau endlich hin!“

Deine neutralen Gefühle und Intuitionen tragen essentielle Informationen über die unsichtbare Geschichte deines Lebens in sich. Sie sind die Nahtstelle, an der deine innere, seelische und deine äußere, biographische Lebensgeschichte zusammenkommen. Indem du die Gefühle im Augenblick ihres Auftretens unmittelbar fühlst und zum Ausdruck bringst, verbindest du dich mit dem weiten Raum deiner Seele. Deine Gefühle weisen dir den Weg vom Unbewussten zum Bewussten. Denn im Unterschied zu deinem Geist lernt deine Seele nicht durch Verstehen, sondern nur durch emotionale Erfahrung. Du hast also eine Lektion in deinem Leben nur dann wirklich gelernt, wenn dich die Botschaft der darin enthaltenen Gefühle erreicht hat. Und damit dir ein Gefühl seine Botschaft offenbaren kann, musst du es zuerst vollumfänglich ausgekostet und angenommen haben.

Vielleicht erliegst du immer mal wieder dem Versuch, das Gefühl zuerst darauf hin zu befragen, wozu es dir dient und wohin es dich führen will, bevor du bereit bist, es ganz an dich heranzulassen. Doch die Strategie deines Kopfes, der die Katze nicht im Sack kaufen will, ist nichts als eine ängstliche Abwehrreaktion. Das Gefühl und seine Botschaft sind immer vor dem Verstand da. Von daher kann deine mentale Kontrolle ein Gefühl niemals verhindern oder umwandeln, sondern es höchstens verdrängen.

Damit dir ein Gefühl seine Information preisgibt, kannst du mit ihm fast genauso kommunizieren wie mit einem Menschen. Wenn du beispielsweise spürst, wie sich unterschwellig Wut meldet, die du üblicherweise zu überdecken pflegst, dann entscheide dich, dich einmal ganz auf sie einzulassen und sie wirklich kennenzulernen.

Schließe das nächste Mal, wenn Wut hochsteigt, die Augen und lade die Wut ein, näher zu dir zu kommen. Schau sie an und sprich mit ihr: "Willkommen, liebe Wut. Ich habe lange auf dich gewartet. Komm herein und sage mir, was du mir sagen willst." Und wenn du merkst, dass sie undeutlich vor sich hinfaselt und ihre Natur nicht preisgeben will, dann bleibe hartnäckig: „Bitte sprich deutlich! Ich will keine Philosophien mehr hören, ich will endlich Klarheit!"

Welches Gefühl auch immer in dein Leben Einzug hält, woher auch immer es kommt und wie schmerzhaft es auch immer ist, es muss sich dabei um einen Aspekt der göttlichen Vollkommenheit handeln. Alles, was geschieht, muss einen Sinn haben, auch wenn du ihn nicht kennst und niemals über deinen Verstand herausbekommen wirst.

Also hör auf, weiterhin mit Konzepten und Vorstellungen gegen äußere Umstände anzukämpfen, und verlagere den Kampf nach innen, auf die Ebene des bewussten Fühlens. Jeder äußere Widerstand dient dir als Einladung herauszufinden, nach welchen Gefühlen du dich sehnst und welche Gefühle du zu vermeiden versuchst. Und je mehr du bereit bist, deine Angst, deine Ohnmacht und deine Schwäche zu fühlen, desto kraftvoller entfalten sich auch die komplementären Gefühle der Liebe, der Macht und der Stärke.

7. Bewusstsein

Dem Rollenspiel zuschauen

Wenn die Welt für dich als Körper-Geist-Organismus erst dann in Aktion tritt, wenn sie deinen Emotionalkörper triggert, bedeutet das im Umkehrschluss, dass es stets eine deiner Identitäten ist, die ein bestimmtes Gefühl empfindet. Deine wahre Natur, das unbegrenzte Bewusstsein, ist gegenüber Ekstase und Verzweiflung vollkommen neutral.

Verzweiflung und Ekstase drücken sich also erst über die Rollen deiner Persönlichkeit aus. Schmerz gibt es nur für den Jemand. Niemand kennt keinen Schmerz. Wenn du Schmerzen empfindest, dann empfindest du sie zum Beispiel über die Rolle des Bettlers oder die Rolle des Verlassenen in dir. All das, was du im Augenblick fühlst, ist die Reflexion einer deiner Identitäten und der zu ihr gehörenden Gefühle und Überzeugungen.

Was du in deinem täglichen Leben für dein Ich hältst, einen vermeintlich stabilen Persönlichkeitskern, entpuppt sich bei näherer Betrachtung als ein ganzes Sammelsurium unterschiedlicher Teil-Identitäten, von denen du die einen magst und die anderen ablehnst oder verleugnest. Jede dieser Persönlichkeits-Rollen verkörpert eine unbewusste Strategie, über die du dich – zustimmend oder ablehnend – auf eine ganz bestimmte Emotion beziehst.

Solange du dich mit deinem Emotionalkörper identifizierst, rutschst du bei gegebenen äußeren Umständen immer wieder automatisch in deine dir vertrauten Rollenmuster. Solange dir nicht bewusst ist, dass du die Rolle nicht bist, sondern sie nur spielst, bist du von der Rolle abhängig. Du fühlst dich zwar als souveränes

Ich, unbewusst handelst du aber reaktiv gemäß deinen individuell eingeschliffenen Reflexen des Verlangens, des Vermeidens und des Festhaltens.

Die Emotionen, die zu einer bestimmten Rolle gehören, stellen sich bei näherem Hinsehen als reaktive Äußerungen eines Glaubensbekenntnisses heraus. Für den Bettler ist der Schmerz mit der Vorstellung „Ich habe zuwenig“ verknüpft. Beim Verlassenen ist es die Überzeugung: „Ich werde nicht geliebt“. Diese Glaubensblasen kannst du nicht einfach so wegradieren. Solange du die Rolle nicht lebst, lebt sie dich. Um nicht mehr von ihren Mechanismen beherrscht zu werden, kommst du deswegen nicht umhin, dir deine Identifikation mit ihr einzugestehen und die über sie aktivierte emotionale Polarität ganz zuzulassen.

Um deine Wahrheit zu erinnern, brauchst du nicht die Rollen deiner Persönlichkeit auszutauschen und durch angenehmere zu ersetzen. Das wäre nichts anderes, als dich von einer Gefängniszelle in die nächste zu begeben und zu glauben, dass du dort freier wärst. Ebenfalls nutzlos ist es, die Rollen verbessern oder sogar überwinden zu wollen. Da sämtliche deiner Rollen nur Bausteine deines Schauspiels bilden, das du selbst geschrieben hast, müssen sie auch alle ihren Sinn in deinem Leben haben. Eine Rolle gibt ihre Bedeutung für dein Leben aber erst preis, wenn du ihr unvoreingenommen zuschaust, absichtslos offen sowohl für ihre momentan größte Sehnsucht als auch für ihre momentan tiefste Angst.

Eine Rolle abschütteln zu wollen, ist eine Auflehnung gegen deine Geschichte und verhärtet bloß deinen emotionalen Abwehrpanzer. Wenn du an deiner Wahrheit interessiert bist, kommst du nicht darum herum, dir auch deine verhassten Persönlichkeitsanteile mit all ihren Ängsten, Glaubenssätzen, Verhaltensmustern und unerfüllten Bedürfnissen bewusst zu machen. Das ist kein Sonntagsspaziergang, sondern ein innerer Kampf durch Ängste, Tränen und Verzweiflung. Du musst mit der Rolle ringen, um sie zu haben. Du musst dir erst bewusst machen, wie sehr dich eine Rolle beherrscht, bis du sie bewusst in Besitz nehmen kannst.

Wer nimmt hier Bezug auf was?

Der Prozess der Selbsterkenntnis besteht deswegen ganz entscheidend darin, dir bewusst zu machen, welche Rollen im Film deines Lebens vorkommen. Je besser du deine Figuren kennst, desto klarer spürst du, nach welchen Gefühlen sie sich sehnen und vor welchen Gefühlen sie sich fürchten. In deinem inneren Personal widerspiegeln sich alle deine Spannungen, die du gewohnheitsmäßig nach außen in die Welt trägst. In deinen Rollen reflektiert sich deine verdrehte Identität, die du in der ersten Lebenshälfte permanent zu bestätigen suchst, und gleichzeitig, am anderen Ende der Polarität, deine wahre Essenz, die du bislang nach außen projiziert hast.

Vielleicht stellst du fest, dass du unter Freunden, im Urlaub oder in einem Weiterbildungskurs viel mehr aus dir herauskommst als im Familienkreis. Und vielleicht ist dir das bislang als völlig logisch erschienen, weil du in deiner Familie das vorrangige Ziel verfolgst, den Umständen gerecht zu werden. Wenn du dir jetzt aber vor Augen führst, dass es den Umständen vollkommen egal ist, wie du dich ihnen gegenüber verhältst, dann bist einzig und allein du es, der an diesen Umständen festhält. Und das wiederum tust du nur, um irgendwelche alten, Geborgenheit vermittelnden Rollen bestätigt zu bekommen: als den besten Ernährer, den besten Liebhaber, den besten Elternteil.

Dir deine Rollen bewusst zu machen, ist nicht einfach nur ein oberflächliches Hinschauen. Fühle einerseits die Last dieser ganzen Anforderungen an dich selbst, und mach dir anderseits klar, dass du die anderen Seiten deiner Geschlechtlichkeit nur deswegen im außerfamiliären Rahmen leben kannst, weil du dort niemandem gefallen möchtest! Fang an, jede einzelne deiner Rollen auseinanderzunehmen und frage dich bei jeder einzelnen: Wofür möchte ich in dieser Rolle geliebt werden? Sobald du erkennst, nach welchem Gefühl sich deine Rollen sehnen, kannst du ihnen selber geben, was sie brauchen. Das ist aktive Eigenliebe.

Um die Rollen deines Lebensfilmes zu erforschen, brauchst du im Außen rein gar nichts zu verändern. Weder an deiner Beziehung noch an deinem Job gibt es irgendetwas zu verändern. Um aus der alltäglichen Rollen-Trance aufzuwachen, ist vielmehr ein Perspektivenwechsel erforderlich. Nur durch die Verlagerung des Bewusstseins nach innen kannst du erkennen, dass du sowohl Schauspieler als auch Zuschauer bist.

Sobald du nicht mehr mit der Leinwand identifiziert bist, sondern aus der Zuschauerposition auf sie schaust, reagierst du nicht mehr unbewusst auf jeden Impuls. Aus der Position des inneren Beobachters kannst du jeden Impuls gewissermaßen als unpersönliches Phänomen erforschen, das im Gewahrsein erscheint. Schau hin und frage dich: Welcher Gedanke taucht da mit welcher Intensität in mir auf? Zu welcher Rolle gehört dieses Gefühl, das mir einflüstert, ich müsse mich schützen oder mich verteidigen? Was ist das für eine Rolle, die mir gerade einredet, ich könne doch nicht einfach faul herumsitzen, sondern müsse jetzt etwas Sinnvolles tun?

Diese Bewusstseinsverlagerung ist die einzige Entscheidung, die du in deinem Leben treffen kannst. Du verfügst über den schöpferischen freien Willen, dich auf ein Gefühl einzulassen oder aber in der Neutralität des Bewusstseins zu verbleiben. Jedes Mal, wenn du in einen reaktiven emotionalen Zustand kippst, ist es dir möglich innezuhalten: „Halt! Stopp! Was fühle ich hier?" Anstatt in unbewusster Gewohnheit mit den Verdrängungsmechanismen der Arroganz, der Rechtfertigung oder des Rückzugs zu reagieren, ziehst du die Aufmerksamkeit von der äußeren Persönlichkeit ab und richtest deine Aufmerksamkeit nach innen. Bist du in bewusster Verbindung mit dem aktivierten Gefühl, zeigt sich dir auch unmittelbar die zugehörige Rolle.

Wenn immer du etwas als verkehrt, als falsch oder als schlecht wahrnimmst, hat das damit zu tun, dass die Welt nicht mit der Sichtweise übereinstimmt, die von deiner unbewussten Rollenidentifikation geprägt ist. Verkehrtheit liegt immer nur im Auge des Betrachters. Um dich von dieser mentalen und emotionalen Einschränkung zu lösen, bleibt dir nur eines übrig, nämlich dich aus der Position des inneren Beobachters zu fragen: „Welche Realität habe ich mir selbst unbewusst geschaffen?" Die Kurzversion dieser Frage lautet: „Wer nimmt hier Bezug auf was?" Die Frage „Wer nimmt hier Bezug auf was?" kann dir in allen Lebenssituationen als Schlüssel zu einer bewussten Selbstwahrnehmung dienen. Als praktische Variante der Frage „Wer bin ich wirklich?" bringt sie dich automatisch in die Beobachterposition, von wo aus du deine Reaktivität und dein Vermeidungsverhalten wahrnehmen und die darunter liegenden Ängste und Sehnsüchte bewusst erforschen kannst.

Der Wechsel zwischen Vordergrund und Hintergrund, zwischen der Identifikation mit einer Rolle und ihrer Beobachtung ist ein Bewusstseinstraining. Eine solche Bewusstseinsverlagerung klappt meist nicht auf Anhieb. Die Macht der Konditionierung, die dich in die immer gleichen Rollen zurückwirft, ist brutal. Solange du dir die unerfüllten Bedürfnisse hinter deinem Rollenspiel nicht bewusst anschaust, wirst du mit deiner Selbstsabotage weitermachen. Und so konfrontiert dich das Universum so lange mit der Trance deiner Verdrehung, bis dich der immer stärker werdende Schmerz zum Hinschauen zwingt.

Immer dann, wenn du dich dabei ertappst, wie du versuchst, etwas zu bekommen, etwas zu vermeiden oder etwas festzuhalten, halte einen Moment inne und frage dich: „Halt! Stopp! Welche Rolle in mir fühlt hier was? Und wie reagiert sie auf dieses Gefühl?“ Anstatt dem Wunsch deines Egos nach Selbstverbesserung nachzugeben, wendest du deinen Blick immer konsequenter nach innen: „Wer bin ich wirklich? Welche Seiten von mir habe ich bislang nicht sehen wollen? Welche Art von Bestätigung brauchen diese Rollen? Welche Rollen wollen angenommen, zugelassen und mit Bewusstsein gefüllt werden?“

Wenn du deinen Erfahrungsschwerpunkt auf diese Weise mehr und mehr nach innen nimmst, wirst du die Antwort mit der Zeit immer intuitiver erhalten. Erst in der Haltung des gefühlsoffenen neutralen Hinschauens kann sich dir nämlich zeigen, dass die Antwort stets das ist, was dir widerfährt. Je bewusster du das Rollen-Spiel spielst, desto klarer kannst du bei jeder neuen Herausforderung in deinem Leben erkennen, welche Rolle du darin spielen sollst, ob dieses Gewand in deinem Puppenkoffer verfügbar ist und ob du Lust hast, diese Rolle wieder einmal mit Bewusstsein zu füllen.

Ein bewusster Perspektivenwechsel zwischen der Rolle und dem Beobachter der Rolle kann gezielt eingeübt werden. Die Klarheit und die Konzentration deines Bewusstseins lassen sich trainieren. Mit etwas Übung kannst du dich gewissermaßen per Knopfdruck mit dem Gefühl des Ärgers oder dem der Freude verbinden. Denn in deinem Repertoire gibt es bestimmt mehrere Rollen, die Ärger oder Freude empfinden können, und als Reflexionen deines seelischen Informationsfeldes umgeben sie dich ständig. Verankert im Zeugenbewusstsein kannst du sowohl dich wie auch deine Mitmenschen aus unterschiedlichen Rollenperspektiven heraus anschauen und dabei eine Projektion um die andere zu dir zurücknehmen. Indem du das Spiel mit deinen Rollen mehr und mehr verfeinerst, vertieft sich die Erkenntnis, dass du der Schöpfer deiner Gefühlsrealität bist.

Die eigene Gefühlsrealität erschaffen

In Wirklichkeit ist all das, was du an äußeren Begebenheiten wahrnimmst, bloß dein Lebensfilm, in dem du den Hauptdarsteller spielst. Dein Leben zuzulassen bedeutet, dir deinen eigenen, bereits gedrehten Film aus der Position des Zuschauers anzuschauen, emotional offen für sämtliche Gefühle aller beteiligten Akteure, ohne die Bilder verändern oder anhalten zu wollen.

Mit zunehmender Gefühlsoffenheit wird dein Emotionalkörper immer neutraler. Je öfter du dir deine Widerstände und deine emotionalen Identifikationen bewusst anschaust, desto wertfreier und intensiver erlebst du den Film auf der Leinwand und desto seltener wirst du automatisch in deine Gefühle hineingeschleudert. Das gesamte Gefühlsspektrum bleibt in seiner Potenzialität vorhanden. Hinzugekommen ist die Erfahrung, dass es im Auge des Orkans still ist.

Deine Macht hast du in dem Moment zu dir zurückgenommen, in dem du erkennst, dass du der Schöpfer der Art und Weise bist, wie du eine bestimmte Situation emotional wahrnimmst. Wenn du diese Tatsache auf lebendige Weise verinnerlicht hast, brauchst du vor dem, was geschieht, keine Angst mehr zu haben. Hast du einmal erkannt, dass deine Gefühle nichts Bedrohliches sind, gibt es keinen Grund mehr, dich mit den Dramen deines Emotionalkörpers zu identifizieren.

Aus der Position des Bewusstseins kannst du deine Aufmerksamkeit jederzeit vorübergehend bewusst auf deinen Körper-Geist richten und dich voll und ganz auf den Jahrmarkt des Lebens einlassen. Ziehst du deinen Fokus wieder zurück, erscheint das Körper-Geist-System innerhalb deines Bewusstseins, und das Ich ist verschwunden. In der Beobachterposition siehst du, dass Freude und Traurigkeit nichts anderes sind als Ausbuchtungen im Universum, die du entsprechend deines sprachlichen Bezugssystems unterschiedlich etikettierst.

Die Tatsache, dass du – bewusst oder unbewusst – Schöpfer deiner Gefühlsrealität bist, macht sich das Ego gerne als Vorstellung zu eigen, es könne Gefühle zu seinen Gunsten verändern. Dabei verkennt es, dass der Schöpfer der innere Beobachter ist, nicht ein Ich-Phantom. Gefühlstransformation ist keine Gefühlsmanipulation und unterliegt daher auch nicht deinem persönlichen Willen. Außerdem kann Transformation immer erst dann stattfinden, wenn du das Gefühl vollständig bejaht, ausgekostet und auf diese Weise seine energetische Information erhalten hast.

Denken und fühlen kannst du nur, was im Rahmen deiner seelischen Matrix als Möglichkeit angelegt ist. Eine Neueinstellung deines Bewusstseins ergibt sich nur in Resonanz mit dem eigenen Drehbuch, im Einklang mit der individuellen seelischen Essenz. Dabei vertieft und intensiviert sich die Frequenz deines Bewusstseins umso mehr, je klarer du deine aktuelle gefühlsmäßige Befindlichkeit bejahst und je mehr du darauf vertraust, von deinem inneren wissenden Feld geführt zu werden.

Da das Gefühl der Beginn der Schöpfung ist, kannst du nur dann etwas Neues erfahren, wenn du bereit bist, etwas zu fühlen, was du noch nie gefühlt hast. Erst dann ist es dir möglich, etwas zu denken, was du noch nie gedacht hast, um schließlich etwas tun zu können, was du noch nie getan hast. Das wirklich Neue, nach dem du dich in deinem Leben sehnst, ist also kein äußerer Zustand. Es liegt in jenen Gefühlen in dir, die du bislang nicht zu fühlen gewagt hast. Heilung braucht Wahrheit – und setzt daher kompromissloses, gefühlsoffenes Hinschauen voraus.

Das Neue liegt stets im Unbekannten, im Unbewussten und im Dunklen verborgen, in deinen unterdrückten Bedürfnissen und geheim gehaltenen Sehnsüchten. Der Prozess deiner seelischen Selbst-Erinnerung, verstanden als ko-kreative Teilnahme am

Schöpfungsprozess, ist also keine Himmelsleiter, sondern eher ein brennender Ring, durch den du immer wieder neu ins Unbekannte springen musst. Die Angst – als Zeichen dafür, dass etwas Neues in dein Leben eintreten will – ist damit stets dein zuverlässigster und treuster Wegweiser zurück zu dir selbst.

Schnittstelle zwischen innen und außen

Die Begriffe der Selbst-Wahrnehmung, der Selbsterkenntnis, der Selbst-Vergessenheit oder der Selbst-Erinnerung wecken die Vermutung, dass es so etwas wie ein Selbst gebe, das sich von so etwas wie einem Nicht-Selbst unterscheiden würde. Wie bei allen Phänomenen, die das Wesentliche deines Menschseins betreffen, wird jedoch dein Verstand auch hier in seiner Hoffnung auf eine klare, eindeutige Antwort enttäuscht. Die Praxis der Selbst-Beobachtung führt nicht dazu, dein Wesen als eine in sich geschlossene Größe zu erkennen. Vielmehr öffnet es den Blick für deine ambivalente Natur.

„Man lebt nur zweimal", heißt ein James-Bond-Klassiker. Wenn du diese Aussage nicht im Sinne einer zeitlichen Aufeinanderfolge deutest, sondern sie auf den gegenwärtigen Augenblick beziehst, lautet sie: „Du bist dir stets zweifach gegeben." In Wirklichkeit bist du reines, unpersönliches Bewusstsein. Doch deinen Alltag bestreitest du in der Vorstellung, eine individuelle Persönlichkeit mit einem bestimmten Körper, einem bestimmten Gefühlshaushalt und einer bestimmten geistigen Verfassung zu sein. Aus der Alltagsperspektive bist du sowohl der grenzenlose Ozean als auch die Welle, die sich fragt, wie sie es anstellen soll, um möglichst rasch und möglichst bequem zum Ozean zu gelangen.

Deine Wahrheit erschließt sich dir über die Dynamik dieses „gespaltenen Bewusstseins". Auf dem Weg der Selbsterkenntnis bewegst du dich dein Leben lang zwischen diesen beiden Bewusstseinsanteilen hin und her: zwischen dem unbegrenzten Bewusstsein und seinen begrenzten Inhalten, zwischen der Position des Beobachters und der Identifikation mit deiner Persönlichkeit, zwischen dem Kino-Zuschauer und dem Hauptdarsteller auf der Leinwand, zwischen dem Schauspieler und der Rolle, die dieser gerade spielt.

Das andauernde Wechselspiel zwischen diesen beiden Dimensionen macht nochmals deutlich, dass deine „Wahrheit“ nichts ist, was du jemals greifen oder besitzen könntest. Die Wahrheit liegt immer außerhalb deiner individuellen Erkenntnis, außerhalb deiner Sichtweise, im unpersönlichen Ganzen. Die Wahrheit ist die einfache Erscheinung dessen, was geschieht. Da gibt es nichts, was noch darüber hinaus festgestellt werden könnte. Auf der Ich-Ebene definiert sich Wahrheit daher in jedem Augenblick neu. Wahr ist immer das, wessen du dir gerade bewusst bist. Wenn du ein fallendes Blatt wahrnimmt, dann bist du die Wahrnehmung des fallenden Blattes. Wenn du die Qualität der Macht in dir spürst, dann bist du die Wahrnehmung der Macht.

Deine Seele kann durchaus als diese Schnittstelle zwischen dem Unpersönlichen und dem Persönlichen beschrieben werden. Sie ist beiden Aspekten zugewandt, ohne dass sie dem einen oder dem anderen zugeordnet werden könnte. Die Seele ist die Gleichzeitigkeit von Hintergrund und Vordergrund, in der diese beiden Aspekte als eins erkannt werden. Die Seele ist die Erkenntnis, mit einem Bein im Persönlichkeitsfeld zu stehen, das sich mit seinen Widerständen und Hoffnungen herumschlägt, und mit dem anderen Beim im Unpersönlichen verankert zu sein, als ewiger, unbewegter Zeuge dessen, was geschieht. Sie ist der absichtslose Drang, ihr zeitloses inneres Wissen immer klarer und immer vollständiger über die von ihr erschaffene Persönlichkeit nach außen hin sichtbar werden zu lassen.

Die Schnittstelle zwischen dem inneren und dem äußeren Herzraum existiert nicht als abgegrenzte Größe. Es gibt keinen erkennbaren Übergang zwischen dem Bewusstsein im Innern und der Persönlichkeit im Außen. Beide sind im Grunde eins. Doch genau dieses Einssein lässt sich nur dank der scheinbaren Dualität erkennen. Ohne den Raum deines Bewusstseins würdest du deine unterschiedlichen Facetten nicht erkennen können, und ohne Inhalte hätte das Bewusstsein keine Möglichkeit, sich seiner Grenzenlosigkeit bewusst zu werden. Ohne den Zuschauer könnte sich der Schauspieler auf der Bühne nicht in seiner Rolle wahrnehmen, und ohne Schauspieler gäbe es für den Zuschauer nichts zu sehen. Ohne Leinwand würde kein Film erscheinen, und ohne Film wäre die Leinwand sinnlos.

Alles, was du wirklich bist, ist nichts anderes als reines Gewahrsein. Und alles, was in deinem Bezugssystem enthalten ist, alles Sichtbare und alles Unsichtbare, ist auch nichts anderes als Bewusstsein. Innerhalb deines Bewusstseinskosmos erschaffen sich nun gemäß deiner individuellen Geschichte fiktive Inhalte. Im großen leeren Raum erscheinst du als Idee. Die qualitative Kernessenz bildet um sich eine Blase und versieht sich mit der Etikette „Ich bin". Gleichzeitig erschafft sich die Idee eine zugehörige Kontur im Außen, um sich in einer konkreten menschlichen Geschichte zu erfahren. Erst deine Identität als Träger deiner Geschichte gibt dir die Möglichkeit, über sie hinauszugehen und dich deiner Wahrheit zu erinnern.

Deine einzige wahre Identität ist offenes, neutrales Bewusstsein. Somit bist du stets die Möglichkeit dessen, der du bist. Es ist nicht so, dass du ein Bewusstsein hast. Vielmehr erscheinst du im Bewusstsein. Bereits der Ausdruck „in deinem Bewusstsein" ist eine unangemessene Personalisierung. Und auch die Bezeichnung „im Bewusstsein" beinhaltet eine lokale Begrenzung, die es in Wirklichkeit nicht gibt, da es letztlich nichts gibt, was nicht Bewusstsein wäre.

Du kannst das Bewusstsein mit dem leeren Raum vergleichen. Wenn du nun innerhalb dieses Raumes einen Tonkrug bewegst oder ihn sogar zerstörst, verändert dies den Raum in keiner Weise. Und so bleibt auch das Bewusstsein von allen Inhalten unberührt. Trotzdem kannst du – als unbegrenztes Bewusstsein – dich nur wahrnehmen, wenn du dich gleichzeitig als Form manifestierst. Der Niemand in dir braucht ständig einen Jemand, um sich als niemand wahrnehmen zu können. Doch in dem Moment, in dem der Jemand zurücktritt, bleibt von „dir" nichts zurück als die personifizierte Wahrnehmung.

An der Schnittstelle deines Bewusstseins kann ein Perspektivenwechsel stattfinden: von der äußeren Persönlichkeit zum inneren Regisseur, vom Suchenden, der den Blick nach außen richtet, zum Suchenden, der nach innen schaut und sich als neutrales Gewahrsein erkennt. Dieses beobachtende Bewusstsein überprüft die Qualität dessen, was du in der Welt tust, hinsichtlich deiner Lebensidee. Und je mehr du auf der Grundlage deiner inneren Wahrheit eine Beziehung zu dir selbst aufbaust, desto stärker entwickelt sich zwischen diesen beiden Räumen eine Energie des Loslassens von Bewertungen und des Zurücktretens von Egoanteilen. Es ist genau diese stete Reibung, die dich immer mehr in die Liebe zu dir selbst bringt. Durch ehrliches und kompromissloses Hinschauen geschieht die Demontage deiner Ich-Illusion also ganz von selbst.

Dein Leben zu beobachten, ist kein Verstehen und kein Tun, um irgendwo hinzukommen. Es ist vielmehr die absichtslose Wahrnehmung deines permanenten Verstehenwollens und Tuns, mit dem du verhinderst, dort anzukommen, wo du schon längst bist. Das bewusste Ja zu einem bislang abgelehnten Gefühl mag aus persönlicher Sicht ein Zwischenschritt sein, dich mehr und mehr für deine Ganzheit zu öffnen. Doch auf der Ebene des absoluten Gewahrseins, wo es kein Gefühl gibt – da es niemanden gibt, der hier noch fühlen könnte – bist du schon immer uneingeschränkte Offenheit. Dein ehrliches und wertfreies Hinschauen führt von selbst dazu, dass deine persönliche Dimension und das unpersönliche Bewusstsein mehr und mehr in Einklang miteinander schwingen. In deiner neutralen Wahrnehmung kommen Vordergrund und Hintergrund, die im Grunde immer eins gewesen sind, wieder zusammen, ohne dass dieses Einssein jemals mit Worten zu erfassen wäre.

Das Ich als Cursor

Letztlich ist nur reines, unbegrenztes Bewusstsein wirklich. Die Vorstellung einer davon abgetrennten Seele, eines autonomen Ichs oder einer getrennt existierenden äußeren Wirklichkeit, ist eine Illusion deines Verstandes. Sie wurzelt in jenem Schutzpanzer, zu dem sich deine unangenommenen Ängste und Emotionen verfestigt haben. Dieser Einsicht soll jedoch nicht etwa der Versuch folgen, dein Ich auszumerzen. Wer käme denn überhaupt auf diese Idee, wenn nicht deine Ich-Illusion selbst?.

Du kannst dein Ich nicht eliminieren, aber du kannst zuschauen, was es fühlt, was es denkt und was es tut. Du kannst zur Wahrnehmung dessen werden, was du fühlst, was du denkst und was du tust. Die Ich-Empfindung bleibt bestehen, doch du identifizierst dich nicht mehr mit ihr. Und sobald du dir gewahr bist, dass du sowohl die Welle als auch das Meer bist, kannst du dich jederzeit bewusst als das eine oder das andere definieren.

Bei aller Hingabe an den unpersönlichen Strom des Lebens setzt sich dein irdisches Spiel fort, und damit auch die relative Existenz deiner Persönlichkeit. Und zur Bewältigung des Alltags ist es sogar überaus sinnvoll, über ein gesundes, selbstbewusstes Ich zu verfügen. Auch wenn dein tief verankerter Glaube, deine Person sei eine abgetrennte Größe, sich immer mehr auflösen mag, geht dein Alltagsleben weiter. Dein Heuschnupfen und dein Hang zur Faulheit lösen sich nicht automatisch auf, wenn du sie nicht mehr persönlich nimmst.

Das Ich bleibt der Cursor auf dem Bildschirm deines Lebens, auch wenn die Identifikation mit ihm weggefallen ist. Es ist und bleibt dein Ich, das es dir erlaubt, die verschiedenen Programme und Funktionen deiner Festplatte zu nutzen und darüber in die Tiefe der Dinge einzutauchen. Mit seiner Hilfe klickst du dich im „Spiel des Lebens“ von einem Level zum nächsten. Das Ich bleibt jener Teil deines menschlichen Gesamtpakets, mit dem du dich wahlweise identifizieren kannst, um die weltlichen Seiten des Lebens zu erkunden und zu erleben. Und genau das war ja die ursprüngliche Absicht deiner Seele.

Nichtsdestotrotz wird sich das Ich nicht mit dieser Nebenrolle zufrieden geben wollen. Nachdem es nun ein Leben lang angenommen hatte, die Zügel deiner Lebensgestaltung in den eigenen Händen zu halten, will es sich nun nicht einfach kampflos die Butter vom Brot nehmen lassen. Das Ich kann und will nicht verstehen, dass außerhalb seines Herrschaftsbereiches noch etwas anderes existiert. Das Unkontrollierbare, Ungreifbare und Unbekannte, gegenüber dem sich deine Aufmerksamkeit in der Beobachterposition immer mehr öffnet, ist die Quelle seiner größten Angst. Und so wird es bis zum letzten Blutstropfen versuchen, sein Machtspiel mit allen möglichen und unmöglichen Tricks aufrechtzuerhalten.

Wie es für den Raum keine Rolle spielt, ob er möbliert ist oder nicht, ist es dem Bewusstsein vollkommen egal, ob es von einem Ego bevölkert wird. Sobald das Ich also merkt, dass es durch die Ausweitung deiner Aufmerksamkeit an Wichtigkeit einbüßt, beginnt es sich zu wehren. Wenn dein Ego merkt, dass es ihm langsam an den Kragen geht, dann wird es nur umso stärker und macht sich umso kräftiger bemerkbar.

Sobald du gegen das Ich zu kämpfen anfängst, nimmt es von deinem ganzen Bewusstsein Besitz, so dass du dich wieder in irgendeiner Identität verfängst. Es bleibt dir also nur die Möglichkeit, im Raum des Gewahrseins zu verweilen und diesen drängenden Jemand zu beobachten. Verbleibe in deiner offenen Aufmerksamkeit und nimm einfach wahr, wie sich über Gedanken und Bewertungen ständig wieder eine Rolle meldet, über die sich das Ich die Kontrolle zurückholen will.

Es wird dir kaum gelingen, deine Gedanken einfach abzustellen. Doch wenn du dem Geplapper des Egos einfach mal eine Weile unbeteiligt zuhörst, stellst du fest, dass die auftauchenden Gedanken, Überzeugungen und Wünsche nicht das Geringste mit deiner wahren Natur zu tun haben. Du wirst stets weitaus mehr sein als das, was du glaubst. Du bist die Möglichkeit dessen, was du sein kannst.

Das Ich hat unzählige Verkleidungen im Schrank, über die es sich als wertvoll, ja als unentbehrlich zu erweisen bemüht. Besonders tückisch wird es, wenn es der Versuchung erliegt, „spirituell“ zu werden. Vielleicht mag es dir gelingen, den Schwerpunkt deiner Aufmerksamkeit für ein paar Augenblicke von den Inhalten deines Bewusstseins zum Bewusstsein selbst zu verlagern. Die absichtslose, nicht-anhaftende Beobachtung dessen, was geschieht, kann von deinem Ego jedoch allzu rasch als eigene Leistung beansprucht werden. Indem es sich selbst für den unpersönlichen Beobachter hält, hat dein spirituelles Ego daraus bereits wieder eine neue, auf sich selbst bezogene Rolle gemacht.

Obwohl es voller Wünsche und Bewertungen steckt, wähnt es sich außerhalb des Maskenspiels der Persönlichkeit und glaubt, die Dinge von einer Ebene aus zu betrachten, die über Gut und Böse hinausgeht. Solange du in deiner Selbst-Wahrnehmung noch nicht stabil bist, wird dein Ego versuchen, auch jede „spirituell“ daherkommende Übung zur subtilen Stärkung seiner selbst zu benutzen. Doch ein Phantom kann sich noch so spirituell fühlen, heilig wird es dabei nicht. Innere Erkenntnisse geschehen nicht, weil, sondern obwohl du dich um sie bemühst.

Zum Traum erwachen

Spirituelles Erwachen ist nichts, was du dir zulegen könntest. Die Auflösung deiner alten Identitäten ist keine Veränderung, die in dir stattfindet. Vielmehr vollzieht sie sich, indem du wahrnimmst, dass es das Ich, für das du dich gehalten hast, gar nicht gibt. Weder kann dein Ich erwachen noch irgendetwas dazu beitragen, damit Erwachen geschieht. Wenn Erwachen die Einsicht bedeutet, dass es „dich" nicht gibt, kann es auch keine Seminare in „Erwachologie" geben. Du kannst nur immer wieder deine eigenen Glaubensbekenntnisse hinterfragen und dich auf die entscheidende Frage einlassen: Wer bin ich wirklich?

Stell dir vor, du hättest seit Jahren einmal pro Woche den Kommissar im immergleichen Fernsehkrimi gespielt. Da in den letzten Jahren jedoch die Einschaltquoten beträchtlich gesunken waren, bist du vor kurzem gefeuert worden. Falls du dich inzwischen so sehr mit der Rolle des Kommissars identifiziert hast, muss für dich nun eine Welt zusammenbrechen. Nur wenn es dir gelingt, dich nach deinem Rausschmiss daran zu erinnern, dass du den Kommissar nur gespielt hast und dass dein Leben auch ohne diese Rolle weitergeht und lebenswert bleibt, bist du innerlich frei von dieser Identifikation.

Falls dir der Programmdirektor auf einmal die Chance geben sollte, dieselbe Rolle nochmals für ein paar Jahre zu spielen, wird das für die Fernsehzuschauer zwar wie ein gewöhnliches Comeback aussehen. Auch wenn äußerlich alles gleich bleibt, wird sich für dich jedoch alles verändert haben. Hattest du dich bislang unbewusst für die Rolle des Kommissars gehalten, weißt du heute, dass du sie bloß spielst, und dass du abends, wenn das Set zumacht, dein Kostüm wieder ausziehen wirst.

Spirituelles Erwachen ist die Erkenntnis, die Schnittstelle zwischen dem Persönlichen und dem Unpersönlichen zu sein, ohne dich auf das eine oder das andere festlegen zu müssen.

Du bist dir bewusst, dass all das, was geschieht, bloß ein Film, ein Schauspiel oder ein Traum ist, dass du nichts anderes bist als das Gewahrsein des Films bzw. des Traums selbst, und dass die jeweiligen Persönlichkeits-Rollen bloß Masken sind, die du dir bei passender Gelegenheit anziehen und nach Feierabend wieder ausziehen kannst.

Erwachen ist die Einsicht, im Kino deines Lebens zu sitzen und deinem Lebensfilm zuzuschauen. Wenn du wach wirst zum Film, hat sich die Welt zwar nicht verändert, aber du erkennst plötzlich, wie sie funktioniert. Dir wird die Freiheit bewusst, zu entscheiden, aus welcher Position du schauen willst: ob du den Untergang der „Titanic" auf der Leinwand bekämpfst oder ob du bereit bist, den Film und damit alle Emotionen, die er in deinem Körper-Geist-System auslöst, einfach zuzulassen.

Die Verlagerung deines Bewusstseins von der Ich-Wahrnehmung zur Wahrnehmung deines Ichs ist das größte Glück, das du auf Erden erfahren kannst. Im Gegensatz dazu sind mystische Zustände und spirituelle Gipfelerlebnisse nur vorübergehende Erscheinungen, die du vielleicht in die spirituelle Vitrine stellen kannst, die dir im täglichen Leben jedoch nicht wirklich weiterhelfen.

Dein Leben ist nichts anderes als ein Traum des Absoluten. Das einzige, was du in diesem Leben wirklich erreichen kannst, ist die Erkenntnis deines Lebens als Spiegel dieses Traum-Zustandes. Du kannst nicht aus dem Traum, sondern nur zum Traum erwachen. Deine Persönlichkeit ist eine Traumfigur, während das Unpersönliche, das träumt, jenseits von Zeit und Raum liegt. So ist das, was in deinem Leben geschieht, nichts anderes als eine Erscheinung im Gewahrsein. Und je bewusster du an diesem traumartigen Geschehen beobachtend teilnimmst und dich von der größeren Kraft in dir durchs Leben führen lässt, desto deutlicher zeigt sich dir, dass jegliche Kontrolle eine Illusion ist.

Je tiefer du im neutralen Gewahrsein verankert bist, desto leichter fällt es dir, dich spontan und ungeschützt auf die Herausforderungen deines täglichen Lebens einlassen. Und so erkennst du immer klarer, dass es an dir liegt, ob du dein Leben als ein ernsthaftes Drama bewältigst oder es als ein kosmisches Spiel begreifst, das dich dazu einlädt, es immer bewusster und totaler mitzuspielen. Diese beiden Möglichkeiten stehen dir zur Verfügung, um die Frage nach deiner Wirklichkeit zu beantworten: Entweder du hältst das, was du auf der Leinwand siehst, für die Realität und leidest, oder du nimmst dich als geistiges Wesen wahr, das gekommen ist, um an diesem irdischen Spiel teilzuhaben.

Das Paradies, nach dem du strebst, lässt sich als jene innere Haltung charakterisieren, dich nirgendwo festhalten zu müssen, weder an einer Himmelswolke, noch an einer Rolle in deinem irdischen Persönlichkeitsspiel. Die Freiheit des Paradieses bedeutet, in der Alleineinheit zu ruhen und im selben Atemzug das Spiel der Dualität mit Liebe zu spielen: „Ich bin nicht dieser Körper – und gleichzeitig liebe ich ihn und sorge gut für ihn. Ich bin weder Mann noch Frau – und gleichzeitig liebe ich es, ein Mann oder eine Frau zu sein. Ich bin still und friedvoll – und fühle zugleich den Schmerz aller Männer, die unter Frauen gelitten haben, und weine die Tränen aller Frauen, die durch Männer verletzt worden sind. Ich bin als Seele reine Bewusstheit, körperlos und jenseits aller sexuellen Anziehungen – und gleichzeitig sehne ich mich als irdisches Wesen nach Berührung und Verschmelzung mit einem geliebten Menschen."

8. Liebe

Eine Liebesbeziehung mit dir selbst

Die Schnittstelle zwischen deiner Persönlichkeit im Außen und dem Unpersönlichen im Innern ist die Basis deiner Liebe. Indem du nämlich die Trennung zwischen außen und innen fokussierst, gibt sie sich als rein mentale Konstruktion zu erkennen und hebt sich dadurch zugleich wieder auf. In der Wahrnehmung deiner Getrenntheit zwischen äußerem und innerem Herzraum liegt die Erkenntnis deiner Unbegrenztheit. Im Bewusstsein deiner Zweiheit erscheint alles scheinbar Äußere als sichtbarer Ausdruck deiner Liebe zu dir selbst.

Wenn all das, was du im Außen zu erkennen glaubst, die Beziehung zu dir selbst widerspiegelt, dann dreht sich dein ganzes Leben um die Liebe zu dir selbst. Das mag zunächst banal oder egozentrisch klingen, ist aber das genaue Gegenteil: Dich selbst in all deinen Aspekten anzunehmen, ist die größte Herausforderung, die du dir vorstellen kannst, denn sie konfrontiert dich schonungslos mit all deinen Ängsten, verdrängten Gefühlen und verleugneten Seiten. Dich dir selbst zuzumuten, ist ein ebenso alltäglicher wie lebenslanger Prozess.

Eine Liebesbeziehung zu dir selbst aufzubauen, bedeutet, den Kampf, den du bislang auf dem Partnermarkt ausgefochten hast, nach innen zu nehmen und all dem Raum zu geben, was in dir arbeitet und sich durch dich ausdrücken will. Bedingungslose Liebe ergibt sich durch das bedingungslose Zulassen all dessen, was du bist. Mit weniger romantischen Worten ausgedrückt: Deine Liebe führt dich stets von einem Nein zum nächsten, immer tiefer hinein in deine Ängste und abgespaltenen Aspekte. Nur in deiner

Dunkelheit kannst du eine Beziehung zu dir selbst aufbauen und immer vorbehaltloser Ja zu dir sagen.

Eine so verstandene bedingungslose Selbstliebe beschränkt sich daher auch nicht auf dich als Person: Wenn du dir erlaubst, so zu sein, wie du bist, mit allen deinen Macken, kannst du auch alle anderen in ihrer Verrücktheit und Unverständlichkeit akzeptieren. In der Selbstliebe braucht dein Ego keine Maske mehr aufrechtzuerhalten, die dich von deinen Mitmenschen trennt. Und so kannst du erst dann für andere Menschen Verantwortung übernehmen, wenn du zuerst die volle Verantwortung für all das übernommen hast, was dich ausmacht.

Liebe, die ausschließlich nach außen gerichtet ist, ist ein Ausdruck deiner Bedürftigkeit und hält dich in Abhängigkeit gefangen. Wahre Liebesfähigkeit richtet sich immer zuerst nach innen. Als kraftvolle Eigenliebe kann sie dann gar nicht anders, als über sich selbst hinaus zu fließen. Selbstliebe ist ein überfließendes Prinzip, das sich ständig ergeben will. Die Kraft des gesunden Soseins und der radikalen Selbstannahme mündet in eine Energie des Gebens. Im Vollbesitz deiner Kraft brauchst du nichts mehr zu bekommen. Im kompromisslosen Ja zu deinen hellen und zu deinen dunklen Seiten kommst du in Einklang mit deinem Drehbuch. Ohne ein selbstkritisches Ich gibt es keinen Grund, etwas von dem, was dich ausmacht, zurückzuhalten und vor der Welt zu verstecken. Denn letztlich bleibt dir im Leben immer nur, was du von dir gegeben hast.

Liebe zu dir selbst heißt, in den Spiegel zu schauen und dich so zu nehmen, wie du bist: „Ich bin auf diese Welt gekommen, und es ist gut so. Es macht Sinn, dass ich hier bin, denn ich habe hier eine Aufgabe zu erfüllen. Und ich bin der einzig Richtige, der diese Berufung wahrnehmen kann. Das ist das Geschenk meines Lebens". Wenn du dir erlaubst, so zu sein, wie du bist, erlöscht das Bedürfnis, deinen Selbstwert über äußere Bestätigung zu erlangen, da es nichts mehr gibt, wofür du dich zu schämen oder dich schuldig zu fühlen brauchst. Selbstliebe ist selbstbestätigte Intimität. Diese Form der Intimität vollzieht sich in aller Öffentlichkeit, da du von deiner Eigenart nichts mehr zu verstecken brauchst. Damit gibst du dir endlich selbst den Halt, den du dir so lange von außen ersehnt hast.

Die Liebe zu dir selbst liegt zu einem guten Teil darin, dein inneres Kind zu befreien. Ein weltberühmter spiritueller Provokateur hat schon vor zweitausend Jahren deutlich gemacht, dass das Himmelreich darin liegt, so zu werden „wie die Kinder". Die Lebendigkeit deines inneren Kindes, deine Verspieltheit, dein Humor und deine Kreativität sind dir so nahe, wie sie dir näher gar nicht sein könnten. Du hast dich durch deine Gedanken und Ideale nur ein bisschen von ihnen getrennt. Als Kind musstest du deine Spontaneität und deine Sensibilität abtreten, um überleben zu können. Um dir deine Liebe und Zuwendung zu sichern, bist du darauf programmiert worden, gewisse Seiten von dir zu mögen und andere zu verurteilen und zu verstecken.

Mach dir bewusst, dass du diese Konditionierung heute nicht mehr brauchst. Schau dir deine alten Schuld- und Strafprogramme an, um nicht länger hinterrücks von ihnen kontrolliert zu werden. Mach dir bewusst, dass du heute ganz allein verantwortlich bist für dein Leben, und dass du die Liebe und die Anerkennung, nach der du dich sehnst, niemals bekommen wirst, wenn du sie dir nicht selbst gibst. In dem Sinne vermag die bewusste Wahrnehmung all derjenigen Aspekte, die du von dir abgespaltet hast und als Erwartung an deine Mitmenschen in dir trägst, dich an die essentielle Unschuld zu erinnern, mit der du auf diese Welt gekommen bist.

Die Liebe zu dir selbst geht aufs Ganze, und doch stellt sie keinerlei Anforderungen an dich. Selbstliebe kann sich sowohl darin äußern, dass du tagelang faul herumsitzt, als auch darin, dass du dich mit Arbeit zuschüttest. Deine Schöpferkraft zeigt sich als Liebe zu deinem eigenen Bewusstsein, als Wille, dich selbst zu erfahren und zu erfühlen. Nur aus der absoluten Selbstannahme dessen, was du bist, wächst dir die Kraft zu, deine Lebensidee in diese Welt einzubringen. Nur auf diese Weise kannst du auch alle anderen Wesen darin unterstützen, ihre eigene Wahrheit einzufordern und zu leben. Und nur aufgrund deiner unbedingten Eigenliebe bist du fähig, „den andern zu lieben wie dich selbst".

Deswegen bringt es auch nichts, darüber nachzudenken, was dein Potenzial sein könnte, damit du es eines Tages „verwirklichen" würdest. Stell dich vor einen Spiegel – und du siehst dein Potenzial direkt vor dir. Alles Philosophieren über verborgene Talente und zukünftige Möglichkeiten ist nur Schrott in deinem Kopf, der dich daran hindert, die Einfachheit der Dinge zu sehen. Du bist dein eigenes Potenzial, und zwar genau so, wie du bist. Dein Potenzial zu entfalten heißt, das, was du bist, in die Sichtbarkeit zu bringen. Dafür musst du nichts Neues hinzulernen. Du brauchst einfach nur das zu „ent-wickeln", was bisher in deinem Innern „eingewickelt" war. Du bist also immer dann in deinem Potenzial angekommen, wenn du etwas tust, was du niemals gelernt hast, bei dessen Ausführung du nicht müde wirst und bei dem es dir völlig egal ist, was die anderen über dich denken. Also schau endlich hin!

Was du nicht lebst, lässt dich nicht leben

Dein Wunsch, Zuneigung, Bewunderung und Trost von außen zu bekommen, ist Teil deiner Ablehnung. Liebe für einen Teil von dir zu erwarten, den du an dir selbst ablehnst, ist wenig aussichtsreich, da du diese Liebe aufgrund deiner Selbstverurteilung gar nicht annehmen könntest. Solange du dich danach sehnst, dass dich jemand trotz deiner Seiten liebt, die du an dir nicht magst, verhinderst du das, was wirkliche Liebe meint: die vorbehaltlose Annahme all dessen, was dich ausmacht, und damit zunächst einmal des Eingeständnisses all der Illusionen und Träumereien in deinem Kopf.

Lebst du beispielsweise im Bewusstsein, ungenügend zu sein, dann würde hier Selbstakzeptanz nicht bedeuten, diesen Zustand zum „Positiven" verändern zu wollen. Selbstakzeptanz geht über den Gegensatz zwischen dem Positiven und dem Negativen hinaus. Was der wertende Verstand erschaffen hat, kann nur jenseits des wertenden Verstandes aufgelöst werden. Nimm das Ungenügen einfach nur wahr, und vertraue darauf, dass alles vollkommen in Ordnung ist, ohne dass du darüber irgendetwas zu wissen bräuchtest. Versuch nicht besser zu werden. Dein momentanes Vertrauen in dein Leben und in dein Drehbuch lautet schlicht und einfach: „Ich bin ungenügend, und es ist gut so". Nur in der vollkommenen Akzeptanz kann sich dein Bewusstsein des Ungenügens in sich selbst aufheben.

Wenn immer du Selbsterforschung betreibst in der Erwartung, dass dich das in irgendeiner Weise weiter bringt oder dir einen unangenehmen Zustand überwinden hilft, dann flüchtest du vor dem, was du bist. Doch um etwas zu erkennen, musst du es zuerst total akzeptieren. Dich in deinem Schatten auszuhalten, ohne dich dabei abzulenken, ist ein Prozess, den dein Ego unter allen Umständen verhindern will. Doch erst in der absichtslosen Annahme deines Ungenügens, deiner Ohnmacht und deiner Feigheit zeigt sich deine wahre Größe.

Wenn es Sinn macht, von Heilung zu sprechen, dann ist sie mit totaler Selbstakzeptanz gleichzusetzen: „So, wie ich bin, bin ich vollkommen in Ordnung". Jede Selbstheilung geht aus diesem absoluten Ja hervor. Auch um eine Krankheit heilen zu können, musst du sie zuerst gänzlich angenommen haben. Sonst bekämpfst du die Krankheit und damit einen Teil des vollkommenen Ganzen. Wenn du eine Krankheit hast, dann hast du das „Recht" auf diese Krankheit, sonst hättest du sie nicht. Die einzig sinnvolle Frage kann hier also nur lauten: Wozu dient dir diese Krankheit? Welche Rolle spielt sie in deinem Prozess der Selbst-Erinnerung? Die Antwort darauf wirst du niemals begreifen können – aber du kannst sie leben.

Deine Wahrheit verlangt keinen weiteren Lernprozess, sondern lediglich die Bereitschaft, alles, was in dir auftaucht, wertfrei anzuschauen, in der Gewissheit, dass alles genau so, wie es ist, in Ordnung ist. Und damit erfordert das Leben deine ganze Offenheit und deinen ganzen Mut. Halte inne, sobald du feststellst, wie du gewisse Gedanken, Bilder und Gefühle zensierst oder als gut oder schlecht bewertest. Denn mit jedem inneren Urteil schränkst du deine Wahrnehmung ein, verschiebst das „wirkliche Leben" auf subtile Weise in die Zukunft und blockierst dadurch deine natürlich fließende Lebensenergie.

Die Hingabe an deine Gefühle und Sehnsüchte führt nicht zwangsläufig dazu, dass du deine inneren Impulse unbedingt aktiv und spürbar ausleben müsstest. Die eigene Aggressivität und Triebhaftigkeit zuzulassen heißt nicht, bei jeder Gelegenheit einfach zuzuschlagen oder zuzupacken. In erster Linie geht es darum, all das, was zu dir gehört, überhaupt einmal anzuschauen und damit zu respektieren, dass es da ist. Alles, was in dir ist, ist es wert, dass du es dir ansiehst. Und jedes Verleugnen und Unterdrücken deiner Gefühle lässt die Dämonen der Unterdrückung größer und größer werden. Kannst du deine Aggression oder deine

Triebhaftigkeit eines Tages voll und ganz in dir willkommen heißen, entscheidet dann eine höhere Kraft, ob und in welcher Form diese auch gelebt werden will. Darum brauchst du dich nicht zu kümmern, schon gar nicht präventiv.

Schau dir einmal an, auf welche Weise du deine verborgenen inneren Sehnsüchte – etwa nach Perversion, Sadismus oder blindwütiger Zerstörung – dir nicht gerne eingestehst. Falls diese Sehnsüchte von der Angst begleitet sind, das Erkannte auch umsetzen zu müssen, dann lass diese Angst einfach zu. Liebe deine Feinde, meint zuallererst: Liebe deine Ängste! Schau dir deine Sehnsüchte und die darunter liegenden Ängste einfach an und akzeptiere, dass beide Seiten zu dir gehören! Um irgendwelche Konsequenzen brauchst du dich keine Sekunde lang zu kümmern, denn Konsequenzen entstehen immer nur in deinem Kopf, als Ausdruck von Angst.

Der Prozess der Selbsterkenntnis erfordert von dir, alle deine Sehnsüchte zuzulassen, ohne sie zu verurteilen. All das, was als verborgene Sehnsucht auftaucht, ist ein Aspekt von dir, den du verdrängt hast. Und je länger du eine Sehnsucht unterdrückst, desto quälender meldet sie sich in Form von unbewusster Selbstsabotage in deinem täglichen Leben. Wenn du eine Sehnsucht abwürgst, staut sich im Schatten Verzweiflung auf. Was du nicht lebst, lässt dich nicht leben.

Mach dir bewusst: Du kannst dich nur nach etwas sehnen, was als Qualität in dir angelegt ist. Wie auch immer deine verborgenen Sehnsüchte, Triebe und Impulse beschaffen sind, sie alle reflektieren ein bestimmtes Gefühl, welches Teil deiner Ganzheit ist und von dir in diesem Leben gefühlt, erforscht und ausgekostet werden will. Schau dir die Bilder, die in dir auftauchen, also nicht länger mit dem Kopf an, sondern erspüre ihre Botschaft auf emotionale und intuitive Weise. Lass alle Bewertungen beiseite, denn sie halten dich bloß in der Vergangenheit fest! Öffne dich für die gegenwärtige Botschaft des darunter liegenden Gefühls, jenseits deiner persönlichen Geschichte.

Darum ist es auch sinnlos, in einer schmerzhaften Situation als erstes zu fragen, wie du da wieder herauskommst. Geh lieber zuerst mal richtig hinein! Statt die Dinge in gut und schlecht zu unterteilen, wende dich vielmehr der Angst zu, die hinter deinem Bemühen steckt, deine Dämonen eingesperrt zu halten. Indem du willkommen heißt, was du bisher in den Schatten verbannt hast, kommt das, was geschehen soll, ganz von alleine ins Rollen. Durch das immer klarere Ja zu deinen Neins entsteht eine Art von Vertrauen, die jedes Nachdenken und jede Anstrengung überflüssig macht.

Liebe ist immer zuerst Selbstliebe

Der Kosmos ist nichts als lebendige Liebe. Und diese ganze Liebe stellt dir der Kosmos zur Verfügung, damit du deiner eigenen Liebe vertraust und dadurch immer deutlicher erkennst, dass die Liebe zu dir selbst die größte Kraft ist, die du in diesem Leben erfahren kannst. Unbewusst weißt du schon immer, dass du das Größte, was es gibt, bereits in deinen eigenen Händen hältst. Im Bewusstsein der Verdrehung jedoch stufst du dich auf eine begrenzte Ich-Empfindung herab.

Von daher ist es nur zu verständlich, dass es dich wütend und verzweifelt machen muss, wenn du aus deinem Mangeldenken heraus dauernd um irgendwelche Kleinigkeiten bettelst. Tief in dir gärt eine unendliche Wut auf dich selbst, weil du dich selbst betrogen und verlassen hast. Je kuscheliger du es dir im Gefängnis deiner Verdrehung einrichtest, desto größer wird auch die Verzweiflung darüber, deine Wahrheit verraten zu haben.

Wut und Hass sind nichts anderes als verhinderte, nicht gelebte Liebe. Da die beiden Enden einer bestimmten Polarität stets im Gleichklang miteinander schwingen, muss da, wo viel Wut oder viel Hass ist, auch viel Liebe sein. Und du findest nur zu deiner Liebe zurück, wenn du auch deine Wut ohne Wenn und Aber akzeptierst und zulässt.

Der Liebe scheint auf den ersten Blick nicht nur das Verdrehungs-Prinzip entgegenzustehen, sondern auch das Spiegel-Prinzip. Solange du nämlich den Spiegel-Effekt der Welt ignorierst und deine Liebe nach außen auf eine Person, auf ein Projekt oder ein Objekt richtest, verfängst du dich in der Welt des Vergänglichen und Sterblichen. Diese Abhängigkeit ist der Grund, weswegen du die Objekte, die du liebst, gleichzeitig immer auch unbewusst ablehnst. Aus diesem Abhängigkeitsverhältnis ergibt sich die Struktur der Hassliebe. Verhält sich nämlich das Objekt, das du angeblich liebst, anders, als du es dir wünschst, fühlst du dich enttäuscht, verlassen, ängstlich, wütend oder traurig. Alle diese Emotionen sind im Grunde nichts anderes als die Wut auf dich selbst, weil du dich vom Objekt deiner Liebe abhängig gemacht hast. Und somit ist der Hass auf einen anderen Menschen nur der Spiegel dafür, dass du deine eigene Liebe verloren und sie von jemand anderem abhängig gemacht hast.

In diesem Sinne ist bereits die Beschwörung „Ich liebe dich" ein Ausdruck eingeschränkter Liebe. Passender wäre die Aussage: „Ich liebe – und es ist schön, dass du gerade vorbeikommst, damit ich diese Liebe mit dir teilen kann." Oder: „Ich liebe – und ich bin dankbar dafür, dass du mir etwas spiegelst und mir damit hilfst, einen verlorenen Teil von mir zu mir zurückzunehmen". Die Wertschätzung gegenüber dem äußeren Gegenüber wird keineswegs geschmälert, wenn die Liebe sich aus der Abhängigkeit herauslöst. Wenn du deinen Partner nicht mehr an dich binden willst, darf er umso länger bei dir bleiben.

Die Basis jeder Liebe ist Vertrauen. Und Vertrauen gewinnst du nur in der Begegnung mit der Angst. Der Weg der Liebe führt dich deswegen von einer Angst zur anderen. Liebe heißt, keine Angst mehr zu haben – und damit: dich nicht mehr von deinen Ängsten dominieren zu lassen, indem du dich vor ihnen zurückziehst. Liebe ist nichts, was du machen könntest. Liebe geschieht, wenn du dich auf deine Ängste einlässt: auf die Angst vor Schmerz, auf die Angst vor starken Gefühlen, auf die Angst vor der Leere, auf die Angst vor dem Tod, auf die Angst vor der Angst. Nur ohne Angst kannst du unmittelbar am Leben teilnehmen. Nur ohne Angst kannst du dich deiner wahren Natur als offenes, wertfreies Gewahrsein erinnern. Ein Leben ohne Angst ist ein Leben ohne Bedingungen, ohne äußere Motivation, einzig und allein der ursprünglichen inneren Vision verpflichtet.

Deswegen ist es auch überhaupt nicht wichtig, wen oder was du liebst, sondern nur wie du liebst. Wenn du, was auch immer geschieht, mit deiner Aufmerksamkeit bei dir bleibst und sie darauf richtest, mit welcher Intensität du dich öffnest und hingibst, kann sich die Liebe nach innen ausdehnen. Dadurch strahlt sie im gleichen Maße auch nach außen.

Liebe kannst du nicht festhalten, sondern nur anschauen und damit zulassen. Jede Form von Liebe, die nach außen, d.h. auf ein Objekt gerichtet ist, tendiert dazu, starr zu werden und abzusterben. Deswegen lass das, was du am meisten liebst, als erstes wieder los! Entlasse es in seine Freiheit, damit auch du wieder frei wirst! Denn es gibt keine Liebe, die über den Moment hinausgeht. Es gibt weder eine Liebe von gestern noch eine Liebe von morgen. Liebe ist immer nur die Liebe des gegenwärtigen Augenblicks zu sich selbst.

Freie Liebe ist Liebe, die sich durch nichts einschränken oder auf ein einziges Objekt einengen lässt. Liebe, die frei fließen darf, stellt keine Bedingungen mehr und schließt deswegen alles mit ein, Licht und Schatten, das Eigene und das Fremde. Liebe passt sich nicht reaktiv den Umständen an, sondern verströmt sich aktiv aus sich selbst heraus, und zwar in allen Lebensfeldern.

Liebe ist ein Prinzip, das sich immer weiter ausdehnen will, immer weiter bis ins Grenzenlose. Liebe dehnt sich ganz besonders da aus, wo sich Grenzen und Gegensätze aneinander reiben, insbesondere da, wo das Helle mit dem Dunklen zusammentrifft. Deswegen erfährst du die Frische und die Lebendigkeit der Liebe nur, wenn du in deinem Leben immer wieder neu zur Realisierung deiner Vision aufbrichst und dabei deine Ängste, deine Schuld und deine Scham immer bewusster und offener an dich heran lässt. Der Pfad der Liebe ist ein Pfad durch die Angst hindurch.

Um dich selbst zu erkennen, brauchst du dich weder zu einem „guten“ noch zu einem möglichst liebevollen Menschen zu entwickeln. Die Bedingungslosigkeit der Liebe ist kein scheinheiliges „Ja und Amen“. Liebe ist keine Übung in positivem Denken und keine Orientierung an einer Vorstellung von dauerhafter Glückseligkeit. Vielmehr geht deine individuelle innere Ordnung, die Bejahung deiner ureigenen Essenz einer globalen Form von Liebe voraus.

Die Kraft, dein Potenzial zum Wohle des Ganzen zur Verfügung zu stellen, entsteht immer nur aus der Liebe zu dir selbst, aus der Liebe zu deiner vorgegebenen inneren Ordnung, wie sie sich durch deine individuelle Geschichte wiederfinden will. Das Drehbuch deines Lebensfilmes ist bereits geschrieben. Deine einzige Wahl besteht darin, deinen Film zu bejahen und bewusst auszukosten. Liebe fügt sich deiner inneren Ordnung jederzeit bedingungslos ein. Liebe manifestiert sich nicht nach einem bestimmten übergeordneten Konzept, sondern immer genau darin, wie du dich und damit das Leben gerade wahrnimmst. Der Nährboden für deine Liebe und dein Vertrauen ist also deine schlichte Selbst-Wahrnehmung, nicht dein andauerndes Verbessernwollen.

Die Erkenntnis und Verwirklichung deiner Wahrheit liegt jenseits aller Wertungen und Vorstellungen. Dein Drehbuch, deine Lebensgeschichte ist absolut individuell. Dein Leben ist einzigartig, auch wenn es vielfältige Parallelen zum Leben anderer Menschen erkennen lässt. Das Urvertrauen zu deiner Geschichte ist die tiefe innere Gewissheit, dass all das, was mit dir und durch dich geschieht, im Einklang mit der Bestimmung deiner Seele steht. Magst du während deiner Lebensgeschichte auch noch so viel Leid erfahren haben, du kommst letztlich nicht umhin, dich offenen Herzens mit ihr zu versöhnen. Und erst in diesem Akt von „radikaler Vergebung" vermagst du ihren tieferen Sinn zu erkennen.

Liebe kennt keine allgemeinverbindliche Moral. Liebe ist jenseits von Gut und Böse angesiedelt, jenseits von Erwartungen und Ansprüchen. Sie ist die bedingungslose und wertfreie Einladung für jede Form des Daseins. Bedingungslose Liebe zu dir selbst bedeutet in allererster Linie, dass es außerhalb deines Bewusstseins keinen Orientierungspunkt für dein Leben gibt. Um herauszufinden, wer du bist und was du willst, musst du dich früher oder später auch auf das einlassen, was du noch nicht von dir kennst. Indem dich deine Liebe dazu einlädt, dir deine innere Dunkelheit anzuschauen, ermutigt sie dich dazu, deine wahre Größe anzuerkennen, sowie deine Ganzheit und alle deine Seiten angstfrei zum Ausdruck zu bringen.

9. Macht

Deine Wahrheit verkörpern

Deine individuelle Wahrheit beschränkt sich nicht auf eine simple intellektuelle Einsicht. Vielmehr drängt sie danach, mit jeder Faser deines Wesens verkörpert und gegen außen hin sichtbar zu werden. Einen neuen Aspekt von dir hast du erst dann wirklich erkannt und als Teil deines Wesens integriert, wenn er in deinem Alltag wahrnehmbare Spuren hinterlässt. Die Liebe zu deiner Wahrheit schließt also immer auch die Kraft und die Macht mit ein, sie in dieser Welt zu manifestieren.

Wenn du etwa feststellst, dass überall da, wo du hinkommst, Konflikte ausbrechen, dann stehe dazu, dass du der pure Widerstand bist. Solange du diese Seite von dir – aus moralischen Gründen oder aus Angst vor Bestrafung – zurückhältst und bei der gekünstelten Harmonie deiner Mitmenschen einfach nur mitspielst, solange findet der Konflikt in deinem Innern statt. In Einklang mit deiner Wahrheit kommst du erst, wenn du deinen inneren Konflikt nach außen hin sichtbar machst und den Scheinfrieden aktiv aufmischst. Und du wirst sehen: Wenn du dein Naturell ohne falsche Hemmungen zum Ausdruck bringst, werden dir deine Mitmenschen dafür dankbar sein.

Falls du dich gehemmt fühlst, diese Rolle zu spielen, hat dein Verstand natürlich tausend Gegenargumente, die es „vernünftig" erscheinen lassen, auf die Rolle zu verzichten. Ein beliebtes Alibi lautet etwa, dass es deine Eltern versäumt hätten, dir den dafür notwendigen Mut vorzuleben. Ohne dein mentales Blabla ist jedoch alles ganz einfach: Sobald du dich nämlich hinstellst und deine widerständige Natur öffentlich verkündest, ist deine ganze schreckliche Kindheit auf einen Schlag vorbei. Es wird alles vergessen und verziehen sein, ohne eine einzige Therapiestunde! Also sei mutig und lebe deine Widerständigkeit!

Es gehört zur Natur deiner Wahrheit, dass sie dir immer auch etwas Angst macht. Wenn du in deiner geheimen Fantasie die Welt auf den Kopf stellst und ins Chaos stürzt, dann schau doch mal, auf welche Weise du dieser chaotischen Kraft in deinem Leben nachgeben kannst. Vielleicht will sie dir einfach nur zeigen, dass alles Neue aus dem Unbekannten, aus dem Chaos heraus entsteht. Das Chaos brauchst du weder zu verstehen noch kannst du es jemals „in Ordnung" bringen. Wenn du die Personifikation des lebendigen Chaos bist, dann ist das Chaos die Ordnung deines Lebens. Sobald du das Chaos als Auflösung aller Ordnungen nicht mehr bekämpfst, sondern es einfach annimmst, bist du in deiner Ordnung angekommen. Und mit genügend Vertrauen und Cleverness gelingt es dir eines Tages vielleicht sogar, aus deiner chaotischen Natur einen Job zu machen.

Um deinen Auftrag leben zu können, musst du dem, was du in dir trägst, kompromisslos zustimmen. Wenn du den Drang zum Revolutionär in dir spürst, dann liegt es nahe, dass du dafür von der Gesellschaft niemals geliebt werden wirst. Der Schluss daraus dürfte klar sein: Wenn du für deine wahre Natur niemals Liebe von außen bekommen wirst, bleibt dir nichts anderes übrig, als den Revolutionär in dir selbst zu lieben. Stell also nicht gleich deine Normen in Frage, wenn sie in Konflikt mit gesellschaftlichen Werten geraten. Es versteht sich doch von selbst, dass du als Revolutionär jeden Tag langweilig finden musst, an dem kein Aufstand stattfindet. Wenn Harmonie für dich im Aufrütteln und Umstürzen besteht, wäre es für dich schlicht tödlich, dich in eine esoterische Geisteshaltung von „Licht und Liebe“ hineinzuzwingen.

Wenn du glaubst, jegliche Spannung aus deinem Leben ausschließen zu müssen, wirst du mit der Zeit vor lauter Spannungen nicht mehr auszuhalten sein. Wenn du dich auf diese Weise selbst unterdrückst, torkelst du als kastrierter Revolutionär durchs Leben, als Bandenchef ohne Bande und ohne Auftrag. Indem du deine eigene Autorität untergräbst, wirst du zunehmend gereizter. Je weniger Liebe du dir nämlich für das gibst, was du bist, desto aggressiver musst du werden. Wenn du den Helden in dir abtötest und dir Dinge vorschreiben lässt, die du gar nicht tun möchtest, wendet sich deine rebellische Kraft auf destruktive Weise gegen dich selbst.

Als Revolutionär bist du einzig und allein der revolutionären Sache verpflichtet. Da musst du weder vorher beim Amt vorbeigehen noch deine Familie um Erlaubnis fragen. Du hast in deinem Leben nur diese eine Verantwortung: den Revolutionär in dir zu leben. Du bist der Welt diesen Revolutionär schuldig. Wenn du überhaupt nur eine einzige Sünde begehen kannst, dann besteht sie darin, deine Wahrheit nicht zu leben. Und diese Sünde ist buchstäblich eine Todessünde, denn sie führt zur lebendigen Erstarrung. Du enthältst der Welt den Revolutionär vor, für den du gekommen bist. Deine Mitmenschen haben ein Recht darauf, dass du lebst, was in dir ist. Und so obliegt dir die Pflicht, deine Wahrheit klipp und klar zu verkünden und zum Ausdruck zu bringen. Denn nur wenn du deine eigene Wahrheit würdigst, kannst du auch die Wahrheit der anderen wirklich respektieren.

Diese Selbstermächtigung bedeutet auch, dass du aufhörst, über die Dinge, die deine Wahrheit betreffen, zu streiten. Über deine innere Wahrheit gibt es nichts zu diskutieren, selbst wenn alle anderen sie in Frage stellen. Sie ist so, wie sie ist, ohne dass du dich dafür zu rechtfertigen brauchst. Wenn du anfängst, deine Lebensgestaltung – offensichtlich oder subtil – zu verteidigen, ist das ein deutliches Zeichen dafür, dass du dir im Unklaren bist über dich selbst. Und so resultiert auch dein Impuls, jemanden von deiner Meinung oder deinem Glauben überzeugen zu wollen, aus einem verunsicherten Ego, das nach Anerkennung von außen schreit.

Gehörst du zu jenen Menschen, die vor anderen nur ihre nette Seite zeigen? Verhältst du dich deinen Mitmenschen gegenüber stets zuvorkommend und freundlich, obwohl sie dir letztlich völlig egal sind? Beteiligst du dich am langweiligen Smalltalk in der Kaffeepause, um nach Feierabend über die langweiligen Smalltalker herzuziehen? Dann wundere dich nicht, wenn du auf dieses scheinheilige Verhalten auch nur Scheinheiligkeit zurückgeliefert bekommst. Die eigene Wahrheit ist manchmal erschreckend, da sie selten mit gesellschaftskonformen Vorstellungen zusammenpasst. Aber solange du dich verdrehst, werden auch deine Mitmenschen dir nicht in ihrer Wahrheit begegnen können.

Hast du Hemmungen, deinen Mitmenschen frisch von der Leber weg von dir zu erzählen? Ist es die Angst, dadurch abgewertet oder im schlimmsten Fall sogar verlassen zu werden? Um herauszufinden, ob deine Angst begründet ist, hast du nur eine Möglichkeit: ihnen einfach mal frisch von der Leber weg von dir zu erzählen. Gewissheit kriegst du immer nur, wenn du in die Dinge hineingehst. Und ein Ende mit Schrecken ist allemal besser als ein Schrecken ohne Ende. Das Leben ist doch zu schade, um es mit Zuwarten zu vertun.

Wünschst du dir etwas mehr Spannung und Lebendigkeit in deinem Leben, dann liegt es an dir, deinen Mitmenschen klarzumachen, wer du bist und was du willst. Und ob du zu dem, was du möchtest, auch stehst, zeigt sich nur, wenn du es eins zu eins überprüfst. Dazu musst du deine Wahrheit in die Mitte werfen, immer ein Stückchen mehr. Es ist mindestens so leidvoll, dich zurückzuziehen und dem Leben nichts abzugewinnen, als durch die anstehenden Prozesse hindurch zu gehen, bei denen du nicht weißt, was sich daraus ergibt. Kampf bleibt es so oder so. Entweder du betreibst Schattenboxen in deinem Kopf oder du stellst dich dem Kampf auf der Bühne deines Lebens.

Partnerschaft als Katalysator der Selbstermächtigung

Eine Liebesbeziehung ist ein hervorragendes Umfeld, um deine ursprüngliche Macht zu dir zurückzuholen. Sie ist ein ideales Biotop, um deine Wahrheit zu erinnern, sie dir Schritt für Schritt einzugestehen und immer transparenter durchscheinen zu lassen. Die meisten Partnerschaften scheitern daran, dass keiner der Beteiligten klar ausspricht, was er wirklich will. Und dies hat meist damit zu tun, dass keiner es wirklich weiß. Von daher kannst du deinem Partner eigentlich nur dankbar sein, wenn er dir Widerstand leistet oder in dir Widerstand auslöst. Denn dadurch ermuntert er dich dazu, erst einmal herauszufinden, was du nicht willst – als Basis für die Erkenntnis, worin deine Erfüllung tatsächlich besteht.

Deine ganze Wahrheit mag sowohl für dich wie auch für deinen Partner eine Herausforderung, angesichts deiner dunklen

Seiten sogar durchaus eine Zumutung darstellen. Doch in einer Beziehung, die auf Wachstum angelegt ist, bleibt dir nichts anderes übrig, als die relevanten neuen Erkenntnisse über dich selbst ohne Wenn und Aber zu kommunizieren: „Ich habe mich bislang in diesem Punkt getäuscht – leider dich damit auch. Doch jetzt habe ich herausgefunden, wer ich in Zukunft sein werde." Und wenn du deine ganze diesbezügliche Wahrheit minutiös und auf sachliche, unpersönliche Weise auf den Tisch gelegt hast, ist es an deinem Partner zu entscheiden, ob er damit leben kann.

Wenn du eine andere Vorstellung von Zusammenleben hast als dein Partner, dann hat er das Recht zu wissen, woran er bei dir ist. Sollte es wirklich Liebe sein, die euch verbindet, dann wird diese von deiner Wahrheit niemals beeinträchtigt werden können. Und wenn die Kommunikation deiner Wahrheit bewirkt, dass dein Partner sich von dir abwendet, dann frage dich, was dir eine Beziehung bedeutet, in der du dich verstecken musst.

Indem du deine Wahrheit vor deinem Partner zurückhältst oder sie ihm gegenüber zu rechtfertigen anfängst, entziehst du dir den Respekt vor dir selbst. Und du verweigerst ihn auch deinem Partner, indem du ihm nicht zutraust, dass er eine angemessene Form des Umgangs mit dir findet. Wage es, dich ganz zu zeigen und lass dich dabei nicht beirren vom Bettler in dir, der eine Ersatzbefriedigung für seine alten Schuldgefühle sucht. Kommuniziere deine ganze Wahrheit und lass dann die Dinge einfach laufen. Es wird dann einzig und allein an deinem Partner sein zu überprüfen, ob er mit der neuen Situation leben kann. Und wenn dein Partner dich auf der Grundlage deiner ehrlichen Selbstoffenbarung verlassen sollte, dann war euer Zusammensein sowieso nur eine Illusion.

Wenn du dir eine authentische Beziehung wünschst, dann sei ein authentischer Mensch. Wenn du dich danach sehnst, den für dich passenden Partner zu finden, dann konzentriere dich erstmal auf dich und finde heraus, wer du bist. Damit bewirkst du, dass du fortan nicht mehr selber zu suchen brauchst, sondern stellst dich zur Verfügung, um von einem anderen Suchenden gefunden zu werden. Solange du unbewusst den Status „auf der Suche" vermittelst, zucken alle anderen Suchenden nur mit den Schultern, denn sie suchen ja keinen Mitläufer, sondern ein Gegenüber.

Um dich finden zu lassen, ist es allerdings notwendig, ein klares Profil von dir zu erstellen. Denn wenn du etwas vorgibst, was du nicht bist, bekommst du etwas, was du nicht brauchst. Und wenn du gar nichts vorgibst, bekommst du gar nichts. Je ehrlicher du bist, desto kleiner wird das Spektrum an möglichen Partnern werden. Das ist der Preis, den du für deine Wahrheit zu zahlen bereit sein musst. Doch je weniger du eine Täuschung von dir präsentierst, desto weniger werden die Enttäuschungen.

Das ist das Praktische am Mut zur eigenen Wahrheit: Wenn du dich einmal im Leben für deine Wahrheit entschieden hast, werden sich anschließend immer nur noch die anderen entscheiden müssen. Sobald du nämlich zu all dem stehst, was dich ausmacht, brauchst du fortan keine äußere Bestätigung mehr dafür, richtig zu sein. Wenn du ehrlich bist, ziehst du auch an, was ehrlich ist. Wenn du authentisch bist, dann kriegst du das, was zu dir gehört. Nimm also deine Macht zu dir zurück und sag klar und deutlich, wer du bist und was du willst. Und dann überlass die ganze Partnersuche mal dem kosmischen Gesetz der Resonanz!

Liebe braucht Macht

Sämtliche Prozesse der Selbsterkenntnis, der Selbstakzeptanz und der Selbstliebe bleiben unvollständig, solange sie nicht in Entscheidungen und Handlungen übersetzt werden. Wahrheit ist keine Philosophie, sondern will lebendig werden. Eine tiefere Einsicht, gegen die du bei vollem Bewusstsein verstößt, ist eine anerkannte Lüge. Das bedeutet, dass es Liebe und Weisheit niemals ohne die Macht gibt, sie auch zu leben.

Liebe, Macht und Weisheit gehören gleichwertig zusammen und sind wechselseitig aufeinander angewiesen. Denn Liebe ohne die Kraft zum Selbstausdruck ist wirkungslos. Weisheit ohne Macht ist lustlos und nutzlos. Umgekehrt ist Macht ohne Weisheit blind, arrogant und aggressiv. Und Macht ohne Liebe wird rasch berechnend und eigennützig.

Der Begriff der Macht mag für dich einen verdächtigen oder gar bedrohlichen Beigeschmack haben. Gesunde Machtausübung ist jedoch nichts anderes als der Gebrauch deiner vollen Lebenskraft. Wenn du dich vor deiner Macht zurückziehst, machst du dich selbst klein und projizierst alle Größe nach außen. Damit stellst du andere Menschen über dich, versetzt Gott in den Himmel und fühlst dich unvollständig und wertlos. Bevor du nicht deine gesunde Macht in Besitz genommen hast, wirst du dich von denjenigen bedroht fühlen, die Macht haben. Dabei bist du es, der ihnen durch deine unbewusste Selbstabwertung die Macht erst verleiht.

Deine Macht abzulehnen, deine Lebenskraft nicht zu gebrauchen und damit dein göttliches Geburtsrecht abzulehnen, ist die erste und damit entscheidende Form von Machtmissbrauch. Es ist feige, diejenigen zu kritisieren, die Macht haben, und dich gleichzeitig dagegen zu sträuben, selbst solche Machtpositionen einzunehmen. Es ist sinnlos, die Mächtigen zu kritisieren, solange du nicht selbst bereit bist, die Verantwortung für dein Tun und Unterlassen voll und ganz zu übernehmen. Gesunde Macht heißt nämlich, das zu bejahen und dem Raum zu geben, was unmittelbar aus deinem Herzen hervorgeht.

Eine Machtdemonstration nach außen widerspiegelt lediglich einen Mangel an Selbstsicherheit und innerer Souveränität. Doch je mehr du dich darin übst, deine Macht anzunehmen, desto mehr entsteht in dir eine Vertrautheit, die dich davon abhalten wird, deine Macht zu missbrauchen. Wahre Macht beginnt damit, dass du die volle Eigenverantwortung für dich übernimmst, und zwar aufgrund der Erkenntnis dessen, wer du wirklich bist. Und sie vollendet sich darin, dass du deinen göttlichen Kern für alle sichtbar in dein Leben integriert hast, ohne Wenn und Aber, ohne Wahl und Motiv, ohne Angst und ohne Kompromisse.

Die Fähigkeit, dem Ganzen zu dienen, setzt ein sicheres Maß an Macht und Kraft voraus. Und um die Verantwortung für andere Menschen zu übernehmen, musst du zumindest über so viel Kraft und Macht verfügen, dass sie sich in deiner Gegenwart sicher fühlen. Der Wirkungsradius deiner Macht erstreckt sich auf alles, was sich in deiner Umgebung befindet. Ein Ja zu dir selbst verströmt Wirkungskräfte von Kraft und Liebe. Ein Nein zu dem, was du bist, verströmt Wirkungskräfte von Ablehnung, Distanz, Zerstörung und Hoffnungslosigkeit.

Ohne das nötige Maß an Energie und Kraft wirst du mehr nehmen müssen als geben können. Erschöpfung und Kraftlosigkeit kannst du nur vermeiden, wenn du lernst, aus der Quelle heraus zu leben, die niemals versiegt. Indem du dir deinen eigenen Wert gibst und damit deine eigene Quelle voll und ganz respektierst, aktivierst du in dir eine natürliche Energie des Gebens, die deine Lebenskraft zunehmend stärkt, anstatt sie zu erschöpfen.

Deine Macht annehmen

Deinen Machtanspruch nach einer langen Zeit der Unterdrückung anzuerkennen, bedingt nicht, ihn nach außen hin sichtbar und lautstark zu demonstrieren. Deine natürliche Macht brauchst du dir nicht zuzulegen, da sie ja schon immer da war. Vielmehr entfaltet sie sich von ganz alleine, wenn du dir den Schmerz bewusst machst, dass du dich von deiner Macht abgetrennt hast. Nur wenn du die Ohnmacht, in die du dich hineinmanövriert hast, voll und ganz annimmst, kehrt deine ureigene Kraft zu dir zurück: „Ja, ich bin schwach, und ich wollte diese Schwäche spüren. Ich bin absolut ohnmächtig und abhängig. Und ich habe es selbst so gewählt."

In der Ohnmacht liegt die Macht. In der radikalen Akzeptanz deiner äußeren Ohnmacht und der vollkommenen Unkontrollierbarkeit deines Lebens erlangst du deine wahre Macht zurück. Nach dem „Hochmut" des Ichs – in Form der Illusion eines freien Willens – kommt der Fall in die Demut. In dieser Demut an dein eigenes Herz erlangst du deine innere Unabhängigkeit und Unbestechlichkeit zurück. Verankert im Bewusstsein, aus dir selbst heraus machtvoll zu sein, verlieren sämtliche Versuche, äußere Macht als Selbstbestätigung auszuüben, ihren Reiz und ihre Notwendigkeit.

Wenn du dich von den Herausforderungen in deiner Partnerschaft oder in deinem Beruf überfordert, müde und ausgelaugt fühlst, dann schau nach innen und mach dir klar, auf welche Weise du deine natürliche Macht verleugnest. Kann es sein, dass du die lebendige Kraft deiner Macht nicht zulässt, weil du dich vor ihrem Zerstörungspotential fürchtest? Solange du deine Zerstörungsenergie jedoch als Fremdkörper betrachtest und sie hinter einer Maske von Friedlichkeit und Harmonie versteckst, richtest du sie gegen dich selbst und blockierst damit deine Lebenskraft.

Sobald du diese Energie zulässt und als Aspekt deiner Wahrheit annimmst, kommt deine Lebenskraft von alleine zurück. Dabei brauchst du dich nicht im Geringsten darum zu kümmern, was du mit ihr tun sollst. Die wirkliche Annahme dieser Zerstörungsenergie zeigt dir ganz von selbst, wo sie eingesetzt werden will, welche Illusionen und Scheinheiligkeiten in deinem Leben zerstört werden wollen. Es braucht alleine die Demut vor dieser Energie in dir. Und diese manifestiert sich in einer inneren Haltung, nicht in einem äußeren Tun, und erst recht nicht im Bemühen, etwas zu verbessern. Wenn du dich mit dieser Kraft anfreundest, zeigt sie dir Schritt für Schritt, wo du ansetzen sollst. Veränderungen gehen immer von innen nach außen. Nimm also den Kampf, den du bisher nach außen verlagert hast, zu dir zurück. Hör auf, gegen etwas anzukämpfen, und kämpfe vielmehr für dich, für deine wahre Kraft, für all das, was dich ausmacht.

Deine natürliche innere Macht ist nicht dasselbe wie deine Fähigkeit, die Bedürfnisse deiner Persönlichkeit zu befriedigen. Und damit ist sie auch nicht zu verwechseln mit der Kraft, die du brauchst, um deine Aggression und deinen Hass zu bekämpfen. Solange du dich gegen irgendwelche unerwünschten Energien zu wehren oder dich über sie zu erheben versuchst, erfährst du nur die zermürbende Anstrengung deines Egos.

Das Bedürfnis nach persönlicher Kontrolle entsteht immer aus dem Gefühl des Mangels. Du kannst dich noch so intensiv darum bemühen, dich nicht mehr zu bemühen: Um deine wahre Macht zu erlangen, wirst du nicht darum herumkommen, eines Tages mit deiner Ohnmacht konfrontiert zu werden. Wahre Macht liegt jenseits der Polarität von persönlicher Macht und persönlicher Ohnmacht. Sie entfaltet sich umso kraftvoller, je mehr du dir deine Verdrehung bewusst gemacht und mit deiner persönlichen Ohnmacht Frieden geschlossen hast.

Vielleicht ertappst du dich manchmal beim Gedanken, dass es dir noch an der nötigen Kraft mangle, um deine Wahrheit zu leben, dass du dafür zunächst noch ein paar Jahre an dir arbeiten, dich mit deinen Eltern oder deinen Schattenseiten versöhnen müssest.

Diese Affirmation funktioniert immer, da sie gar nicht anders kann, als sich selbst zu bestätigen. Bei Lichte besehen handelt es sich dabei jedoch nur um ein weiteres Alibi dafür, dass du dich noch beliebig lange mit gutem Gewissen in deiner Opferhaltung suhlen kannst. Natürlich hast du genügend Kraft, um deine Wahrheit zu leben. Du brauchst zu der Kraft, die du bereits von dir kennst, einfach noch die Bremskraft dazuzunehmen, also jene Kraft, die du bislang aufgewendet hast, um dich zu bremsen und dich zu verhindern.

Es ist alles eine Frage des Bewusstseins. Dein Bewusstsein schafft sich immer die äußeren Umstände und die körperlichen Zustände, die seiner momentanen Einstellung entsprechen. Es ist niemals umgekehrt. Wenn du dich also gerade schwach fühlst, dann wurzelt diese Befindlichkeit in deinem Bewusstsein von Schwäche. Und erst dann, wenn du diese innere Einstellung als deine eigene Schöpfung anerkennst, brauchst du sie nicht länger als Teil deiner vermeintlich objektiven Identität zu bestätigen.

Die Erlaubnis zu deiner Macht kannst du dir letztlich nur selber geben. Kein Diplom und keine Auszeichnung können dir das abnehmen. Du wirst die Hemmung, zu deiner Macht zu stehen, nur „lösen“ können, wenn du dich hinstellst und deinen Mitmenschen sagst, was du bist und was du möchtest, und gleichzeitig offen dafür bist, dich auf deine größte Angst einzulassen. Solange du deine Macht nicht ausübst, wirst du Ohnmacht erfahren. Was du nicht lebst, lässt dich nicht leben.

Sobald du deinem authentischen Machtanspruch innerlich zustimmst, werden sich die passenden äußeren Veränderungen von selbst entwickelt. Möglicherweise wirst du feststellen, dass es weder für dich noch für deine Mitarbeitenden länger förderlich ist, in einem Angestelltenjob zu verharren. Denn falls es dich zu einer Führungsposition drängt, du dir eine solche aber nicht zutraust, wirst du die Bestätigung deiner Macht tendenziell durch Manipulation zu erlangen streben. Wenn du nicht nach außen hin vermittelst, dass du Macht willst, wirst du dauernd im Kampf mit äußeren Autoritäten liegen und dich in deiner Arbeit nicht bestätigt und wertgeschätzt fühlen. Also mach deine Ellenbogen breit und fordere deine Macht ein.

Und wenn es dir innerhalb deiner gegenwärtigen Arbeitsstelle nicht gelingt, deine Macht zu leben, dann mach dich eben selbständig. Kümmere dich dabei weniger um die Frage, womit du dich auf dem Markt präsentierst. Untersuche lieber, weshalb dir dieser Schritt schwer fällt. Höchstwahrscheinlich wirst du feststellen, dass du dich fortan selbst bestätigen müsstest und ab sofort niemanden mehr für dein Leid verantwortlich machen könntest.

Was die Annahme der eigenen natürlichen Macht so schwer macht, ist also der Preis, den du für diesen Schritt zu bezahlen hast. Deine ganze Macht und Größe anzunehmen bedeutet nämlich, die volle Verantwortung für all das zu übernehmen, was du bist und was jemals in deinem Leben geschehen ist und geschehen wird. Diese Haltung erfordert die Aufgabe jeglicher Opferhaltung, und damit die Anerkennung deines inneren Täters.

Die Entscheidung, ob du deinen aktuellen Job kündigst oder nicht, ist weder falsch noch richtig. Überhaupt ist es sinnlos, in den Kategorien von richtig und falsch zu denken. Mach dir stattdessen klar, dass du deine Probleme nicht mit Denken löst. Trage einfach deinen Machtanspruch und deine Sehnsucht ins Leben hinaus und lass all das zu, was sich von selbst durch dich ausdrücken will. So kommst du nicht nur auf dem Weg zu deiner Berufung weiter, sondern ziehst auch einen passenden Partner an.

Kraft aus der inneren Polarität

Deine natürliche Macht – als Kraft der inneren Führung – ist verankert im Beckenraum, im lebendigen Austausch zwischen deiner innern Männlichkeit und deiner inneren Weiblichkeit. Die Sehnsucht nach dem anderen Geschlecht ist streng genommen nur das Schmiermittel, um Liebe, Kraft und Macht in dir selbst zu erfahren. So sehr du dich in einer Beziehung danach sehnen magst, von deinem Gegenüber auf allen Ebenen Ergänzung zu erfahren, letztlich kann diese Verschmelzung nur in deinem eigenen Innern stattfinden.

Meistens braucht es lange Jahre des Beziehungsstresses, der von gegenseitigen Erwartungen und Projektionen geprägt ist, um zu erfahren, dass du sowohl das Männliche wie das Weibliche nur in deinem eigenen Bewusstseinsraum erfahren und miteinander in Verbindung bringen kannst. Denn diese Einsicht stellt sich erst ein, wenn du das, wonach du dich sehnst, nicht mehr von deinem Partner abhängig machst.

Dein inneres Feuer im Beckenraum kann sich nur dann voll und ganz entflammen, wenn du die Dynamik zwischen dir und deinem Liebespartner nach innen verlagerst. Im lebendigen Austausch mit dem „äußeren Du" spiegelt sich einerseits die Spannung zwischen dem männlichen und dem weiblichen Pol in dir, anderseits die Interaktion zwischen dem, was du glaubst zu sein, und deinem „inneren Du" – demjenigen unbewussten Teil in dir, den du als Folge deiner Verdrehung von dir abgespalten hast und nach dem du dich insgeheim so sehr sehnst. Je bewusster du deinen Partner als Spiegel deines „inneren Geliebten" wahrzunehmen verstehst, desto intuitiver erweisen sich dein „äußeres Ich" und dein „Inneres Du" als unschlagbares Paar.

Deine Sehnsucht nach innerer Ganzheit zuzulassen, entspricht dem wertfreien Erforschen der Art und Weise, wie du deine Sexualität lebst und erlebst. Dein sexuelles Selbstverständnis ist die Basis deines Selbstvertrauens, der Grundlage deiner natürlichen Macht und Souveränität. Im Spannungsfeld der Geschlechtlichkeit, das wesentlich von der Achse von Macht und Ohnmacht geprägt ist, kommst du nur dann mit deinen unbewussten Anteilen in Kontakt, wenn du deine innere sexuelle Spannung überhaupt erst zulässt. Dein natürliches Selbstbewusstsein geht aus deiner freien Sexualität hervor. Erst die Polarität im Bereich deiner Sexualorgane erzeugt die Spannung, die notwendig ist, damit sich deine Lebenskraft entfalten kann. Die Kraft, deine Essenz eigenverantwortlich zu verkörpern und selbstbewusst zum Ausdruck zu bringen, erlangst du nur, wenn du dich ganz der Dynamik deiner Geschlechtlichkeit überlässt.

Nur durch das Spannungsprinzip von männlicher und weiblicher Energie kann sich in deinem Beckenraum deine Lebenskraft entwickeln. Dass deine Energie hier frei fließen kann, äußert sich darin, dass du dich in deinem Körper und auf dieser Erde zuhause fühlst. Diese selbstbestätigte Intimität ermöglicht es dir, voll und ganz im Leben zu stehen, mit offenen Augen durch die Welt zu gehen und sämtliche Widerstände und Begrenzungen als förderliche Prüfungen deines Wachstums zu bejahen.

Die Stärke, die aus dem freien Fluss deiner sexuellen Energien hervorgeht, widerspiegelt sich in deinem Selbstwertgefühl und damit in deiner Fähigkeit, auf natürliche und wertfreie Weise für deine Bedürfnisse einzustehen. Da es hier um das Ja und das Nein zu dir selbst geht, haben hier auch sämtliche nachgelagerten Bewertungen ihren Ursprung. Deine persönlichen Wertmaßstäbe erweisen sich als umso rigider und unbeugsamer, je stärker deine sexuelle Energie blockiert ist. Solange du also deine Sexualität nicht vollständig bejaht hast – und zwar nicht als idealisierte Vorstellung, sondern mit allen vererbten und erworbenen Verletzungen –, solange wirst du dich nach äußerer Anerkennung sehnen.

In Bezug auf deine innere Souveränität ergeben sich Wachstumsschritte in besonderem Maße im Austausch mit dem „äußeren Du". Dein Partner dient dir als notwendiger Widerstand für das Erkennen deiner Wahrheit und der Kraft, diese in deinem Alltag auch zu manifestieren. Das Entscheidende in diesem Erkenntnisprozess ist stets die Frage, wohin du deine Aufmerksamkeit lenkst: nach außen, in die Projektion und in die Kompensation, oder nach innen, in die Reflexion der eigenen Muster und Sehnsüchte.

Eine kraftvolle Präsenz setzt voraus, dass du mit deinem inneren Spannungsfeld in bewusster Verbindung stehst. Alles, was bewusst oder unbewusst das klare Ja zu dir selbst in Frage stellt, wirkt sich unmittelbar hemmend auf alle deine Lebensebenen aus. Deshalb macht es auch überhaupt keinen Sinn, Spannungen im Außen heilen zu wollen. Denn alle Kraft, die du zur mühelosen Bewältigung der Spannungen in deinem Leben brauchst, hat ihren Ursprung in der Energie, die in der Tiefe deines Körpers kreist.

Ohne Körper hat deine Seele keine Wohnstätte und kein Ausdrucksmedium. Ohne Bewusstheit hingegen verkümmert dein Körper zum Roboter. Deine eigene geschlechtliche Kraft zu bekämpfen, sie zu neutralisieren oder auf den äußeren Kampf der Geschlechter zu beschränken, lässt dich ein rein mechanisches Überlebensprogramm abspulen. Nur durch das Gleichgewicht der inneren Polarität wächst dir die Kraft zu, deine Lebensaufgabe voller Freude zu erfüllen und dich dem großen Ganzen zur Verfügung zu stellen. Deine Lebensenergie will in Umsetzungskraft gewandelt werden, und zwar durch die Annahme dessen, was du schon bist. Dazu brauchst du nichts zu erlangen und nichts zu entwickeln. Es reicht dafür ein einfaches, tiefes Ja.

In diesem Sinne stellt eine lebendige, auf Ehrlichkeit und sexueller Eigenverantwortung beruhende Partnerschaft einen kraftvollen Weg zu geistigem Wachstum dar. Dabei ist es keineswegs notwendig, irgendwelche Modelle von körperlicher oder spiritueller Ekstase zu perfektionieren. Es genügt, mit dieser ursprünglichen Energie in Verbindung zu sein, die danach drängt, die polaren Gegensätze in deinem Bewusstsein zu vereinigen. Auf der Ebene deiner seelischen Dynamik gibt es ohnehin weder ein Ziel noch einen Weg, sondern immer nur die momentane Hingabe an das, was niemals zu greifen oder zu begreifen ist.

10. Schatten

Die andere Seite deiner Wahrheit

Deine Liebe, deine Wahrheit und deine Macht zu erinnern, ist keine halbe Sache. Selbst-Erinnerung ist ein Bewusstseinsprozess, der aufs Ganze geht. Er führt dich immer tiefer in deine Dunkelheit hinein und macht dich Schicht für Schicht mit deinem Schatten bekannt. Die Begriffe des Dunklen und des Schattens sind zunächst einmal vollkommen neutral zu verstehen: Sie beziehen sich schlicht auf alles, was du noch nicht mit dem Licht deines Bewusstseins angeleuchtet, dir also noch nicht bewusst angeschaut hast.

Zwischen dem, was du nach außen hin von dir zeigst, und dem, was an Sehnsüchten und Gefühlen in deinem Unbewussten rumort, tut sich eine himmelweite Kluft auf. In deinem Schatten liegen sowohl deine ganzen Abgründe wie deine uneingestandene innere Größe und Macht. Die damit zusammenhängenden Gefühle und Sehnsüchte hast du tief in dir als fremd, als schlecht, als böse, als unerreichbar oder als unvorstellbar abgespeichert. Und so siehst du sowohl den dunklen wie den lichten Schatten lediglich in der Außenwelt, ohne diese als Projektionsfläche deines Unbewussten zu erkennen. Das „Böse" versuchst du durch Verurteilung von dir fernzuhalten, das Großartige bemühst du dich krampfhaft im Außen zu erarbeiten.

Würdest du wirklich hinschauen und dir nichts mehr vormachen, würdest du auf dein eigenes Spiegelbild stoßen. Nur aus Angst vor deinen Schattenseiten lenkst du dich dauernd von deiner Wahrheit ab, sei es durch Unterhaltung, Süchte, Leistungszwang oder durch emotionale Dramen. Das Gegenteil dessen, was du von dir kennst und anerkennst, kannst du zwar nicht sehen. Der Glaube jedoch, dass das Unsichtbare weniger real und weniger wert ist als das Sichtbare, ist einer der größten Irrtümer der westlichen Kultur. Dabei ist es dir grundsätzlich jederzeit möglich, mit dem Dunklen, dem Unbewussten, in Kontakt zu treten, nämlich über deinen Gefühlskörper. Die Verleugnung dessen, was nicht mit dem Verstand kontrolliert werden kann, ist wesentlich das Resultat eines männlich dominierten Egos, das sich davor fürchtet, von mächtigen, wilden Gefühlen überwältigt und vernichtet zu werden. Diese Grundangst vor dem Schatten liegt der gesellschaftlichen Scheinheiligkeit zugrunde.

Doch das Dunkle wird niemals überwunden werden können. Der Schatten ist und bleibt ein integraler Bestandteil sowohl des Universums als auch des menschlichen Bewusstseins. In der Welt der Polarität wird dem Hellen immer das Dunkle und dem Sichtbaren immer das Unsichtbare gleichberechtigt gegenüberstehen. Jedes Erschaffen und jedes Erkennen wird bis in alle Ewigkeit auf das Zusammenwirken polarer Energien angewiesen sein.

Um zu erkennen, wer du bist, brauchst du „Feinde". Und solange du den Feind in deinem Innern nicht anerkennst, erschaffst du dir äußere Feindbilder. Gott gibt es nicht ohne den Teufel, und den Himmel gibt es nicht ohne Hölle. Der Heilige und der Sünder sind eins, und deine Seele ist ebenso göttlich wie diabolisch. Nur das Zusammenspiel des sogenannt Guten und des sogenannt Bösen machen die Ganzheit deines Menschseins aus. Solange du lebst, werden dich das Nichtsichtbare und das Unbewusste begleiten. Du wirst den Schatten niemals ausmerzen oder durch etwas Äußeres ersetzen können. Nur im ewigen Spannungsfeld der Polaritäten erkennst du Stück für Stück, wer du nicht bist, bis nur noch das übrig bleibt, was du bist.

Aussöhnung mit deinem Schatten

Heilung braucht Wahrheit. Um zu deiner ursprünglichen Ganzheit zurückzufinden, gilt es also, die dunklen, unbewussten Aspekte deines Wesens anzuschauen, anzunehmen und zuzulassen. Dir näher zu kommen heißt, all das zu vergessen, was du über dich zu wissen glaubst, und dich mit deinen unbewussten, abgespaltenen Anteilen zu konfrontieren. Wenn du die Botschaften deiner drängenden inneren Gefühlswelt nicht annimmst, entfernst du dich immer mehr von deiner unendlichen Sehnsucht nach dir selbst. Und je weniger Respekt du deinen Sehnsüchten gibst, desto angespannter, kraftloser und aggressiver wirst du nach außen hin.

Dir andauernd Ratschläge dafür zu holen, wie du besser mit den Seiten von dir klar kommst, die du insgeheim ablehnst, ist nichts als Selbstsabotage. Wenn du erkennst, dass es dir bei deiner „spirituellen" Suche nur darum geht, ein bestimmtes Gefühl wegzuoperieren, dann mach dir bewusst, dass du damit deine tiefere Sehnsucht nach Lebendigkeit erstickst. Jedes Weglaufen verlängert nur deinen unbewussten inneren Krieg und verstärkt deine innere Trägheit.

Solange du dich an deinen vom Verstand festgelegten Zielen und Idealen orientierst, wirst du niemals dem begegnen, wonach du dich so unendlich sehnst. Wenn du an deiner ganzen Wahrheit interessiert bist, musst du eines Tages bereit sein, deine Kontrolle aufzugeben, dich den abgespaltenen und unterdrückten Gefühlen in dir zu öffnen und deiner Angst vor dem Wahnsinn und vor der Selbstvernichtung zu begegnen.

Wenn du erfahren willst, was Liebe ist, nützt es dir nichts, spirituelles Aspirin zu schlucken und dir ein esoterisches Dauerlächeln aufzusetzen. Frage dich lieber, was du an dir selbst nicht magst. Schau dir an, welche Situationen und welche Menschen du meidest, aus Angst davor, nicht beachtet oder als ungenügend empfunden zu werden. Wenn du nach Wahrheit strebst, begib dich hinunter in das Reich des Schattens, anstatt einer Vorstellung von Erwachen nachzujagen. Einheit gibt's nur in der Akzeptanz der Zweiheit. Alle deine Neins sind nur da, um von dir bejaht zu werden.

Das einzige, was dich näher zu dir bringt, ist die Konfrontation mit den unbewussten, abgespaltenen Anteilen deines ursprünglichen Wesens. Betrachte also deine Unzufriedenheit, deine Bedürftigkeit, deine dunklen Sehnsüchte und die damit verknüpften Ängste und Verurteilungen als Motoren deiner inneren Forschungsreise. Frage dich nicht, wie du aus einer brenzligen Situation herauskommst, sondern geh erst einmal ganz in sie hinein! Vertraue dich bewusst dem Schauer ihrer Ungewissheit an, atme weiter und lass „es“ mit dir geschehen! Lauf nicht mehr weg und begib dich nackt in deine Ängste, was auch immer geschieht. Erst im Verlust deiner Kontrolle erfährst du, was Befreiung wirklich heißt.

Identifikation mit dem Schmerz

Deine Lebensumstände, deine Verhaltensmuster und deine Beziehungen hast du allesamt nach der Strategie des geringsten Widerstandes arrangiert, nämlich so, dass du möglichst selten mit deiner Dunkelheit in Berührung kommst. Im Laufe deiner Kindheit hast du gelernt, jene Gefühle als schlecht und böse zu bezeichnen, bei deren Auftreten du dich bedroht, beschämt, beschimpft oder verlassen gefühlt hast. Diese schmerzhaften Emotionen sind deine Interpretation äußerer Geschehnisse, die du als Verlust von Liebe und Aufmerksamkeit erlebt hast und die bei dir den Eindruck zurückgelassen haben, es sei mit dir etwas nicht in Ordnung.

Überall dort, wo du Beschämung, Demütigung oder Unerwünschtheit erfahren hast, hast du dein emotionales Energiefeld mit einer Schutzschicht überzogen. Die Angst sorgt Tag und Nacht dafür, dass diese Verletzungen nicht berührt werden. Sämtliche Formen der Verdrängung und der Verurteilung, sämtliche Glaubenssätze und Selbstzweifel sind Ausprägungen von Angst. Je mehr sie ihre Schutzfunktion ausbaut, desto fester wird dein inneres Gefängnis.

Am Ursprung deiner Ich-Identifikation steht der Glaube, dein Körper zu sein. Der Schmerz darüber, in einem Körper eingesperrt zu sein, schwelt als Wut, Angst und Selbsthass in deinem Unbewussten. Der entscheidende Schritt in die Illusion jedoch ist dadurch geschehen, dass du deine körperlich erfahrene Begrenzung auf die psychische Ebene übertragen hast. So, wie du deinen Körper als Form erlebst, glaubst du, dass es auch eine innere Form gebe, ein mentales Zentrum, ein festes Ich, auf das sich alle wahrgenommenen Impulse, Gefühle und Gedanken beziehen.

Damit verlagert sich auch die Angst von der körperlichen auf die psychische Ebene. Natürliche Furcht ist ein Überlebensinstinkt, der dich vor körperlichem Schmerz bewahrt. Wenn die Gefahr vorbei ist, löst sich die Angst-Spannung in deinem Körper wieder auf. In der neu geschaffenen „Innenwelt“ hingegen erarbeitet sich die Angst einen ganz neuen Wirkungsradius. Indem sie sich darum bemüht, das Zentrum deiner Persönlichkeit vor weiterem Schmerz zu beschützen, hilft sie tatkräftig mit, „dein“ vermeintliches Zentrum erst zu schaffen.

Zur Angst vor körperlichem und emotionalem Schmerz tritt nun also eine weitere, äußerst diffuse und deswegen umso mächtigere Angst hinzu: die Angst davor, dass das aus Angst erschaffene Ich wieder in sich zusammenfällt. Jede Angst, die über die Furcht vor körperlicher Versehrtheit hinausgeht, ist deswegen nichts anderes als eine Form der Angst des Ichs vor dem Nicht-Ich. Und da die psychische Angst darum weiß, eine reine Kopfgeburt zu sein, fürchtet sie sich vor allem vor sich selbst.

Dein Ego wird durch die Dimension der Zeit strukturiert, indem es fortwährend seine Vergangenheit in die Zukunft projiziert. Es gehört zu deinem Angst-Programm, dass du dein Ich irrtümlicherweise für eine Form hältst. Nur so gelingt es dir, vermeintlich fixe Innen- und Außengrenzen zu definieren und zu verteidigen. Aufgrund des Bedürfnisses, die Kontrolle über das auszuüben, was dir widerfährt, verfestigt sich der Glaube, alles Unerwünschte abschirmen und beseitigen zu können. Dieser Unterscheidungs- und Abwehrimpuls macht dich zunehmend blind dafür, dass es sich bei dem, was du mit dem Bann des Bösen belegst, um eigene innere Anteile handelt. Denn du kannst niemals etwas erleben, was nicht als Aspekt deines potentiellen Erlebenskosmos in dir angelegt ist.

Nachdem dein Ego als ängstlicher Reflex zur Abgrenzung von Bedrohungen entstanden ist, geht es alsbald in die Offensive und findet Gefallen daran, sein eigenes Territorium abzusichern und auszubauen. Paradoxerweise erhebst du die innere Schattenzone umso mehr zu deinem vermeintlich heiligen Zentrum, je stärker du dich von ihr abgrenzt. Verrückterweise klammerst du dich genau dadurch an deiner inneren Dunkelheit fest, je mehr du sie verleugnest.

Um deinen Schmerz, deine Schuld, deine Scham, deine Angst und deine Verzweiflung vor dir und vor anderen zu verstecken, baust du ein Idealbild von dir auf und setzt ihm gemäß den Erfordernissen der jeweiligen Umstände die passende Persönlichkeitsmaske auf. Die Verdrehung deiner ursprünglichen Identität geschieht also in der Hoffnung, dir trotz deines existentiellen Ungenügens die notwendige äußere Aufmerksamkeit zu sichern.

Dein künstliches Selbstbild und seine zahlreichen Masken sind dir inzwischen derart vertraut, dass dir kaum noch bewusst ist, wie sehr du über diese Identifikation deine ursprüngliche Lebendigkeit abwürgst. Dein auf Angst und Mangel gründendes Bedürfnis nach einem sicheren, behaglichen Leben ist ein einziger unbewusster Kampf gegen die vorgestellten Bedrohungen aus dem Reich deines verleugneten Schattens, den du durch deine Wellness-Orientierung in Schach zu halten versuchst.

Um dir darüber klar zu werden, wie sehr du dich von deinem geschönten Selbstbild dominieren lässt, verzichtest du am besten einmal probehalber darauf, ihm zu entsprechen. Verhalte dich bloß mal einen Tag lang auf eine Weise, die deine Mitmenschen dazu bringen könnte, dir die erhoffte wohlwollende Aufmerksamkeit zu verweigern. Geh doch einfach mal ungepflegt ins Büro oder antworte ausnahmsweise mal ganz ehrlich, wenn dich jemand fragt, wie es dir geht.

Da dein Selbstbild sowohl auf der Abspaltung vom Ganzen als auch auf der Aufspaltung in hell und dunkel beruht, bist du zum Leiden verdammt, solange du dich mit ihm identifizierst. Denn auf der Grundlage der Trennung und des Mangels wird die Sehnsucht nach Ganzheit und Einheit dein Ego nur immer mehr dazu verleiten, das Bedürfnis nach Kontrolle zu verstärken und seinen Herrschaftsbereich auszubauen.

Dein Mangelbewusstsein ist und bleibt auf ewig der Antriebsmotor deiner vergeblichen Suche nach Glück. Dein Wunsch, glücklich zu sein, ist somit nichts anderes als der Wunsch, eine Identität aufrechtzuerhalten, von der du insgeheim weißt, dass sie nicht wirklich existiert. Und damit ist dein Wunsch nach Glück der verkappte Wunsch, an deinem Leiden festzuhalten.

Konfrontation mit der inneren Dunkelheit

Deiner Dunkelheit zu begegnen, heißt also, dir deine Selbsttäuschung überhaupt erst einmal bewusst zu machen. Es geht nicht darum, dein Schuldgefühl zu überwinden, um ein guter Mensch zu werden, sondern darum, dir dieses Schuldgefühl einzugestehen. Mach dir klar, dass du dich so sehr von äußeren Umständen und von einem funktionierenden Berufs- und Beziehungsleben abhängig gemacht hast, dass du es dir gar nicht mehr erlaubst, der tiefsten Vision deines Herzens nachzuspüren. Mach dir bewusst, wie sehr du von deinen Mitmenschen, ja selbst von Gott erwartest, dass sie dich toll und liebenswert finden. Und betrachte dir dann deine Masken, mit denen du die Welt davon überzeugen willst, jemand Tolles und Liebenswertes zu sein.

Da dein Ego primär an Stabilität interessiert ist, pflegt es die „bekannte Hölle“ dem „unbekannten Himmel“ vorzuziehen. Es hat die Tendenz, den Schatten zu verleugnen und hinter einem Glanzbild zu verstecken, von dem es sich Anerkennung verspricht. Wenn du nicht aktiv auf deinen Schatten zugehst, wird er sich so lange wie möglich hinter deinem Rücken versteckt halten. Es ist also an dir, deine Leichen aus dem Keller zu holen und sie ins Wohnzimmer zu legen, damit du sie dir besser anschauen kannst.

Schau dir schonungslos an, welche Gefühle du hinter deinen geschönten Masken und Projektionen zu kaschieren pflegst. Vergegenwärtige dir das Versagergefühl hinter deiner gespielten Überlegenheit, deine Hilflosigkeit hinter deinem Hang zur Idealisierung anderer Menschen, dein Gefühl der Unzulänglichkeit hinter deiner Eifersucht. Gestehe dir ein, dass du dir selbst nicht genügst. Mach nicht länger ein Geheimnis daraus, dass du dir als Versager vorkommst. Spüre, wie sehr du dich für deine Unvollkommenheit schuldig fühlst.

Um dir darüber klar zu werden, wie sehr ein Schattenaspekt dich im Griff hat, kommst du nicht darum herum, ihn aktiv herauszufordern und ihn mit jenen Fragen auseinanderzunehmen, vor denen er bislang stets ausgewichen ist. Wenn du etwa feststellst, wie sehr dein Perfektionismus dich immer wieder daran hindert, frisch und fröhlich drauflos zu leben, dann frage dich, von wem du die ersehnte Anerkennung denn eigentlich brauchst. Warum glaubst du unfehlbar sein zu müssen? Von wem fürchtest du bestraft zu werden, falls deine perfekte Fassade zusammenbrechen würde?

Solange du deine Einsamkeit, deine Demütigung oder deine Aggressivität nicht anzunehmen und zu fühlen bereit bist, verkleiden sie sich als jene unbekannten dunklen Ungeheuer, die dich teils von innen, teils von außen zu bedrohen scheinen. Anstatt vor ihnen wegzulaufen, stell dich vor deine Dämonen hin und frage sie mitten ins Angesicht: „Was willst du von mir? Was willst du mir sagen?“ Dann sei still, absichtslos und empfänglich. Und akzeptiere die sofortige spontane Antwort, ohne etwas verstehen zu wollen und ohne etwas zu bewerten.

Bevor du eine Rolle, die du nicht magst, nicht bewusst angenommen hast, beherrscht sie dich aus dem Schatten heraus. Du musst mit der Rolle ringen, um sie überhaupt als eine Rolle zu erkennen, mit der du dich bislang unbewusst identifiziert hast. Nur so wirst du auch ihre seelische Botschaft vernehmen und dir darüber klar werden können, zu welcher Befreiung sie dich führen will. Die Erkenntnis eines neuen Aspektes deiner Wahrheit ergibt sich immer erst aus der Anerkennung seiner Verdrehung. Im Eingeständnis der Schuld, die deinem Perfektionismus zugrunde liegt, zeigt sich nicht nur die Freiheit, dich aus der Identifikation mit ihm zu lösen, sondern auch die Erkenntnis seines höheren Sinns für die Erinnerung deiner seelischen Essenz.

Den Schmerz fühlen

Anstatt deine verdrängten Gefühle und den daraus hervorgehenden Jemand heilen zu wollen, gilt es, sie mit all ihrem Schmerz und ihrer Angst anzunehmen und in allen Facetten auszukosten: „Ja, ich fühle mich schuldig. Und ja, ich selbst habe es gewählt, mir diese Schuld aufzuladen, um sie jetzt fühlen zu können.“ Das Gefühl der Schuld, der Scham, der Eifersucht oder der Einsamkeit loszulassen heißt, es zuzulassen, es vollständig zu fühlen und ihm so lange Raum zu geben, bis es den vollen Respekt von dir bekommen hat. Solange du nur vorgibst, dich mit einem Gefühl zu versöhnen, damit es danach wieder verschwindet oder damit es dir danach besser geht, ist eine subtile Form des Festhaltens. Wirkliche Akzeptanz eines Gefühls bedeutet, dass es dir völlig gleichgültig ist, wie lange es da bleibt, wie oft es zurückkehrt und ob es sich überhaupt jemals auflösen wird.

Das Ganze und das Absolute deines Wesens erschließt sich dir Stück für Stück, indem du die Welt konsequent als Spiegel deines Bewusstseins liest und deine Aufmerksamkeit auf die Gefühle richtest, die während der Interaktion mit der Welt in dir hochsteigen. Erst in diesem Raum des neutralen Schauens und Fühlens, der jenseits von Hell und Dunkel und von Gut und Böse angesiedelt ist, eröffnen sich dir die in jedem Gefühl gespeicherten seelischen Informationen.

Aus der Position des offenen neutralen Bewusstseins bist du über deine Intuition sowohl mit dem Hellen als auch mit dem Dunklen, mit dem Sichtbaren wie mit dem Unsichtbaren verbunden. Und erst in diesem Raum des absichtslosen Gewahrseins, jenseits aller Polaritäten, zeigt sich dir die wahre Bedeutung des kosmischen Spiels der Polarität.

Deinen Schatten zu dir zurückzunehmen, heißt also ganz konkret, dich für deine ungeliebten und angstbesetzten Gefühle zu öffnen. In diesem Sinne ist jedes so genannte Problem ein geeigneter Ausgangspunkt, um herauszufinden, vor welchem Schmerz du dich verschließt. In Gestalt welcher Dämonen, Projektionen und Wahnvorstellungen auch immer sie sich dir präsentieren mögen, stets sind es deine eigenen schmerzvollen Gefühle und uneingestandenen Ängste, die dir als feindliche Bedrohung entgegentreten.

Ganz grundsätzlich melden sich deine verlorenen Kinder schon allein darum, um endlich das von dir zu bekommen, was du ihnen dein ganzes Leben lang verweigert hast: Anerkennung, Respekt und die Erlaubnis, einfach nur da zu sein. Sie wieder willkommen zu heißen und ihnen den Raum zu geben, den sie brauchen, ist ein Akt der Selbstvergebung. Durch das Eingeständnis deiner Selbsttäuschung und die Zurücknahme des Schmerzes übernimmst du die volle Verantwortung für den Schmerz als deine eigene Schöpfung.

Erst dann, wenn du den Schmerz ganz nah an dich heran lässt, zeigt er sich als das, was er wirklich ist: eine unpersönliche Form von Energie, die nicht mehr und nicht weniger will, als in deinem Körper-Geist erfahren und gefühlt zu werden. Solange der innere Beobachter abwesend ist, wehrst du dich unbewusst reaktiv gegen alles Unangenehme und vermeintlich Bedrohliche. Erst aus dem Raum des beobachtenden Bewusstseins erkennst du, dass das schmerzhafte Gefühl, das du bislang auf dich bezogen und als Teil deines Wesens angenommen hast, einfach nur da ist, um dir eine Information aus deinem seelischen Feld zukommen zu lassen und sich danach wieder aufzulösen.

Die Freiheit, nach der du dich sehnst, liegt in dem, wovor du dich so sehr fürchtest: im angstfreien Zulassen deines Schmerzes, in der Aufgabe jeglichen Widerstandes gegen ihn, im vollkommenen Ja zu dem, was der Schmerz mit dir vorhat. Gelegentlich mag es sich so anfühlen, als würdest du von ihm aufgefressen oder in seiner glühenden Hitze verbrennen. Was auch immer geschieht, bleibe präsent, lass deinen Atem frei fließen und lass zu, dass der Schmerz sich durch dich hindurch brennt und dein Herz von alter Schlacke reinigt.

Freiheit ist kein Ort, an dem es keinen Schmerz gibt. Freiheit ist vielmehr die totale Hingabe an den Schmerz. Denn im tiefsten Schmerz bist du eins mit dir selbst, frei jeglicher Schutzprogramme. Mitten im Schmerz gibt es keine Angst, keine Bewertung und niemanden, der Schmerzen hätte. Mitten im Schmerz liegt die Sehnsucht nach Erlösung. Und mitten in dieser Sehnsucht liegt die Erlösung.

11. Angst

Der Angst begegnen

Das einzige, was dich daran hindert, deinen Schmerz zuzulassen, ist Angst. Jedes Mal, wenn eine Situation naht, die in dir ein schmerzhaftes Gefühl auslösen könnte, eilt die Angst herbei, um dich vor dem Schrecklichsten zu bewahren. Sie stellt sich als Wächterin vor die Höhle der Dunkelheit, damit du den Schmerz nicht fühlen und den Dämonen in dir nicht begegnen musst. Wenn der Prozess der Selbst-Erinnerung also wesentlich darin besteht, deinem Schatten zu begegnen, enthüllt sich der nächste Aspekt deiner Wahrheit stets hinter deiner nächsten Angst. Um also deinen gefürchteten Gefühlen begegnen zu können, musst du zunächst einmal deine Angst vor ihnen willkommen heißen.

Die Angst zu bekämpfen, sei es durch aktive Verbannung oder durch passive Ignoranz, ist vollkommen fruchtlos, denn auch dieser Kampf entsteht aus Angst. Im Umgang mit deinen Ängsten bleibt dir daher nichts anderes übrig, als der Empfehlung Jesu zu folgen, „deine Feinde zu lieben". Wenn die Angst sich meldet, bleibt dir keine Alternative, als der Angst in der Angst zu begegnen. Die Angst verliert nur dann ihre Macht über dich, wenn du bereit bist, sie einzuladen, dich ihr voll und ganz zu öffnen und sie in ihrer Nacktheit zu erleben.

Wenn du dich etwa vor Langeweile fürchtest, dann hör auf, dich von diesem Zustand abzulenken, ihn zu analysieren oder dich dafür zu beschuldigen. Halte dich in deiner Langeweile so lange aus, bis das Maß voll ist und du vor Langeweile explodierst. Danach brauchst du nur noch zu gucken, wo deine Fetzen hingeflogen sind: Genau da geht's weiter.

Wenn sich eine alte Identität auflöst und dein Ich verzweifelt nach einem neuen Halteseil Ausschau hält, bleibt dir nur der innere Beobachter. Frage nicht, wie du die Dinge steuern kannst, damit sie sich auf eine bestimmte Weise anfühlen. Damit würdest du nur ein einschränkendes Konzept durch das nächste austauschen. Das unsterbliche Bewusstsein in dir nimmt die Bedrohung, die Verwirrung und das Chaos einfach nur wahr. Spüre die Angst und beobachte, wie die alten Strukturen zusammenbrechen, im Vertrauen darauf, dass das Chaos auf der Gefühlsebene seine eigene Ordnung schafft. Es genügt, einfach nur zuzuschauen, wohin sich das Leben von selbst bewegen will.

Wenn du fürchtest, deinen Verstand zu verlieren und wahnsinnig zu werden, weiche dieser Angst nicht aus, sondern wende dich ihr vollkommen zu. Nimm die Stimme in deinem Kopf wahr und lass dich geradewegs in die Angst hineinfallen, die unterhalb deines Kopfes sitzt. Hör auf zu fragen, woher die Angst kommt, was sie bedeuten könnte und was du mit ihr tun sollst, damit sie sich wieder auflöst. Hör auf, dich mit der Angst zu identifizieren und sie als „deine“ Angst zu betrachten.

Öffne dich für die nackte Angst, frei von Bedeutungsinhalten und unabhängig von deiner persönlichen Geschichte. Lade sie ein, sich in ihrer ganzen Wucht zu zeigen, damit du sie wirklich spüren kannst. Bleibe im Angesicht der Angst wach und präsent, entspanne deinen Körper und lass deinen Atem weiter frei zirkulieren, damit sich dein physischer und dein emotionaler Körper nicht verschließen. Und du wirst sehen: In der direkten Begegnung mit einem noch nicht erfahrenen Schrecken erfährst du das, was du einmal als Angst bezeichnet hast, als Zustrom von Vitalität.

Angst als Wegweiser

Angst macht dir vor allem deswegen Angst, weil dahinter immer etwas Unbekanntes lauert. Und was du nicht kennst, kannst du nicht kontrollieren und nicht beherrschen. Doch weil alles, was du scheinbar im Außen wahrnimmst, einen Teil deiner selbst reflektiert, fürchtest du dich im Endeffekt immer nur vor einer unbekannten, unbewussten und damit dunklen Seite in dir. Weil du sie von dir abgespaltet hast, erscheint sie dir nun als eine äußere, unkontrollierbare Bedrohung.

Da Angst darauf ausgerichtet ist, das Gewohnte und Vertraute aufrechtzuerhalten, ist sie gleichzeitig ein Zeichen dafür, dass du dich auf etwas Neues zu bewegst. Die Begegnung mit deiner Angst ist also stets der Schlüssel zu einer neuen gefühlsmäßigen Erfahrung. So gesehen ist es keineswegs so, dass die Angst dir im Weg stehen würde. Du brauchst Angst weder zu verwandeln noch zu überwinden. Die Annahme der Angst ist der Prozess der Verwandlung.

Das Ego will Verwandlung, ohne sich ins Unbekannte begeben zu müssen. Es will den Kuchen essen, der gleichzeitig auf dem Teller bleiben soll. Es will Schmetterling werden und gleichzeitig als Raupe weiterleben. In der Welt der Polarität jedoch ist Angst das Schmiermittel der Entwicklung. Aus seelischer Perspektive besteht die Aufgabe der Angst darin, dir deutlich zu machen, wer und was du nicht bist. Nur zu diesem Zweck zwingt sie dir in der ersten Lebenshälfte all die Identitäten auf, die nichts mit dem zu tun haben, was du wirklich bist.

Da der Prozess der Selbsterkenntnis ein Pfad der Erfahrung ist, ist die unmittelbar nächste Angst nicht nur dein zuverlässigster, sondern auch dein treuster Begleiter. Da jede neue Erfahrung das Überschreiten einer neuen Grenze bedeutet und Angst die Funktion hat, das Unbekannte anzukündigen, werden dir die Ängste dein Leben lang nie ausgehen. So wie der Raum, den du durchschreitest, grenzenlos ist, treten auch immer wieder neue Ängste in dein Leben.

Die Angst ist dein ständiger Wegbegleiter, denn sie zeigt dir jederzeit zuverlässig auf, wo der nächste Schritt ansteht. Das Leben führt dich von einem Erfahrungsraum in den nächsten: immer weiter, immer tiefer, immer intensiver. Deswegen tauchen in jedem Raum auch neue Ängste auf – Gelegenheiten mithin, dich einer weiteren Illusion über dich selbst berauben zu lassen.

Indem die Angst dich immer wieder neu in Bewegung setzt, ist der Weg durch die Angst auch der Weg der Liebe. Denn Liebe heißt nichts anderes, als keine Angst mehr zu haben: keine Angst vor

Schmerz, vor starken Gefühlen, vor Ablehnung, vor Kontrollverlust, vor Vernichtung – und vor allem keine Angst vor der Angst.

Du kannst deine Angst niemals überwinden und aus deinem Leben ausschließen. Aber du kannst dich so weit mit ihr vertraut machen, dass du die Angst nicht mehr zu fürchten brauchst. So kannst du dich bei jeder Begegnung mit der Angst entscheiden, ob du dich von ihr beeinflussen lassen willst. Nur ohne Angst vor der Angst kannst du unmittelbar am Leben teilnehmen. Jenseits der Angst bist du totales Gewahrsein und totale Offenheit. Ein Leben ohne Angst ist ein Leben ohne Fragen, ohne Erwartungen, ohne Bedingungen und ohne äußere Motivation.

Angst vor der eigenen Größe

Wenn immer du Angst verspürst, ist es die Angst deiner Persönlichkeit. Deine Seele kennt keine Angst, denn sie ist mit allem, was geschieht, im Einklang. Da sie nach Ganzheit strebt und somit auch das Unbekannte umfasst, ist gerade die tiefste Sehnsucht deiner Seele auch die Quelle deiner größten Angst. Das ist das grundlegende Paradox der Angst: Genau das, was du am meisten fürchtest, führt dich genau dorthin, wonach du dich in der Tiefe deines Herzens am meisten sehnst: nach Hause zu dir selbst.

Angesichts des „Prinzips der Verdrehung“ gibt es in Situationen, in denen du dich in deinem Leben blockiert fühlst, nur eine sinnvolle Frage: „Wovor hast du momentan am meisten Angst? Was würdest du jetzt gerade niemals freiwillig tun?“ Die Antwort auf diese Frage ist genau das, was du tun müsstest, um deiner Wahrheit näher zu kommen.

Wenn dich deine größte Angst unmittelbar mit deiner tiefsten Sehnsucht in Kontakt bringt, dann bedeutet das andererseits auch, dass du gar nicht so sehr vor dem Kleinsten und Geringsten von dir Angst hast. Vielmehr fürchtest du nichts so sehr wie deine eigene Größe. Und tatsächlich, wenn du dir vergegenwärtigst, dass du in diesem Leben nichts zu verlieren hast, wovor solltest du dich denn sonst fürchten, wenn nicht vor deiner eigenen Größe? Deine wahre Größe ist jedoch nicht das, worauf dein Ich so stolz ist, sondern deine Ganzheit, die das Helle und das Dunkle gleichermaßen umschließt. Deine Größe zu verkörpern bedeutet, auch das abgründige und übermächtige Dunkle als Teil deines Wesens anzuerkennen und dir damit auch sämtliche unerfüllten Bedürfnisse und Sehnsüchte einzugestehen.

Was dich so lange zögern lässt, dieses unbedingte Ja zu deiner wahren Größe auszusprechen, ist die Tatsache, dass du mit diesem Akt die volle Verantwortung für all das übernimmst, was du bist, für all das, was je durch dich geschehen ist, und für all das, was dir in Zukunft widerfahren wird. Und genau das jagt dir diese fürchterliche Angst ein: Mit deiner vollständigen Selbstakzeptanz verschwindet die Grundlage für jegliche Opferhaltung, hinter der du dich verstecken könntest. Die Annahme deiner wahren Größe und deiner ganzen Macht sprengt dein kleines, kuscheliges Ich-Gefängnis.

Angst vor dem Nicht-Ich

Angst entspringt der Identifikation mit deinem Körper und mit deiner Persönlichkeit. Sobald ein Ich vorhanden ist, gibt es auch eine Welt, die ihm gegenübersteht. Die durch das „Selbstvergessen" der Seele entstandene Illusion des Getrenntseins erzeugt die fundamentale Angst des Ichs, sich wieder in Nichts aufzulösen. Das ständige Gefühl, vom Unbekannten bedroht zu werden, ist der Grund dafür, warum das Ich so sehr darum bemüht ist, sich über mentale Grenzen und emotionale Schutzschichten gegen innen und außen hin abzusichern.

Jede Angst ist eine Variante der Angst des Ichs vor dem Nicht-Ich. Das Ich, das auf zeitliche und emotionale Stabilität angelegt ist, kann mit dem Unbekannten in keiner Weise umgehen, da es hier keine vorausschauende Orientierung und damit keine Möglichkeit der Kontrolle gibt. Bei der Angst vor dem Unkontrollierbaren handelt es sich im Kleinen um die Angst vor denjenigen Seiten in dir, die du verdrängt, abgespalten und ins Unbewusste abgeschoben hast. Im Großen ist es die Angst deines Ichs vor dem Nichts, vor dem Unbegrenzten, vor der unbestimmten Leere des unbegrenzten Bewusstseins, das ihm seine eigene Nichtigkeit brutal offenbaren würde.

Wenn das Ich eine Illusion und Angst eine Begleiterscheinung des Ichs ist, entpuppt sich auch die Angst – in der ungeschützten Begegnung mit ihr – als eine Illusion. Die Vorstellung, dass du überhaupt von irgendetwas bedroht werden kannst, gründet auf der Angst deiner Ich-Illusion vor seiner Auflösung und Vernichtung. Da das Ich insgeheim um seine illusionäre Natur weiß, fürchtet es sich davor, als Phantom entlarvt zu werden. All die Sorgen und Probleme deines Alltags sind so gesehen nichts als selbst erschaffene Varianten deines Ichs, sich mit sich selbst zu beschäftigen und dadurch von seiner Grundangst abzulenken. Folglich ist es naiv, den Verlautbarungen deines Egos zu glauben, es wolle frei sein und zur Ruhe kommen. Sein einziges Ziel ist das eigene Überleben. Sobald es mit tieferen Erfahrungen von absichtsloser Gegenwärtigkeit und Stille in Kontakt kommt, flieht es und hält Ausschau nach dem nächsten Adrenalinkick. Deine ganze Sucht nach ständiger Beschäftigung, deine innere Unruhe, dein ständiges Nachdenken darüber, was du tun sollst und wie du es richtig tust, sind nur unterschiedliche Strategien deines Egos, nicht als Illusion erkannt zu werden und dadurch seine Existenzberechtigung zu verlieren.

Das Leben selbst ist im Grunde ganz einfach. Solange du dem Leben einfach nur zuschaust und nichts erwartest, gibt es nur Klarheit und Offenheit. Doch dein Denken ist darauf programmiert, es möglichst kompliziert zu machen. Denn wenn dein Verstand diese Einfachheit annehmen würde, würde er sich aus dem Fenster stürzen, weil er einsieht, dass er nicht mehr gebraucht wird. Deswegen fängt er immer wieder an zu grübeln und nach noch mehr Klarheit Ausschau zu halten. Leiden, Schmerz und Angst sind Nahrung für dein Ego, Freude hingegen kann es nicht verdauen. Für dein Ego wäre es das Schlimmste, kein Problem mehr zu haben. Denn ohne Leiden verlöre es auf einen Schlag seine gesamte Daseinsberechtigung.

Die individuell größte Angst

Die zentrale Angst deines Egos, die Angst vor der Auslöschung, teilst du mit allen anderen Menschen. Und doch ist diese Grundangst bei dir auf eine ganz individuelle Weise ausgeprägt. Je besser du dich selber kennst und je ehrlicher du dir gegenüber bist, desto leichter wird es dir fallen, deine größte Lebensangst auf den Punkt zu bringen. Ist es beispielsweise die Angst, nicht für wichtig gehalten und übersehen zu werden? Die Angst, ausgelacht und verhöhnt zu werden? Oder die Angst, verlassen zu werden und zu vereinsamen?

Deine größte Angst gibt vor, dich vor einem ganz bestimmten Schmerz zu bewahren. Anderseits ist genau diese Angst der Grund, weshalb du dich von deiner ursprünglichen Essenz abgewandt und dir eine verdrehte Identität zurechtgelegt hast. Auf dieser Grundlage gestaltest du alle deine Verhaltens- und Beziehungsmuster so, dass du um keinen Preis mit deinem größten Schmerz in Berührung kommst.

Da die beiden Pole einer Polaritätsachse einander stets bedingen, erschließt sich dir deine wahre Natur nicht ohne die Begegnung mit deiner größten Angst. Im tiefsten Schmerz liegt die Lösung: Diese Erfahrung lehrt dich der Prozess der Selbst-Erinnerung nicht nur einmal. Sie gilt für sämtliche Aspekte deines Seins, die du in das Dunkel deines Unbewussten verdrängt hast, und sie gilt genauso für den Urschmerz deiner Selbsttäuschung.

Die lebendige Erinnerung deiner Wahrheit läuft also darauf hinaus, deiner größten Angst zu begegnen und dich für deinen tiefsten Schmerz zu öffnen. Und da die Vermeidung dieses Schmerzes die Hauptaufgabe deiner Persönlichkeitsstruktur darstellt, ist die Konfrontation mit deiner größten Angst nichts anderes als die Erfahrung des Todes.

Dies ist der Grund, weshalb im Tod – nicht im Tod des Körpers, sondern in der Beendigung der Identifikation mit dem Ich – die eigentliche Freiheit liegt. Wenn du bereit bist, deinen tiefsten Schmerz zuzulassen, ohne dich dabei zu verschließen und zu einem Ich zusammenzuziehen, bist du frei für sämtliche Erfahrungen des Universums. Wenn du bereit bist, durch die Angst vor dem Tod hindurchzugehen, kann dir die Welt nichts mehr anhaben. Um also wahrhaft leben zu können, musst du zuerst symbolisch sterben.

Dich mit der ganzen unbekannten Übermacht deines Schattens zu konfrontieren, ist der Preis, der dir von der Wahrheit abverlangt wird. Wenn du darauf brennst zu erfahren, wer du wirklich bist, kommst du nicht darum herum, dich von der tiefsten Sehnsucht in deine größte Angst und in deinen tiefsten Schmerz hineinführen zu lassen.

Dich auf deine Wahrheit einzulassen, ist ein Entscheid fürs Leben. Stell dir daher einmal in aller Gründlichkeit und in aller Ehrlichkeit die Frage, wie viel dir wirklich daran liegt, frei zu sein von der leidvollen Illusion, ein Jemand sein zu müssen. Bist du wirklich bereit, alles herzugeben, woran du dich bislang gehalten hast, ohne Aussicht auf Ersatz?

Zum Erwachen gibt es keine Verpflichtung. Erwachen kann sich nur aus deiner Sehnsucht heraus ergeben, nicht aus dem Kampf deines Egos um eine goldene Rübe. Zum Erwachen kannst du nichts aktiv beitragen, denn Erwachen heißt Sterben. Und Sterben heißt, sämtliche Vorstellungen loszulassen, die du im Laufe deines Lebens über dich angesammelt hast, namentlich die Vorstellung, du seist dein Körper.

Das einzige, was du tun kannst, ist ein Nicht-Tun. Du kannst damit aufhören, dich gegen den Zusammenbruch deiner alten Identitäten zu wehren, mit denen du dich vor deinem Schmerz zu schützen versuchst. Du kannst dich entscheiden, deine innere Verwirrung und Verunsicherung nicht länger mit deinen gewohnten Masken zu überdecken. Es reicht, dir deine angstbeladenen Schutzmauern einzugestehen und zuzulassen, wie sie vom Leben niedergerissen und im Feuer der Wirklichkeit verbrannt werden.

Schau dir an, wie viel Schlacke schon seit langem aus deinem Körper-Geist ausgeschieden werden will – und dann lass sie endlich hindurchfließen. Lass die Wut aus den Tiefen deines Innern aufsteigen, den Schmerz darüber, dass du dich verlassen und so lange um deine Essenz betrogen hast, den Hass auf dich selbst, weil du dir ein Leben lang all die Anstrengungen aufgeladen hast, um dein künstliches Selbstbild und damit deine Selbsttäuschung aufrechtzuerhalten und zu verteidigen.

Beim Prozess des „Ego-Todes" stirbt eigentlich nicht das Ich, sondern die Identifikation mit deinem Ich-Empfinden. Sterben bedeutet, aus dieser Identifikation herauszutreten. Dies ist nichts anderes als eine Verlagerung deiner Wahrnehmung vom Inhalt des Bewusstseins zum Bewusstsein selbst. Und so stirbst du im Grunde jedes Mal, wenn du aus der Position deines inneren Beobachters erkennst, dass die Gedanken und Gefühle, die im Raum deines Bewusstseins auftauchen, nichts mit „dir" zu tun haben.

Ohne Geschichte zu leben bedeutet, in jedem Augenblick zu sterben und im nächsten wiedergeboren zu werden. Sterben heißt, deine Vergangenheit und damit alle deine Etikettierungen und Bewertungen hinter dir zu lassen. Ohne Vergangenheit bist du „niemand", nur radikale Offenheit, wertfreies, zeitloses Schauen ohne Anhaltspunkt, ohne Halteseil, ohne Sicherheitsnetz. Auf dieser Grundlage kannst du dich jederzeit entscheiden, wer du im nächsten Moment sein willst.

Der Kampf ums eigene Herz

Wenn du deinen Lebensweg mit einem Königspfad vergleichst, dann gibt es grundsätzlich zwei Möglichkeiten, dein eigenes Königreich zu erobern. Deine tagtäglichen Kämpfe mit deinen Ängsten und Widerständen kannst du entweder darauf anlegen, dir immer umfassendere äußere Macht und Anerkennung zuzulegen. Oder aber du streitest für dein inneres Königreich, für die Wahrheit deines Herzens. Im ersten Fall kämpfst du gegen reale und imaginäre Feinde. Im zweiten Fall ringst du zwar mit diesen Gegenspielern, kämpfst dabei jedoch für dich und deine Sehnsucht.

Auf dem Königsweg, der sich nach außen orientiert, versuchst du dir immer wieder eine neue Krone aufzusetzen, um deine Umstände kontrollieren und deine Mitmenschen regieren zu können. Doch die innere Königswürde kannst du dir nicht selbst zulegen. Die Königskrone, die es auf dem Pfad des Herzens zu erlangen gibt, ist Ausdruck deiner inneren Souveränität, deiner Selbstverantwortung und deiner Selbstliebe. Sie strahlt fühlbar deine innere Klarheit aus, dich von nichts und niemand regieren zu lassen, ganz besonders nicht mehr von jener Instanz, die dich bislang auf Schritt und Tritt dominiert hat: von jenem Komplex an Vorstellungen, Glaubenssätzen und Bewertungen, der sich zu deinem Ich verfestigt hat.

So gesehen besteht dein Leben aus einer Aneinanderreihung unzähliger Schlachten. Alle haben sie einen Sinn, denn sie führen dich Schritt für Schritt zur großen Schlacht deines Lebens, zum Kampf um dein eigenes Herz. Die kleinen Schlachten fordern dich dazu heraus, deine auf äußere Sicherheit und Macht ausgerichteten Identitäten zu hinterfragen. Sie bieten dir die Gelegenheit, mit den Rollen deiner Persönlichkeit zu ringen, um dir vor Augen zu führen, wie sehr du dich von deinen eingebrannten Sicherheits- und Verteidigungsmustern abhängig gemacht hast. Bei jeder Schlacht, in der es dir gelingt, deinem Schmerz auszuweichen, feiert deine Persönlichkeit einen kleinen Triumph. Bist du hingegen bereit, deinen Schmerz zu fühlen, gewinnt dein Herz.

Die entscheidende große Schlacht geht über die Ebene deiner Persönlichkeit hinaus. Die Antwort auf die Frage, wer du wirklich bist, zeigt sich hier in deiner Bereitschaft, für das, was du in deinem Herzen trägst, auch zu sterben. In der großen Schlacht, die sich meist erst im Zuge eines Reifungsprozesses durch unzählige von kleinen Schlachten ergibt, wirst du ganz alleine jenem so gefürchteten und doch so unbekannten Feind gegenüberstehen, der dich bislang mit allen Mitteln daran gehindert hat, die Wahrheit deines Herzens zu erkennen, anzuerkennen und lebendig zum Ausdruck zu bringen.

Dieser unüberwindbar scheinende Feind in deinem Inneren ist das reaktive Bewusstsein, in dem nicht nur deine eigenen Ängste und Schmerzen, sondern auch sämtliche Erfahrungen und Reflektionen des kollektiven Bewusstseins gespeichert sind. Er äußert sich in der Angst vor jenem tiefsten Schmerz in dir, den du in deinem Leben um keinen Preis spüren möchtest. Deine Angst, von diesem Schmerz überwältigt und vernichtet zu werden und dich infolgedessen ins unbekannte Nichts aufzulösen, lässt dich mit aller Kraft an den Kern deines Selbstbildes klammern.

Das unendliche Nein gegen diesen Schmerz ist die letzte von unzähligen Schutzschichten deines Egos, das sich dagegen wehrt, als Illusion entlarvt zu werden. Dieses verkrustete Bündel an Glaubensmustern und damit verbundenen Emotionen, mit dem du die Tür zu deinem Herzen verschlossen hältst, kann ganz unterschiedliche Ausprägungen haben. Schau genau hin, um zu sehen, woran du dich einerseits so ängstlich klammerst, und was du gleichzeitig so sehr an dir hasst, dass du es bis heute aus deinem Bewusstsein verbannt und ins Unbewusste verdrängt hast.

Ist es das Gefühl, nicht liebeswert zu sein? Oder der Glaube, nur dann zu genügen, wenn du viel leistest? Ist es ein altes Programm, mit dem du dich glaubst bestrafen zu müssen? Ist es jener Teil in dir, der sich mit Händen und Füßen gegen jede Versöhnung wehrt? Ist es die Überzeugung, dass letzten Endes doch andere Menschen für die Erfüllung deiner Bedürfnisse verantwortlich sind? Oder eine uralte Vorstellung, dass du böse bist, wenn du etwas für dich tust, und dich deshalb immer hinten anzustellen hast? Ist es die Angst davor, bestraft zu werden, wenn du nicht das leistet, was andere von dir erwarten? Oder vielleicht die Idee, dass du nicht würdig genug bist für das Absolute, für Gott? Ist es die Prägung, dass du zuerst gewisse Voraussetzungen erfüllen musst, um irgendwann glücklich sein zu dürfen? Oder das Muster, ein Versager zu sein und deswegen nicht dazuzugehören? Glaubst du, dass du noch alte Schulden zu bezahlen hast? Oder dass Gott dich andauernd prüft und straft, weil du nicht perfekt bist?

Glaubenssätze dieser Art, die damit verbundenen schmerzhaften Gefühle und die darunter liegenden Ängste bilden den Kern deiner verdrehten Identität. Auf diesen inneren Tabuzonen basiert dein falsches Selbstbild. Deine Angst, dir diese Selbstlüge einzugestehen, ist unendlich groß. Denn die Kernüberzeugungen deines verdrehten Ichs sind das Einzige, was du hast. Dein ganzes Leben hast du um diese Illusion herum aufgebaut. Deinen ganzen Alltag und alle deine Beziehungen gestaltest du so, dass du nicht in eine Situation gelangst, in der du mit diesem Schmerz in Kontakt kommen könntest.

Wenn du wirklich an deiner Wahrheit interessiert bist, wirst du deinem tiefsten Schmerz eines Tages nicht mehr ausweichen können. Damit du dich auf ihn einzulassen bereit bist, muss deine Sehnsucht nach Wahrheit und Freiheit jedoch so groß sein, dass es dir vollkommen egal ist, ob du tot oder lebendig aus der Schlacht um dein eigenes Herz herauskommst. Und den Mut, um dem übermächtigen Feind deines inneren Neins entgegenzutreten, findest du erst, wenn alle deine Vorstellungen und Ideale abgebrannt und vollständig zerstört sind.

12. Demontage

Der Pfad des Herzens als Verlustgeschäft

Der Wahrheit deines Herzens zu folgen, bedeutet das Gegenteil dessen, was dein Ich sich bis jetzt davon erhofft hat. Der Weg des Herzens ist das Gegenteil dessen, was die Wohlfühl-Esoterik dir als Herzensgesäusel verkaufen will. Der Pfad des Herzens führt dich nicht in den Himmel, sondern stößt dich hinunter in die Hölle. Anstatt dich mit angenehmen Gefühlen und wohlklingenden Philosophien auszustatten, entreißt er dir alles, womit du dich bislang über dein Gefühl des Ungenügens hinweggetröstet hast.

Das Herz ist der symbolische Sitz deiner Klarheit. Der Pfad des Herzens besteht also in der Bereitschaft, dir alles ganz genau so anzuschauen und anzunehmen, wie es ist – ohne darüber nachzudenken, ohne es zu bewerten und ohne es verändern zu wollen. Dieser innere Prozess bedeutet, all den Ballast auszusortieren, von dem du bisher geglaubt hast, dass du ihn brauchst, um glücklich zu sein. Der Akt der Selbstdemontage besteht darin, stehen zu bleiben und zu überprüfen, von welchen Überzeugungen und Glaubensbekenntnissen du dich bislang hast leiten lassen und wie sehr du dabei dein Leben auf Annehmlichkeiten gegründet hast. Stell alles in Frage, was du glaubst zu sein, und wirf alles weg, was sich im Brennglas deiner unverstellten Klarheit als unwahr herausstellt. Nimm jeden Stein auf, halte ihn ans Herz und prüfe, ob sich eine Resonanz zu deiner Wahrheit einstellt.

Der Pfad des Herzens ist ein Verlustgeschäft. Denn du kannst nichts werden und nichts gewinnen, was du nicht schon bist. Selbst-Erinnerung zielt nicht auf Verbesserung oder auf Glück ab, sondern bedeutet nacktes, brutales Erwachen zu dem, was du schon immer bist. Selbst-Verwirklichung meint die Eliminierung all dessen, womit du dir bis jetzt den Weg zu dir selbst versperrt hast, die Demontage aller aus Angst zugelegten Identitäten, Vorstellungen und Ideale, die Aufgabe aller Bestrebungen, ständig etwas verbessern, etwas erreichen oder irgendwo hingehen zu müssen, die Verabschiedung des Glaubens, dass du dir etwas verdienen musst, das Abfackeln der Überzeugung, dass du begrenzt bist, und die Vernichtung der Idee, dass Lieben schwer sei.

Der Prozess der Erinnerung deiner Wahrheit ist die Konfrontation mit der Wurzel deines Leidens, nämlich mit der Illusion, dass du begrenzt bist und über ein Ich verfügst, das etwas wollen und bewirken kann. Dies erfordert eine rücksichtslose Überprüfung deines begrifflichen Bezugsrahmens, auf den du dich geeinigt hast, um einigermaßen unbeschadet die Gefahren des Lebens zu umschiffen. Die Demontage all dessen, was dir lieb und teuer ist, führt dich in eine unbekannte Welt, die sich vom Standpunkt deines Verstandes und deiner Persönlichkeit aus äußerst gefährlich präsentiert. Aber wenn du dich einmal entschieden hast, dich deiner Wahrheit zu stellen, sind deine persönlichen Vorlieben nicht mehr gefragt. Es geht fortan nicht mehr um das, was du willst, sondern nur noch um das, was du – gemäß dem inneren Willen deines Herzens – wollen sollst.

Nur die Sehnsucht trägt dich

Dabei ist wichtig zu betonen: Dich deiner Wahrheit zu verschreiben, ist keine Verpflichtung. Du brauchst kein schlechtes Gewissen zu haben, wenn du es vorziehst, weiterhin deine Runden im Vergnügungspark Welt zu drehen und deinen vergänglichen Wünschen nachzujagen. Stehe ruhig dazu, dass du es dir im Kerker deiner Opferhaltung, deiner Schuldgefühle und deiner Versagensängste inzwischen so bequem eingerichtet hast, dass du das Risiko einer Veränderung gar nicht eingehen willst. In der Gemütlichkeit deines Ich-Gefängnisses sind dir wenigstens die Strategien vertraut, mit denen du dir Unannehmlichkeiten vom Leib halten kannst. Hier drin genießt du immerhin die Anerkennung dafür, dein äußeres Leben wenigstens einigermaßen hinzukriegen. Wer weiß, ob es draußen nicht viel grausamer zu und her geht?

Ohnehin handelt es sich bei deiner Wahrheit nicht um etwas, wofür oder wogegen dein Ich sich entscheiden könnte. Denn es geht hier nicht um die Freiheit für das Ich, sondern um die Freiheit vom Ich. Ob und wann du dazu bereit bist, dich auf deine Wahrheit einzulassen, ist bereits entschieden. Ob diese unbedingte Bereitschaft, dein Gefängnis zu verlassen und ins Unbekannte aufzubrechen, bei dir vorhanden ist, kannst du allein an der Sehnsucht erkennen, die in deinem Herzen brennt. Dieses Brennen in deinem Herzen, diese überpersönliche Sehnsucht nach Wahrheit, ist deine wahre Identität. Und auf dem Pfad zurück zu deiner inneren Heimat ist sie das Einzige, was trägt und zählt.

Drum schau in aller Gründlichkeit und Ehrlichkeit hin, ob du dieses vibrierende Verlangen in dir spürst, unter allen Umständen herauszufinden, wer und was du wirklich bist. Du kannst diese Sehnsucht nicht aus dem Nichts heraus erzeugen. Aber wenn du zu diesem Buch gegriffen hast, ist die Möglichkeit, dass du sie in dir glimmen spürst, durchaus gegeben. Vielleicht hast du sie dein Leben lang mit der Vorstellung unterbunden, du seist für die Wahrheit noch nicht reif oder hättest sie noch nicht verdient. Wende dich dieser Sehnsucht zu und erlaube ihr, sich dir in ihrer ganzen Kraft zu zeigen. Du kannst deine Sehnsucht nicht herbeizaubern, aber du kannst sie befreien, indem du prüfst, ob aus der Tiefe deines Herzens ein Ja aufsteigt, für deine Wahrheit in die Schlacht zu ziehen und auch in der Hölle standhaft und präsent zu bleiben.

Die Sehnsucht nach Wahrheit ist der unbedingte Wunsch, dein Leben dem unterzuordnen, was du als wirklich erkennst, ganz gleich, was mit dir geschieht. Die Sehnsucht nach Wahrheit ist das unpersönliche Verlangen nach Freiheit, ganz gleich, welche Gestalt diese annimmt. Die Wahrheit ist ohne Wahl und Motiv. Solange du dir erhoffst, dass von deinen spirituellen Bemühungen etwas für dich persönlich herausspringt, verschönerst du nur dein Gefängnis.

Drum sei ehrlich und antworte spontan und ohne darüber nachzudenken: Was willst du wirklich? Willst du deine seelische Essenz erinnern, um dich besser zu fühlen oder um mehr Anerkennung zu bekommen? Willst du deine Wahrheit erkennen, um berühmt zu werden oder um mehr Erfolg beim anderen Geschlecht zu haben? Kümmert es dich, ob deine Wahrheit auch deinem Partner oder deinen Eltern gefällt? Willst du deinem Schatten nur begegnen, um ihn möglichst rasch hinter dich zu bringen? Nimmst du unangenehme Gefühle lediglich in Kauf, um möglichst rasch den dahinter vermuteten tieferen Frieden zu erfahren?

Die Sehnsucht, die dich durch den Prozess der Selbst-Erinnerung trägt, ist der Wunsch, deine eigene Musik – als deine erste und deine letzte Liebe – wieder zu vernehmen und auf der Klaviatur deines Lebens zum Ausdruck zu bringen. Diese Sehnsucht kann etwa dadurch wach gerufen werden, dass du dich in jemanden verliebst. Auf diese Weise baut sich zwischen euch ein Resonanzfeld auf, dessen Eigenschwingung dich an deine seelische Essenz zu erinnern vermag.

Für das Brennen deiner Sehnsucht bist du jedoch ganz alleine zuständig. Um dich ihrer Hitze anzunähern, fängst du also am besten mal damit an, ein Stück Holz anzustecken. Oder du zündest gleich mehrere Hölzer an, um herauszufinden, welches davon am besten brennt. Die Gelegenheiten, die dir der Kosmos zum Zündeln zur Verfügung stellt, sind doch gigantisch. Und wenn deine Sehnsucht sich wieder entflammt, dann gib ihr in deinem Alltag mehr und mehr Raum. Lege dieses aufflackernde „Ich will" überall da auf den Tisch, wo es hingehört, ohne von jemandem eine Genehmigung zu erwarten. Dieses „Ich will" ist die Statue, die im Stein angelegt ist. Und indem du dich von deiner tiefsten Sehnsucht führen lässt, brechen die Brocken, welche die Statue verdecken, nach und nach von selbst ab.

Die aktive Verkörperung deiner Wahrheit ist eine anhaltende Reduktion auf das Wesentliche, so dass die Statue immer klarere Konturen annimmt. Das Prinzip des permanenten Verlierens kann mit dem Beenden von Äußerlichkeiten anfangen: mit dem Aufgeben einer Gewohnheit oder mit der Kündigung eines Jobs. Richtig zum Tragen kommt es allerdings erst, wenn die Folgen unangenehm zu werden beginnen, wenn deine Bequemlichkeiten und Sicherheiten nichts mehr hergeben oder wenn sich Menschen von dir zurückziehen, weil sie dich nicht mehr einschätzen und einordnen können. Doch wenn du wirklich wissen willst, warum du in dieses Leben gekommen bist, musst du auch bereit sein, für deine Wahrheit etwas zu opfern.

Die Wahrheit fordert ihren Preis

Wahrheit ist kein Zuwachs von etwas Neuem, sondern der Zusammenbruch von allem Alten. Deswegen fordert die Wahrheit immer einen Preis. Und so brutal es klingen mag: Das, was dir am liebsten ist, gilt es als erstes zu opfern. Denn genau das, woran du dich am meisten festhältst, weil du dir davon Wohlgefühl oder Sicherheit versprichst, ist dein größter Ballast.

Um den Raum für deine Wahrheit freizumachen und ins Herzen des Herzens zu gelangen, musst du bereit sein, das, was dich bis jetzt getragen hat, hinter dir zu lassen. Der Pfad des Herzens ist eine Entscheidung für den Rest deines Lebens. Für die Wahrheit gibt es keine Tageskarten, damit du mal unverbindlich abschätzen könntest, ob es sich lohnt, deinen kuscheligen Kerker aufzugeben. Vor diesem Sprung ins unbekannte kalte Wasser gibt es nichts abzuklären und nichts abzusichern. Du kannst nicht den Kuchen essen und gleichzeitig bewirken wollen, dass er auf dem Teller bleibt. Wenn du wirklich an deiner Wahrheit interessiert bist, dann musst du bereit sein, alles aufzugeben, was dich bisher ausgemacht hat. Erst wenn du diesen scheinbaren Verlust als Befreiung erfährst, wird sich deine wahre Potenzialität freisetzen.

Phönix steigt nur aus der Asche. Deine Essenz erblüht nur im Sumpf deiner vermoderten Illusionen. In dem Häufchen Elend, zu dem deine alten Identitäten zusammenbrechen, liegt dein ganzes Potenzial. Erst wenn nichts mehr von dem übrig bleibt, womit du ein Leben lang deine Besonderheit und deine Großartigkeit hast beweisen wollen, erst wenn du auf nichts mehr von dem zählen kannst, was für dich bisher Gültigkeit hatte, erst wenn du nackt an der Wand stehst und rein gar nichts mehr zu verlieren hast, wächst dir deine wahre Macht zu, nämlich die Kraft der vollkommenen Akzeptanz und des unerschütterlichen Vertrauens in deine innere Führungskraft.

Eine Unzahl spiritueller Wohlfühl-Programme versucht dir weiszumachen, dass du dir den Phönix durch ausgeklügelte Techniken verdienen kannst. Doch eine Raupe kann noch so lange meditieren und sich gesund ernähren, sie entwickelt sich erst dann zum Schmetterling, wenn sie stirbt. Kümmere dich also nicht um den Phönix, sondern einzig und allein um das Brennen in deinem Herzen, um die Sehnsucht nach deiner Wahrheit, jenseits aller persönlichen Vorlieben und Vorstellungen. Wenn alle deine konditionierten Identifikationen mit den verschiedenen Rollen deiner Persönlichkeit verbrannt sind, dann hebt Phönix von alleine ab. Der Phönix ist immer da, doch über die Begrenztheit deiner Sichtweise, über die Fixierung auf deine Ich-Identität hast du dich von ihm abgetrennt. Wenn du offen und empfänglich bist, dann kommt das Göttliche zu dir, oder präziser ausgedrückt: dann erinnerst du dich des Göttlichen als deiner wahren Natur.

Das Neue kommt niemals aus dem Raum, der von alten Vorstellungen und Glaubensmustern besetzt ist. Das für dich individuell Wirkliche, das gemäß deinem inneren Drehbuch Mögliche zeigt sich immer nur in der Leere deines offenen Bewusstseins. Das Neue, das auftauchen will, wirst du niemals im Voraus abklären können. Da gibt es nichts zu verstehen und nichts zu kontrollieren. Dein Ich kann den größeren Plan niemals begreifen. Es ist vollkommener Größenwahn, wenn sich das Begrenzte anschickt, das Unbegrenzte verstehen zu wollen. Die allumfassende Einheit verweigert sich jeder dualen Sichtweise und jeder mentalen Zuordnung.

Damit etwas Neues geboren werden kann, musst du nichts Neues erarbeiten und nichts Neues dazulernen. Es braucht bloß deine Bereitschaft, dieses Neue für möglich zu halten. In allererster Linie gilt es aber, dir das Alte, das den Raum besetzt, bewusst zu machen und es nach beständiger Wahrheit abzuklopfen. Denn deine hinderlichen Selbstbilder sind nur darum so alt geworden, weil du sie dir niemals angeguckt hast. Und je länger du etwas kontrollierst, desto länger dauert es, bis du bereit bist, dich davon zu trennen. Die Knochenarbeit der Wahrheitsprüfung im Feuer deines Herzens kann dir keiner abnehmen. Für deine Selbst-Demontage bekommst du kein Diplom. Und kein spirituelles Buch wird dir jemals den Schmerz deiner Selbstverleugnung und die Angst vor dem Tod abnehmen können.

Verwirrung und Unbehagen

Wenn es überhaupt sinnvoll ist, von Spiritualität zu sprechen – und damit zugleich die Sphäre des „Nicht-Spirituellen“ zu erschaffen –, dann kann es dabei sicherlich nicht darum gehen, dem Ego-Wunsch nach Verbesserung und Vervollkommnung auf den Leim zu gehen. Echte Spiritualität ist vielmehr ein Erdbeben, das deine vermeintlichen Gewissheiten ins Wanken und deine liebgewordenen Illusionen zum Einsturz bringt. Sie setzt eine innere Revolution in Gang, bei der deine Wahrheit ihre nackte Identität einfordert, dein alltägliches Koma aufbricht und nicht Halt macht, bevor nicht alle deine Illusionen verbrannt sind.

Spiritualität heißt nicht, anders auszusehen oder dich anders zu fühlen. Spiritualität ist die Verpflichtung, dich nicht länger von deiner Selbstlüge abzulenken und den Blick kompromisslos nach innen zu richten. Spiritualität ist keine Strategie, die dir hilft, aus einer unangenehmen Situation herauszukommen, sondern die Bereitschaft, dich in der Situation auszuhalten und dir in der Nacktheit deiner Ängste zu begegnen, was auch immer geschehen mag. Sie erfordert die radikale Ehrlichkeit, dir das anzusehen und einzugestehen, was du in deinem Inneren entdeckst, auch wenn es dich noch so sehr erschreckt. Die einzige wirklich spirituelle Methode ist also die Wachmeditation: das angstfreie und neugierige Erforschen dessen, wer du bist, mit offenen Augen, mitten im alltäglichen Leben.

Der Pfad des Herzens ist nicht die Überwindung deiner täglichen Schlachten, sondern deren Verlagerung nach innen. Der Kampf um Anerkennung der äußeren Persönlichkeit wird ersetzt durch den Kampf für deine Wahrheit und durch das Ringen mit dem Teil in dir, der will, dass du weiterschläfst und deine alltägliche Trance aufrechterhältst. Spiritualität ist all das, was dazu geeignet ist, dich aus deinem Koma wachzurütteln – nicht damit du in irgendeinen abgehobenen Erleuchtungszustand hinüber gleitest, sondern damit du dir deine Selbsttäuschung überhaupt einmal bewusst machst. Von daher strebt das Feuer deiner Sehnsucht in erster Linie danach, all das zu verbrennen, was dich daran hindert, dir die Angst als Grundlage deines Lebens in der Ich-Existenz anzuschauen.

Spiritualität ist kein sanftes Ruhekissen, sondern ein Wildbach voller Stromschnellen und spitzen Steinen. Spiritualität ist die konstante Verwirrung deines Verstandes, der nach eingemeißelten Weisheiten Ausschau hält. Spiritualität rüttelt an deiner konditionierten Alltagswahrnehmung, durch deren Brille du dich als getrenntes Mangelwesen wahrnimmst. Sie lässt dich erkennen, dass alle deine Konzepte nur dazu dienen, deine Angst vor der Zukunft zu verdecken. Und weil die Zukunft nur eine Vorstellung ist, ist deine Angst vor der Zukunft letztlich die Angst vor dem Leben.

Konfrontiere dich einmal mit deiner ganzen Aufmerksamkeit mit deiner Angst, anstatt den Zustand der Verwirrung immer gleich „in Ordnung" bringen zu wollen. In gewissen Augenblicken kann selbst das Rezitieren eines Mantras eine Ablenkung darstellen. Lass auch das Chaos und damit die Möglichkeit zu, dass alles auseinanderbrechen darf, was sich als unwahr herausstellt, denn nur so wird der Weg frei für das Neue. Phönix steigt nur aus der Asche. Jeder Schlag, den du vor deine Bewusstseinsglocke geschlagen bekommst, ist daher eine günstige Gelegenheit zur Selbsterkenntnis.

Von jemandem provoziert oder in den Hintern getreten zu werden, kann unter Umständen erkenntnisreicher sein als eine zehntägige Schweigemeditation. Nur im Zustand der Verwirrung kannst du beobachten, wie einerseits deine Verhinderungskonzepte und Komfortstrategien ins Wanken geraten, und wie anderseits dein Ich sich sogleich nach einem neuen Halteseil ausstreckt. Die alten Kontrollmechanismen versuchen dich immer wieder einzuholen. Doch du kannst dir allmählich einen Spaß daraus machen, dein Ego immer wieder zu betrügen und seinem Sicherheitsdenken eine lange Nase zu machen.

In der Außenwelt bleibt dabei alles so, wie es ist, denn anders kann es ja auch gar nicht sein. Doch du beginnst endlich, deine inneren Augen zu öffnen und die Dinge so zu sehen, wie sie sind, anstatt dich auf das zu fixieren, was angeblich fehlt. Hör auf, bei dem, was du tust, gleich an die Folgen zu denken und dich zu fragen, was die anderen dazu sagen. Wirf alles über Bord, was dich bis jetzt ausgemacht hat, und schau einfach, wohin das Neue in dir drängt.

Die Suche nach Heilung und spiritueller Entwicklung

Dem Pfad des Herzens ist nichts heilig. Er stellt alles in Frage, auch das, was dir das Heiligste zu sein scheint und mit dem du den Gefängnisfrieden deines verdrehten Selbstbildes zu bewahren pflegst. Und so stellt er zuallererst sich selbst in Frage. Denn in Wirklichkeit ist jede Idee eines „Pfades" bereits Teil deiner illusionären Suche nach Heilung und spiritueller Entwicklung.

In der Welt der Polarität, in den Dimensionen von Raum und Zeit, gibt es keine „Lösung" für die existentielle Suche der Persönlichkeit und damit auch keine „Erlösung" für das suchende Ich. Die Ich-Illusion stabilisiert sich nämlich nicht als Form, sondern als zeitliche Struktur. Und da das Ich unfähig ist, mit Leere umzugehen, ist es permanent damit beschäftigt, die Vergangenheit auf die Zukunft zu projizieren. Jede Vorstellung eines Pfades, der von A nach B führen soll, ist daher nichts anderes als ein Aspekt seiner Überlebensstrategie.

Einen solchen Ich-Pfad mit dem ehrfürchtigen Begriff des „Spirituellen" auszuzeichnen, ist bloß eine wohlklingende Verschleierungstaktik. Denn das Ego kann nicht anders, als sich jede weitere Anleitung zu geistigem Wachstum als neues Konzept der Selbstverbesserung zurechtzulegen. Solange du also Meditation oder Heilungsarbeit in der Hoffnung betreibst, dass dabei etwas „für dich" herausschaut, wirst du vom Mangelbewusstsein und der Kontrollsucht deines Ichs angetrieben. Und so wirst du auf deiner Suche niemals von A nach B gelangen. Erst wenn die Suche zu einem Ende kommt, wirst du einsehen, dass B schon längst da ist. Doch da es niemanden gibt, der die Suche beenden, und nichts, was zur Beendigung der Suche getan werden könnte, brauchst du dich fortan keine Sekunde mehr um dein Seelenheil zu kümmern.

Der Begriff der Heilung ist ohnehin nur solange sinnvoll, wie du dich krank und unvollkommen fühlst. An den konkreten Phänomenen der physischen und energetischen Transformation ist dabei überhaupt nichts auszusetzen. Doch diese als Heilung zu bezeichnen, ist nur möglich, wenn du dich für eine begrenzte und unvollkommene Persönlichkeit hältst. Heilung existiert nur als

Wunsch deines Egos, sich zu einer perfekten, makellosen Seele zu entwickeln. Und damit ist dein Wunsch nach Heilung nichts als die Ablehnung deines Schattens.

Solange du dich als Heilungssuchenden identifizierst, kannst du im Endeffekt nicht einmal wirklich wollen, jemals ganz heil zu sein. Denn wie jede andere Identifikation ist auch die Heilungs-Idee primär um ihr eigenes Überleben besorgt und muss sich deswegen andauernd in ihrem Unheilsein bestätigen. Und da es für dich als Heilungssuchenden im Zustand vollkommenen Heilseins keinerlei Existenzberechtigung mehr gäbe, wird sich dein Heilungsspektrum immerfort ausdehnen müssen. Hatten deine Heilungsbemühungen ursprünglich die körperliche Linderung im Auge, wollen inzwischen auch Phänomene ausbalanciert und harmonisiert werden, von deren Existenz du bis vor kurzem noch gar nichts gewusst hast.

Heilung braucht Wahrheit. Und das heißt im Wesentlichen: Es gibt keine Heilung für das Ich, sondern nur eine Heilung vom Ich. Die Unterscheidung zwischen „heil“ und „unheil“ ist, genauso wie die Unterscheidung zwischen „spirituell“ und „unspirituell“, Teil der Illusion der Unvollkommenheit, die sich aus dem Mangelbewusstsein speist. In Wirklichkeit jedoch bist du nicht der Heilungssuchende, sondern das Bewusstsein, in dem diese Rolle erscheint. Dies klar und deutlich wahrzunehmen, heißt zu erkennen, dass die Heilung und die Erlösung, nach der du dich sehnst, schon längst geschehen sind.

Selber zur Frage werden

Der Prozess der Selbsterkenntnis ist wie das Schälen einer Zwiebel. Die Unwahrheit wird Schicht um Schicht abgeschält, bis nur noch das zurückbleibt, was zweifelsfrei als wahr erkannt worden ist. Wenn du dir also die Mühe machen willst, den ganzen Müll, der sich in deinem Geist abgelagert hat, zu überprüfen, stellst du dir am besten schon mal einen großen Brechkübel bereit. Denn ein ums andere Mal wirst du feststellen, dass der Schwachsinn, an dem du dich so verbissen festklammerst, nur dazu dient, den Kosmos auf jenes überschaubare Set an Verhaltens- und Reaktionsmustern zu reduzieren, das du dein Leben nennst.

Das Messer, das dir die Zwiebel deiner Schutzschichten und Verteidigungsmechanismen zu bearbeiten hilft, besteht stets in der nächsten Frage, die du dir bislang noch nicht zu stellen gewagt hast. Alle Fragen, die nicht darauf abzielen, schonungslos aufzudecken, auf welche Weise du an deiner Blindheit festhältst, sind nur Ablenkungsversuche deines Egos. Wenn du wirklich an deiner Wahrheit interessiert bist, dann hör auf zu philosophieren und zu psychologisieren. Lass dich auf die Fragen ein, die dich erschauern lassen, und lenk dich dabei nicht mit irgendwelchen halbgaren Floskeln ab.

Wonach suchst du wirklich? Was würde geschehen, wenn all das, wonach du suchst, bereits da wäre? Welches Abkommen hast du mit dem Universum getroffen, um dich vor unangenehmen Überraschungen zu schützen? Bist du tatsächlich an deiner Wahrheit interessiert oder bloß an kosmischen Gefühlen? Willst du wirklich, dass deine existenzielle Täuschung auffliegt, oder liegt dir vor allem daran, dass du dich nicht mehr so unbehaglich fühlst? Willst du wirklich frei sein oder willst du dich nur damit auseinandersetzen, wie du dich befreien könntest? Willst du wirklich frei sein oder genügt es dir, mitbestimmen zu können, wann in deinem Gefängnis die Essenszeiten angesetzt werden?

Selbsterforschung, verstanden als Konfrontation mit der Frage nach deiner Wahrheit, ist ein Prozess der unerbittlichen Zerstörung. Aktives Reflektieren einer existenziellen Frage ist das Gegenteil des reaktiven Denkens, des konstanten inneren Lärms, der von morgens bis abends unbewusst in deinem Kopf abläuft. Reaktives Denken ist ein unkritischer Monolog innerhalb deines konditionierten Bewertungssystems, ein ununterbrochenes Wiederkäuen vergangener mentaler Inhalte.

In Form bewusster Reflexion hingegen kannst du deinen Geist als Schwert benutzen, um den Schleier der Unwissenheit zu zerstören. Aktives Reflektieren ist eine Forschungsreise, die einzig und allein an der Wahrheit interessiert ist und dich deswegen mitten in die Unwahrheit hinein treibt. Sie will keine neue Philosophie errichten, sondern deine bisherigen Philosophien als Ausdrucksformen deiner Angst entlarven.

Bewusste geistige Reflexion vollzieht sich am besten entweder im Dialog mit einem Menschen, der dir bei deiner Suche nach Klarheit seine volle Aufmerksamkeit schenkt, oder als Prozess in der Gruppe. Es geht um die Reflexion von Gedanken, die dir wahr zu sein scheinen. Gehe jedem einzelnen nach und stelle ihn als unpersönliches Objekt vor dich hin und befrage ihn so lange von allen Seiten, bis du auf ein Stückchen unumstößlicher Wahrheit gestoßen bist. Frage dich bei jeder Aussage in aller Gründl-ichkeit: Ist das wahr? Woher kann ich das wissen? Was gibt mir die Gewissheit, dass es wirklich so ist? Untersuche auf diese Weise alle deine Ideale, Vorstellungen, Bewertungen und Meinungen über dich und die Welt, gerade auch diejenigen, vor denen dein reaktives Denken gewöhnlich ausweicht.

Das Wichtigste an diesem Prozess ist, ihn nicht frühzeitig abzubrechen. Lass deinem mündlichen oder schriftlichen Ausdruck freien Lauf, ohne etwas zu zensieren und ohne an irgendwelche Konsequenzen zu denken. Im Gegensatz zu deinem plappernden Ego, das einen Gedankenprozess abzubrechen pflegt, sobald ein Widerspruch auftritt, bewegt sich die bewusste geistige Reflexion von Widerspruch zu Widerspruch und von Tabu zu Tabu.

Dich auf die Frage nach deiner Wahrheit einzulassen, heißt nicht, darauf eine schlaue oder sogar „spirituelle“ Antwort zu finden oder existenzielle Widersprüche in Harmonie aufzulösen. Die Antwort ist vielmehr stets in der Frage angelegt. Verstehen ist kein Wissen, sondern die Klarheit, die zurückbleibt, wenn sich die Täuschung auflöst. Und so kannst du deine Fragen nur beantworten, indem du mehr und mehr selber zur Frage wirst – in einer Haltung des wertfreien, neugierigen Hinschauens und einer offenen Wahrnehmung, die weder an äußeren Objekten noch an irgendwelchen Vorstellungen von Wahrheit und Entwicklung anhaftet. Und indem du selber zur Frage wirst, gibst du dir auch gleich selber die Antwort – in Gestalt deines eigenen Lebens.

13. Vertrauen

Dem inneren Willen folgen

Einer der hartnäckigsten Bestandteile der Ich-Identität ist die Illusion, über einen freien Willen zu verfügen, also der Glaube, du könntest dein Leben jederzeit in die von dir gewünschten Bahnen lenken. Es wäre nicht erstaunlich, wenn du umso stärker an dieser Vorstellung hängst, je unzufriedener du mit deiner aktuellen Lebenssituation bist. Falls das auf dich zutrifft, musst du dir allerdings die Frage gefallen lassen: Warum benutzt du nicht einfach deinen angeblich freien Willen, um es dir angenehmer einzurichten?

Die Vorstellung des freien Willens setzt voraus, dass es einen freien Handelnden gibt, ein Ich also, das ohne äußere Beeinflussung Entscheidungen fällen sowie Gedanken, Gefühle und Handlungen in Gang setzen kann. Wenn du für einen Augenblick im Sturm deiner mentalen Beschäftigung innehältst und den Blick nach innen richtest, wird dir auffallen, dass da zwar haufenweise Gedanken und Gefühle auftauchen, dass es dir jedoch kaum gelingt, deren Ursprung zu lokalisieren. Du wirst feststellen, dass nichts von dem, was in deinem Wahrnehmungskosmos erscheint, deiner Kontrolle unterliegt, geschweige denn von einer Zentralinstanz namens Ich initiiert worden wäre. Das, was durch dich gedacht, gefühlt und gehandelt wird, ist einerseits das Resultat eines äußerst komplexen und unbewussten Knäuels an Vorgeschichten und Konditionierungen. Anderseits ist auch dieser ganze unüberblickbare und unkontrollierbare Wirrwarr in deinem Kopf Teil deiner Vollkommenheit, insofern nämlich, als er dir die bestmögliche Unterstützung dafür bietet zu erkennen, wer und was du nicht bist.

Wenn der Trick des freien Willens nicht funktioniert, kann das also nur daran liegen, dass du dir etwas in den Kopf gesetzt hast, was nicht deinem Drehbuch entspricht, was du also gemäß deiner seelischen Wahrheit nicht wollen sollst. Denn du hast den größten freien Willensakt, den es gibt, bereits vollführt, indem du dir unter Milliarden von Möglichkeiten dein individuelles Drehbuch zusammengestellt hast. Damit ist jede Entscheidung bereits getroffen. Was auf der inneren Ursachenebene angelegt ist, will auf der äußeren Wirkungsebene einfach nur noch durch dich erfühlt, erfahren und ausgedrückt werden.

Der einzige freie Wille, der dir dann noch bleibt, ist die Freiheit, deinem inneren Willen zu folgen. Damit läuft die einzige Entscheidung, die du treffen kannst, darauf hinaus, deinem Drehbuch voll und ganz zuzustimmen oder ihm weiterhin Widerstand zu leisten. Entweder sagst du Ja zu deinem Leben oder du lehnst es ab, indem du es versuchst zu verbessern. Entweder du betrachtest deine äußeren Widerstände als Spiegel innerer Widerstände oder du versuchst, sie zu bekämpfen. Entweder öffnest du dich wertfrei dem schmerzhaften Gefühl, das unter deinem inneren Widerstand liegt, oder du hältst weiterhin an deiner Verdrängungstaktik fest. Entweder begreifst du deine Angst als Ankündigung einer neuen emotionalen Botschaft deiner Seele oder du versteifst dich darauf, dein verdrehtes Selbstbild zu verteidigen. Entweder surfst du mit der Welle oder du versuchst, sie zu brechen.

Die Bereitschaft, deinem inneren Willen zu folgen, ist die Offenheit dafür, dich all dem hinzugeben, was in dir angelegt ist und durch dich zum Leben erweckt werden will. Diese Art der Hingabe ist kein plumpes und fatalistisches „Ja und Amen“, sondern eine grundlegende, wertfreie Akzeptanz all dessen, was dir begegnet. Wahre Akzeptanz gründet auf dem radikalen inneren Vertrauen, dass alles genau so, wie es ist, in Ordnung ist. Jedes Element des Kosmos ist ein Aspekt der göttlichen Perfektion. Und nur auf dieser Basis bist du fähig, die Dinge gefühlsmäßig an dich heranzulassen, sie auf intuitiver Ebene zu verstehen und als Spiegel deiner Seele zu lesen.

Echte Hingabe hat nichts mit passivem Hinnehmen zu tun. In der Hingabe sagst du Ja zu dem, was du wahrnimmst, und gibst ihm dadurch den gebührenden Raum. Hinnehmen hingegen ist ein „Ja, aber" und damit ein verkapptes Nein. Denn es hält dich in einer Opferhaltung gefangen. Angenommen, dein Partner wünscht sich zweimal am Tag Sex. Diese Aussage reaktiv hinzunehmen, würde dazu führen, einen jener halbherzigen Kompromisse einzugehen, welche die meisten Liebesbeziehungen vergiften. Aktive Hingabe bedeutet erst einmal die wertfreie Akzeptanz des Wunsches, zweimal am Tag Sex zu haben. Diese Klarheit gibt dir alsdann die Möglichkeit, deine momentane Wahrheit in dieser Frage zu erfühlen und dann deinem Partner zu kommunizieren. Vielleicht wird deine Antwort lauten: „Dein Wunsch in Ehren, aber nicht mit mir." Hingabe, verstanden als unbedingtes Ja zu dir selbst, kann durchaus mit einem Nein nach außen einhergehen. Wahrheit hat nichts mit Liebsein zu tun. Denn Wahrheit kennt keine Kompromisse.

Selbstvertrauen

Die Hingabe an den inneren Willen ist somit eine Frage des Vertrauens zu dir selbst. Wirkliches Vertrauen hat nichts mit rationalem Abwägen und geschicktem Kalkulieren zu tun. Dein Augenmerk auf deine persönlichen Vor- und Nachteile zu richten, entspringt der Angst, zu kurz zu kommen oder etwas zu verpassen. Aufgrund der unerschütterlichen inneren Gewissheit, dass du so, wie du bist, vollkommen in Ordnung bist, vermag wahres Selbstvertrauen über das Persönliche hinauszugehen.

Selbstvertrauen ist ein Aspekt deiner weiblichen Seite. Es erwächst dem wertfreien Ja zu allem, was dich ausmacht, und zeigt sich im intuitiven Gespür für das „Passende" und „Stimmige" in deinem Leben. Echtes Vertrauen lässt sämtliche Gefühle und Sehnsüchte zu, um sich unmittelbar auf den gefühlsmäßig-intuitiv stärksten und klarsten Impuls einzuschwingen.

Dem inneren Willen und damit der Klarheit deines Herzens zu folgen, mag bisweilen irrational erscheinen, bei deinen Freunden auf Unverständnis stoßen, deine eigene und die gesellschaftliche Moral in Frage stellen und dir dadurch zutiefst Angst machen. Wenn du frei sein willst und darauf brennst, deine Wahrheit zu erinnern, gibt es jedoch keine Alternative dazu, dieses Risiko einzugehen.

Deine innere Unsicherheit mit Verstandeswissen oder aufgesetztem Optimismus zu überdecken, hat ebenso wenig mit wirklichem Vertrauen zu tun wie die Hoffnung auf bessere Zeiten oder der Glaube an einen äußeren Gott. Hoffnung ist nur eine wohlklingende Bezeichnung deines Widerstandes, dich auf die nackte Gegenwart einzulassen. Und Religion ist nur eine weitere mentale Konstruktion, mit der du den Schmerz darüber verdeckst, die Verbindung zu deiner inneren Quelle verloren zu haben.

Vertrauen verlangt von dir, dich immer wieder neu dem Unbekannten auszusetzen. Deine fixen Vorstellungen, mit denen du dein Vertrauen blockierst, lassen sich nur durch immer neue Anforderungen an deinen Emotionalkörper aufbrechen. Gemäß dem „Prinzip der Polarität" vertieft sich dein Vertrauen stets nur vor dem Hintergrund der Angst, der Ungewissheit und der Verwirrung. Jedes Mal, wenn du Angst erfährst, wirst du von deiner Seele vor die Entscheidung gestellt, ob du auf deine mentalen Absicherungsmuster zurückgreifst oder dich ungeschützt ins Leben fallen lässt.

Die gegenwärtigen Turbulenzen und der immer rascher erfolgende Wandel auf dem Planeten Erde schlagen dir ein Konzept um das andere aus der Hand, das dir bislang Sicherheit versprochen hat. Und je früher du damit beginnst, deine absichernden Glaubenssätze und Zukunftspläne loszulassen und die Dinge einfach laufen zu lassen, desto einfacher kommst du durch diese Achterbahn hindurch. Während das einzig Beständige im äußeren Universum der Wandel ist, bleibt dir als einzige stabile Basis deines Lebens nur dein Vertrauen übrig. Die Ungewissheit aller Äußerlichkeiten dient dir letzten Endes dazu, deine auf Sicherheit und Wohlgefühl basierenden Vorstellungen aufzugeben, damit dein Vertrauen sich nach und nach auf sämtliche Lebensbereiche und Lebenssituationen ausdehnt. Wahre innere Freiheit ist gleichbedeutend mit einem Vertrauen, das so radikal ist, dass es an keinerlei Bedingungen mehr geknüpft ist.

Radikales Vertrauen

Die innere Gewissheit um die bedingungslose Perfektion und „Güte“ des Ganzen hat nichts mit Glauben zu tun. Glaubensvorstellungen sind bloß geschönte Formen des Zweifelns und damit eine mentale Barriere, mit der du dich von der Wahrnehmung des Göttlichen abschließt. Radikales Vertrauen hingegen stützt sich auf eine Qualität von innerem Wissen, das nicht dem Denken entspringt, sondern dem Raum des unbegrenzten Bewusstseins. Inneres Wissen entstammt nicht der Vergangenheit und bezieht sich auch nicht auf die Zukunft. Es fließt stets auf neue, unvorhergesehene Weise aus dem Raum des Unbekannten in das hinein, was spontan durch dich geschehen will. Wirkliches inneres Wissen ist radikales Nichtwissen, ein vollkommenes Offensein für die Frische des Augenblicks. Es ist die Verbindung mit jenem Teil in dir, der gleichzeitig alles und niemand ist. Unmittelbare innere Gewissheit verschmilzt irgendwann zum einfachen Sosein, ohne dass da noch das Bedürfnis wäre, problematisierend über etwas nachzudenken.

Ein Leben in radikalem Vertrauen ist ein Leben in der unerschütterlichen Gewissheit, dass dich das Ganze stets mit dem versorgt, was du brauchst, und dich mit dem konfrontiert, was dir hilft, deine nächste Illusion zu erkennen und loszulassen. Wenn etwa gerade ein kühles Bier vorbeikommt, dann prüfe, ob du Lust hast, es zu trinken. Wenn keins vorbeikommt, dann vertraue darauf, dass gerade nicht der rechte Zeitpunkt dafür ist. Und wenn du gar keins mehr willst, dann sei nicht überrascht, wenn plötzlich so viele vorbeikommen, dass du sie gar nicht mehr trinken kannst. So funktioniert das mit dem Vertrauen: Wenn du nichts mehr haben willst, bekommst du alles.

Im Einklang mit dem Ganzen zu leben, basiert auf dem unbedingten Vertrauen, dass alles, was dir widerfährt, das gegenwärtige Optimum darstellt, gleichgültig, ob sich das angenehm anfühlt oder nicht. Alles, was in deinem Leben geschieht, ist jederzeit perfekt auf die Erkenntnisprozesse abgestimmt, die nötig sind, um dich zurück in deine innere Ordnung zu bringen. Und so dient dir jeder vergebliche Versuch, ein angestrebtes Ziel zu erreichen, als Hinweis darauf, dass du entweder dein Ziel gar nicht erreichen sollst oder dass deine Bewusstseinsfilter falsch eingestellt sind.

Ohne die Vorstellung eines isolierten Daseins lebst du in einer Haltung des ko-kreativen Gewährenlassens: Du schaust dem kosmischen Spiel offen und neugierig zu, ohne es durch deine vorgefertigten Begrifflichkeiten eingrenzen und durch deine Ängste kontrollieren zu wollen. Während du deine Rolle spielst, spielt das Universum seine. In dieser Dynamik ergießt sich alles von alleine in Resultate. Indem du dich nicht mehr auf etwas fixierst, was dir fehlt oder was du nicht verlieren darfst, sondern einzig mit dem mitfließt, was sich dir zeigt, vollzieht sich dein Leben in müheloser, absichtsloser Perfektion.

Aus der Perspektive des radikalen Vertrauens zeigt sich alles, was geschieht, als eine glückliche Fügung. Diese Bewusstseinseinstellung wird treffend durch die bekannte Zen-Metapher illustriert: „Wenn es Zeit ist zum Holzhacken, wird Holz gehackt." Ob es soweit ist, zeigt sich dadurch, dass plötzlich ein Spaltstock, ein Beil und Holz vor dir stehen. Und wenn es Zeit zum Essen ist, stehst du auch bald vor etwas Essbarem. Genauso kommt, wenn du im Einklang mit dem Ganzen lebst, selbst dann kein Mangelempfinden auf, wenn weder Holz noch etwas Essbares vorhanden sind.

Innerhalb des integrierten Zustandes erscheint die Frage, ob du alles haben kannst, was du dir wünschst, in einem neuen Licht. Wenn du nämlich dem, was dir widerfährt, und dem, was dadurch in dir geweckt wird, gänzlich zustimmst und es als das für dich momentan Bestmögliche annimmst, bekommst du jederzeit exakt das, was du dir wünschst. Und das entspricht wiederum genau dem, was du gegenwärtig brauchst. Je mehr du dich auf das einlässt, was geschieht, desto weniger spielt es eine Rolle, was gerade geschieht. Entscheidend ist nicht, was du tust, sondern, wie, sprich: wie offen und widerstandsfrei, wie intensiv und präsent, wie neugierig und genussvoll, mit wie viel Liebe und Leidenschaft du es geschehen lässt.

Indem du das, was sich in dir regt, danach befragst, wozu es dir dient und wohin es dich führen will, kommst du deinen authentischen Wünschen Schritt für Schritt näher. Je mehr du deinen inneren Widerstand gegen das aufgibst, was geschieht, desto mehr korrespondieren deine Bedürfnisse mit den Gelegenheiten, die sich dir bieten. Somit wirst du das, was du nicht bekommen sollst, mit der Zeit auch gar nicht mehr haben wollen.

Es gibt noch einen weiteren Grund, weshalb äußere Ziele und Werte allmählich ihren Reiz verlieren, wenn du dich deiner inneren Führung radikal anvertraust. Je mehr du nämlich deinen Blick nach innen richtest, desto klarer erkennst du, dass es dir bei allem, was du tust, letztlich um ein ganz bestimmtes Gefühl geht. Im Bewusstsein, Schöpfer deiner eigenen Gefühlswelt zu sein, brauchst du deine Bedürftigkeit nicht länger zu verleugnen und mit einem bestimmten Image oder mit materiellen Objekten zu kompensieren. In der Hingabe an deine Bedürftigkeit liegt deine Sehnsucht. Und in der Hingabe an die Sehnsucht fällst du mitten in das hinein, wonach du dich am tiefsten sehnst: in deine seelische Essenz.

Hingabe an die innere Führung

Radikales Vertrauen ist nichts, was dein Ich sich zulegen könnte, um damit besser durchs Leben zu kommen. Ganz im Gegenteil: Unbedingtes Vertrauen bedingt die Aufgabe der Illusion eines persönlichen Willens und die totale Hingabe an deine innere Führungskraft. Diese höhere Kraft in deinem Innern ist die Weisheit deiner Seele, deines eigenen wissenden Feldes, das dich Schritt für Schritt durch dieses Leben führt und weitaus besser weiß als du, wo es mit dir hingehen soll.

So sehr du dich danach sehnen magst, dich deiner inneren Führungskraft anzuvertrauen, so heftig kämpfst du tagtäglich dagegen an. Du hast dich so sehr an die gesellschaftliche Trance gewöhnt, die eigenen Lebensumstände andauernd verändern und verbessern zu wollen, dass du diese innere Kraft lange Zeit ignorierst. Dein Verstand hat Angst vor dieser Kraft, da sie der Vorstellung eines schönen, angenehmen Lebens zuwiderläuft. Meist vermag daher erst ein spürbares Leiden zu bewirken, dass du deine Sicherheits- und Kontrollmechanismen aufgibst und dich nicht länger mit irgendwelchen Konzepten gegen die Unkontrollierbarkeit innerer und äußerer Veränderungsprozesse wehrst.

Den Mut zu finden, dich der Führung der höheren Kraft in dir anzuvertrauen, ist gleichzeitig der größte Kampf in deinem Leben. Du wirst diese Kraft erst zulassen, wenn du gezwungen sein wirst, deinen Kampf um Kontrolle und Sicherheit aufzugeben. Um von der Kraft deiner Wahrheit belebt zu werden, musst du zu dem bereit sein, wovor du dich am meisten fürchtest und was dein Ego mit allen Mitteln zu verhindern versucht: deine größte Wunde zu fühlen. Im tiefsten Schmerz liegt die Lösung. Wenn du vor lauter Kämpfen vollkommen erschöpft bist und einfach nicht mehr anders kannst, als dir deine persönliche Ohnmacht einzugestehen, dann – und erst dann – wächst dir eine Kraft zu, die du niemals für möglich gehalten hättest.

Glücklichsein heißt, dich dieser größeren Kraft in dir anzuvertrauen, ganz egal, wohin sie dich führt. Es gibt keine größere Ekstase im Leben, als dich dieser inneren Führung einfach hinzugeben und dich voll und ganz dem zu öffnen, womit du in Berührung kommst, auch mit deinem Schmerz, deiner Angst und deiner Ohnmacht. Diese größere Kraft weiß immer mehr als du und fließt jederzeit mühelos aus deinem inneren wissenden Feld in dein Leben hinein.

Selbstvertrauen, verstanden als Hingabe an die innere Führungskraft, ist ein Akt höchster Demut. Es gibt keine Demut, die nach außen geht, sondern immer nur die Demut vor deinem eigenen Herzen. Demut ist das symbolische Niederknien vor deiner inneren Wahrheit, vor dem Göttlichen in dir. Das Gebet „Herr, dein Wille geschehe!" bezieht sich nicht auf ein Objekt außerhalb deines Bewusstseins, sondern auf deine individuelle innere Ordnung, deine seelische Essenz.

Zu diesem Gebet gehört immer auch der erläuternde Zusatz: „... denn mein Wille hat mich in die Ohnmacht geführt." Die Demut vor dem inneren, göttlichen Willen ist also gleichermaßen das Eingeständnis der eigenen, auf die Illusion einer wollenden Persönlichkeit bezogenen Ohnmacht.

Die Haltung der demütigen Hingabe an die unbenennbare Quelle wird – um gleich im biblischen Kontext zu bleiben – besonders eindrücklich in dem Gleichnis illustriert, in dem Jesus den toten Lazarus aufweckt. Auch wenn dessen Familie bereits alle Hoffnung auf Heilung aufgegeben hatte, fordert Jesus den vermeintlich Toten auf, wieder aufzustehen. Doch bevor er das tut, spricht er die entscheidenden Worte: „Vater, ich danke dir."

Ein „Danke“ für etwas auszusprechen, was noch gar nicht da ist, scheint eine grobe Form des spirituellen Egoismus, eine Erpressung an den lieben Gott zu sein. Doch in der Haltung der bedingungslosen Dankbarkeit ist genauso selbstverständlich die Möglichkeit inbegriffen, dass die entsprechende Situation, in diesem Fall die „Reinkarnation“ des Lazarus, nicht eintreten wird – dann nämlich, wenn sie im höheren Plan des Ganzen nicht vorgesehen ist. Wahres inneres Vertrauen lässt sich durch diese Ungewissheit nicht dämpfen. Offenbar hat das große Ganze etwas vorgesehen, was deiner seelischen Bestimmung letztendlich noch besser entspricht.

Bei aller Hingabe und aller Offenheit lässt sich das Absolute aus der irdisch-menschlichen Perspektive und aus einem räumlich begrenzten Bewusstsein niemals ganz erschließen. Deswegen wird der Prozess des Erforschens und Erkennens auch niemals an ein Ende gelangen. Jede Herausforderung lädt dich von neuem dazu ein, dich einer Weisheit anzuvertrauen, die immer größer sein wird als du.

14. Ankommen

Inneres Ankommen

Dein Leben ist eine Aneinanderreihung von Herausforderungen, die du teils enthusiastisch, teils widerwillig und teils gleichgültig anpackst. Dein Lebensweg ist in seiner konkreten Ausgestaltung gewiss etwas Einmaliges, etwas Besonderes jedoch ist er nicht. Er ist einfach eine von unzähligen einzigartigen Ausdrucksformen des einen, ungeteilten Bewusstseins, in dem alles Leben erscheint und wieder vergeht.

Als Mensch mit einem individuellen Körper, einer individuellen Persönlichkeit und einer individuellen Geschichte bist du auf deiner Reise durch das Leben auf eine ganz grundsätzliche Weise alleine unterwegs und kannst dabei auch keinen anderen mitnehmen. Du bist alleine in dieses Leben gekommen, begegnest deinen Hersausforderungen allein und wirst auch alleine wieder gehen. Im Wissen um dein Alleinsein und die damit verbundene Vergänglichkeit trägt auch deine Persönlichkeit den Wunsch in sich, eines Tages irgendwo angekommen zu sein und dich ein für allemal zur Ruhe setzen zu können.

Suche nach einem Ankommen wird in der äußeren Welt – auf der Ebene deines Wohnortes, deiner Beziehungen, deines Berufes, deines Körpers, deines Wissens und deiner Fähigkeiten – niemals an ein Ende kommen können. Der Wunsch, in der äußeren, vergänglichen Welt anzukommen, beruht nämlich auf der wertenden Einteilung in Gut und Schlecht, also auf dem Glauben, A sei nicht in Ordnung und erst B bringe dir den ersehnten Frieden.

Doch das dauernde Streben nach dem Besseren, ja bereits der Versuch, das Bestehende aufrechtzuerhalten und abzusichern, ist ein permanenter Stress, der dich niemals ganz zur Ruhe kommen lässt. Da der Suchende in dir auf dem Bewusstsein des Mangels beruht, bestätigt er sich bei jedem Schritt in seiner Identität als Suchender. Solange du in deiner verdrehten Identität als mangelhaftes, begrenztes und sterbliches Wesen lebst, kannst du nicht anders, als dich auf ewig von deinem Glauben vorantreiben zu lassen, dass dir zum Glücklichsein stets noch etwas fehlt.

Das Ankommen, nach dem du dich in Wirklichkeit sehnst, ist kein äußeres, sondern ein inneres Ankommen. Dieses stellt keine Belohnung dafür dar, dass du es geschafft hast, von A nach B zu gelangen. Es ist vielmehr ein Innehalten bei A, so dass B zu dir kommen kann, oder vielmehr: damit du sehen kannst, dass B schon längst da ist. Dieses Ankommen besteht darin, all dem, was in dir arbeitet, mit einem klaren inneren Ja zu begegnen, jenseits jeglicher Bewertung und Absicht.

Die Heimat, die du suchst, liegt im Inneren. Das, was dich im alltäglichen Leben so umtreibt, sind nur verzerrte Ausdrucksformen der Sehnsucht nach dir selbst. Diese Sehnsucht nach Ganzheit und Vollkommenheit ist das Echo des ursprünglichen Trennungsschmerzes. In Kombination mit der Verdrehung der seelischen Essenz hat dein Ich diesen Grundschmerz unbewusst als Mangelempfinden abgespeichert. Gefangen in der Ich-Identität, kannst du deswegen nicht anders, als dir das Glück und die Erfüllung von einem äußeren Geschehnis in einer fernen Zukunft zu erhoffen.

Die Fixierung auf dein persönliches Glück zwingt dich so lange zur äußeren Suche, bis du davon so erschöpft bist, dass du nicht mehr anders kannst, als den Bettel endgültig hinzuschmeißen. Und in dem Moment, in dem du die Hoffnung auf bessere Zeiten und deinen Glauben an ein Ich-bestimmtes Leben gänzlich aufgibst und dich in deine Ohnmacht hinein fallen lässt, wirst du entdecken, dass du genau da angekommen bist, wo du einst vor vielen Jahren losgegangen warst: bei dir selbst.

Das Leben als Erfahrungsweg

Wenn dein Lebensweg nur zu dir selbst zurückführen kann, so scheint es auf den ersten Blick sinnlos zu sein, überhaupt erst loszulaufen. Ohne Aufbrechen jedoch, ohne Bewegung, ohne Spannung und ohne Reibung gäbe es keinerlei Erfahrung. Doch genau deswegen bist du in die Welt der Polarität und in dein Leben eingetreten: um deine verschiedenen Seiten und Qualitäten zu erfahren und auszukosten. Die Sehnsucht nach dir selbst, die dich durch dieses Leben treibt, ist die Sehnsucht, dich voll und ganz zu erleben. Um etwas über dich zu erfahren, nützt es nichts, einfach nur Bücher zu lesen. Erfahrungen machst du nur über deinen Emotionalkörper. Der Sinn dessen, was sich innerhalb deiner Lebensumstände ereignet, ergibt sich immer erst aus der konkreten Erfahrung und niemals aus einer zuvor konstruierten Vorstellung oder Erwartung.

Und so musst du – grundsätzlich und immer wieder neu – zu dir selbst aufbrechen und in der Sehnsucht nach dir selbst unterwegs sein, um dich schließlich als denjenigen wiederzufinden, der schon immer angekommen ist – nämlich im neutralen Bewusstsein all deiner Erfahrungen, unberührt von äußeren Geschehnissen. Denn während der Weg durch die Polarität für dich als Körper-Geist-Organismus ein Weg der Erfahrung ist, gibt es aus Sicht deiner inneren Heimat, wo du niemals weggehen und niemals ankommen kannst, keine Erfahrung. Hier gibt es nur wertfreies Schauen, reines Gewahrsein dessen, was geschieht.

Auf seelischer Ebene machst du keine Erfahrung, sondern bist du die Erfahrung. Je mehr du deine Aufmerksamkeit nach innen verlagerst, desto mehr gelangst du vom Tun zum Sein und desto klarer erkennst du dich als die Wahrnehmung dessen, was geschieht. Jede Erfahrung, die du in deinem Leben machst, ist eine Einladung, dich als das zu erinnern, was du wirklich bist: als das Bewusstsein, in dem es keine Trennung gibt zwischen der Erfahrung, dem Erfahrenden und dem, was erfahren wird.

Der Weg durch die Erfahrung ist ein Weg, auf dem alles, was dir im Außen begegnet, dazu dient, deine Wahrheit immer klarer zu erinnern und immer kraftvoller und kompromissloser zu leben.

Die Vorstellung eines „Weges“ ist im Grunde eine Illusion. Denn alles, was du bist, ist bereits von Anfang an vollkommen präsent. Die Erinnerung des Ursprünglichen geschieht dadurch, dass dir die äußere Welt über die Interaktion mit deinem Gefühlskörper Informationen aus dem seelischen Feld vermittelt. Und immer nur dann, wenn du dich dem gegenwärtigen Gefühl ganz geöffnet und es in allen Facetten ausgekostet hast, ist die Erfahrung wirklich integriert.

Der Weg durch die Erfahrung ist ein Prozess der Selbsterkenntnis, der immer zuerst in die entgegengesetzte Richtung dessen verläuft, was du bist. Die Liebe zu dir selbst, die du von Anfang an bist, kannst du nur auf der Grundlage der Verdrehung auf bewusste Weise erleben und zum Ausdruck bringen. Aus diesem Grund trennst du dich zunächst von deiner bedingungslosen Liebe zu dir selbst und machst die Erfahrung der Liebe von außen abhängig. Als Kind legst du dir ein klares Verhaltensmuster zu, um dir Anerkennung und Liebe zu sichern.

Die Liebe zu dir selbst bedingungslos zuzulassen, bedeutet, dieses kindliche Kontrollprogramm, mit dem du dir äußere Anerkennung zu sichern versuchst, gründlich anzuschauen und die damit verbundenen Gefühle der Schuld und der Scham einfach nur zu spüren. Erst ein solcher Akt von bedingungsloser Selbstliebe lässt dich erkennen, dass Liebe niemals von außen kommt. Liebe ist eine Gnade, denn sie durchdringt dich selbst dann noch, wenn du sie mit deinen Ängsten blockierst. So gesehen besteht dein tiefster Schmerz darin, deine Liebe zurückzuhalten.

Liebe breitet sich aus, wenn du bereit bist, auch das willkommen zu heißen, was du an dir am meisten ablehnst. Der Preis der Liebe besteht darin, dich nicht mehr von deiner Angst zurückhalten zu lassen. Liebe verlangt von dir, der Angst in der Angst zu begegnen: sie zu lieben, sie bei der Hand zu nehmen und sie so lange anzusehen, bis sie sich als Illusion entlarvt, als vorübergehende Erscheinung im reinen Gewahrsein.

Lieben ist nicht einfach ein passives Dahinschwelgen, sondern eine aktive Form des Zulassens. Lieben ist eine Weise des Daseins, in dem das, was geschieht, dich nicht mehr ängstigt, sondern innerlich unberührt sein lässt. Erst dann bist du „hindurchgegangen“: Du bist von der Angst zum Mut hinübergewechselt, ohne dass sich in diesem angstfreien Raum die Frage, ob du mutig oder liebevoll bist, überhaupt noch stellen würde. Denn in diesem Raum ist kein Ich mehr, das sich aus einem unbewussten Angstgefühl heraus mehr Mut oder mehr Liebe wünschen könnte.

Indem dein Leben dich durch einen komplexen Erfahrungsprozess zu deiner Liebe zurückführt, ist dein Leben auch ein Weg durch die Angst. Mit dem Ich kommt nicht nur die Trennung in die Welt. Gleichzeitig entstehen damit auch das Gefühl des Mangels sowie die Angst, dir als eigenständiges, auf sich selbst gestelltes Wesen wieder abhanden zu kommen. Alle Fragen, die dein denkender Verstand den ganzen Tag wälzt, resultieren aus seiner Angst, die Existenzberechtigung zu verlieren. Für das Ego gibt es nichts Schlimmeres als den Verlust einer Identität und die Konfrontation mit der dahinterliegenden Leere.

Der Weg durch die Erfahrung bringt dich schonungslos mit deiner Liebesbedürftigkeit in Berührung, damit du in voller Bewusstheit zu einem liebenden Menschen reifen kannst. Zurück zu deiner ursprünglichen Ganzheit findest du nur in der permanenten Konfrontation mit dem Dunklen und Unbekannten in dir. Wenn in deinem Leben die Probleme daher immer zahlreicher und heftiger auftreten, dann schau hin und finde heraus, welche neuen Aspekte in dein Leben treten wollen. Die Anhäufung von Herausforderungen ist einfach ein Zeichen dafür, dass sich etwas bewegen will. Die damit verbundenen Ängste sind nichts anderes als glorreiche Informationen. Und so wirst du immer wieder staunen, wenn du entdeckst, welche Schätze in deinem Schatten verborgen liegen.

Bedingungslose Liebe heißt nicht, mit dem lieben Gott in den Hamam zu steigen, sondern im Hades deine Dämonen zu besuchen. Und dass das Universum ausschließlich von Liebe erfüllt ist, bedeutet nicht, dass es wie ein Schlaraffenland funktioniert. Angst und Mangel setzen auf ihre Weise den kreativen Prozess des Lebens erst in Gang. Darin wird es auch weiterhin Opfer und Täter geben. Die Erfahrung dieser Rollen gehört zum Grundbestand der polaren Welt als eines komplexen Geflechts von Spannung zwischen polaren Gegensätzen. Wenn sich deine Seele vorgenommen hat, in diesem Leben eine Opferhaltung zu erfahren, dann fordert sie auf der feinstofflichen Ebene auch jemanden dazu auf, den Täter zu spielen. Um ein Höchstmaß an Erfahrungen machen zu können, bist du früher oder später einmal der Mörder und einmal der Ermordete. In diesem Sinne wirst du irgendwann auch deinen ärgsten Feinden in die Augen schauen und sie dankbar für diese Erfahrungsmöglichkeit anerkennen können.

Lebenslang auf Tournee

Auf dem Weg der Erfahrung als einem Weg der Liebe zurück zu dir selbst gleichst du einem Schauspieler oder Musiker, der auf einer lebenslangen Tournee unterwegs ist. Es kann nicht dein Ziel sein, auf einer äußeren Bühne irgendwann ein für allemal angekommen zu sein. Nach jedem Auftritt geht es wieder weiter, von einer Bühne zur nächsten. Ob du Applaus bekommst oder ausgepfiffen wirst, jeden Abend wird das Rampenlicht wieder ausgeschaltet. Und am nächsten Tag fängt dein Auftritt wieder bei null an.

Die Spielregeln deiner Tournee sind nicht auf Ergebnisse, sondern auf Erlebnisse und Erfahrungen ausgerichtet. Wenn dir der Auftritt in Hamburg nicht gefällt und du glaubst, dass es in München schöner ist, dann solltest du auf jeden Fall in Hamburg bleiben. Und wenn du Hamburg eines Tages wunderschön findest, weil alles so rund läuft, dann kannst du getrost nach München weiterziehen. Es geht also frühestens dann weiter, wenn der Auftritt beendet ist, wenn der Applaus oder das Pfeifkonzert verhallt ist und wenn du alles, was diese Situation für dich bereit hält, widerstandsfrei durch dich hast hindurchfließen lassen.

Alles, was dir geschieht, ist ein Angebot des Universums. Und wenn es nur eine Regel in diesem regellosen kosmischen Regelwerk geben sollte, dann lautet sie: „Da, wo du bist, bist du immer richtig – und solange du dort weg willst, bist du da noch richtiger als richtig.“ Da, wo du dich nicht ins Rampenlicht stellen möchtest, wo du die Bühne scheust, wo du Nein rufst, weil du Angst hast, dass dir niemand applaudiert, genau da wartet deine Liebe zu dir selbst darauf, dass du sie in dein Leben zurückströmen lässt.

Der einzige Sinn, den die Sinnlosigkeit des kosmischen Spiels hat, ist die Erfahrung. In der Offenheit für die Erfahrungsmöglichkeiten, die dir dein Leben bietet, zeigt sich deine Liebe zu dir selbst. Deswegen wirst du auf der Tournee deines Lebens auch immer nur auf derjenigen Bühne ankommen können, auf der du dich gerade befindest. Erst dann, wenn der äußere Schauspieler mit dem inneren Zuschauer im Einklang ist, kann er auf der Bühne sein Bestes geben. Weil er nicht mehr auf die Bestätigung durch äußeren Applaus angewiesen ist, braucht er keine Angst mehr zu haben, nicht gut genug zu sein.

Dein irdisches Leben ist die Bühne, auf der du dich kreativ austoben kannst und auf der sich dein inneres Drehbuch in seinem reinen Sosein erfahren will. Dabei wird kein noch so tosender äußerer Applaus jemals die innere Zustimmung ersetzen können, denn die kannst nur du dir geben. Der eigene innere Applaus, unabhängig von der Reaktion der Außenwelt: Darin liegt die Zufriedenheit, nach der du dich sehnst.

Die innere Zustimmung ist kein abgehobener Zustand und kein angestrengtes Tun. Selbstliebe kommt von alleine, sobald das Tun aufhört und du anfängst, deinem Leben auf neutrale, wertfreie Art zuzuschauen. Ob du dabei nur faul herumsitzt oder dich mit Arbeit zuschüttest, ist völlig gleichgültig. Das innere Schauen, aus dem deine Eigenliebe fließt, ist keine kritische Selbstüberprüfung auf der Grundlage deiner konditionierten Wertmaßstäbe, sondern eine neutrale gefühlsoffene Präsenz. Selbstliebe ist keine mentale Tätigkeit, sondern ein qualitativer Seinszustand, empfänglich für die emotional-intuitiven Informationen aus dem kosmischen Internet.

Die Liebe zu allem, was dich ausmacht, ergibt sich aus Fragen, die dich auf dich selbst zurück werfen und die Aufmerksamkeit nach innen lenken. Die Frage „Wer bin ich wirklich?“ katapultiert dich aus der Ich-Identifikation in die Beobachterposition. Die Frage „Wer nimmt hier Bezug auf was?” hilft dir, aus dieser neutralen Wahrnehmung heraus den Fokus auf die je aktualisierte Rolle zu richten und ihr Erfahrungspotenzial zu erkunden. Liebe entsteht, wenn du zu balancieren verstehst auf der Schnittstelle zwischen der Persönlichkeit, die nach außen reflektiert, und dem Unpersönlichen im Innern, zwischen Bewusstseinsinhalten und dem Bewusstsein selbst. Liebe entsteht, wenn dein Leben im Gewahrsein dieser Trennung zwischen innen und außen wieder als untrennbare Einheit zusammenkommt.

Weiter!

Um deine Liebe zu dir selbst zu überprüfen und zu vertiefen, folgt dein äußerer Lebensweg dem Prinzip des „Weiter!". In der äußeren Welt folgt ein Schritt dem anderen, Erfahrung folgt auf Erfahrung, die Tournee führt dich von einem Auftritt zum nächsten. Die äußere Welt wird stets dominiert sein von der dynamischen Spannung zwischen Anziehen und Abstoßen, zwischen Sehnsucht und Lampenfieber, zwischen Beifall und Buhrufen. Nur das Zusammenspiel zwischen Gegensätzen und Widersprüchen erzeugt die Bewegung, die notwendig ist für die Erfahrung dessen, was du dir für dieses Leben zu erfahren vorgenommen hast.

Alle Erfahrungen helfen dir, dich mit deiner Lebensgeschichte auszusöhnen und deine Kernessenz zu erinnern. Wenn du zum Beispiel ein Mensch bist, der bei allem, was er tut, ins Maßlose und ins Grenzenlose drängt, dann wirst du höchstwahrscheinlich immer wieder auf unangenehme Weise deine körperlichen Grenzen zu spüren bekommen. Dieses kosmische Feedback will dich jedoch nicht etwa zähmen und dich von deiner Maßlosigkeit abhalten. Wenn du ein Wahnsinniger bist, dann wirst du ein Wahnsinniger bleiben. Du kannst nur lernen, angemessener mit deinem Wahnsinn umzugehen, um ihn auf eine neue Ebene zu heben. Jede Erfahrung dient dir dazu, deine seelische Wahrheit immer stimmiger, totaler und intensiver in dein alltägliches Leben zu integrieren. In dem Sinne ist jedes vermeintliche Scheitern eine notwendige Bedingung jeden Wachstums.

Auf dem Weg durch die Erfahrung gelangst du scheinbar immer wieder zum gleichen Punkt. Doch der Weg ist kein Kreis, sondern eine endlose Spirale, die dir immer neue Perspektiven ermöglicht. Jede Erfahrung, auf die du dich einlässt, trägt auf ihre Weise dazu bei, dass sich dein Bewusstsein vertieft und konzentriert. Deine Kreativität, deine Macht und deine Liebe können in ganz unterschiedlicher Intensität erfahren und zum Ausdruck gebracht werden. Deine Kernessenz erschafft sich aus sich selbst heraus ein immer höheres Potenzial, um immer neue Aspekte ihrer selbst zu entdecken. Und so kann dein Leben in immer größerer Leuchtkraft durch dich hindurchstrahlen, je weniger du dich darum kümmerst, den Strahl verstärken, stabilisieren oder verändern zu wollen.

Aus der Kraft der inneren Zustimmung heraus zu leben, mündet irgendwann in eine Lebensweise der einfachen Präsenz, in der du all das, was durch dich getan werden will, einfach geschehen lässt, ohne Wenn und Aber, und ohne Wahl und Motiv. Angekommen in deiner inneren Heimat, ergibt die Vorstellung, eines Tages auch im Außen anzukommen, keinen Sinn mehr. In der Hingabe an deine innere Führungskraft macht es keinen Sinn mehr, darüber nachzudenken, wo du als nächstes hingehen sollst.

Deine innere Führungskraft führt dich auf der Persönlichkeitsebene immer genau dorthin, wo gerade wieder auf dich gewartet wird. Wenn dich ein innerer Impuls oder ein reizvolles äußeres Angebot zu einem nächsten Schritt einladen, brauchst du bloß zu schauen, ob sich eine Resonanz zu deiner inneren Wahrheit einstellt: Ist in dem neuen Bühnenstück eine Rolle von dir gefragt, die du gerade mal wieder mit Bewusstsein füllen möchtest? Und solange sich keine Veränderung anbietet oder aufdrängt, machst du eben mit dem weiter, was du gerade tust, im inneren Wissen, zum richtigen Zeitpunkt von einem perfekten Ort zum nächsten geführt zu werden.

Und wenn du in diesem radikalen Vertrauen eines Tages dann auf die Bühne gelangen solltest, bei der du aus dem Vollen schöpfen und deine Kernessenz ungehindert überfließen lassen kannst, wirst du sogar von außen den Applaus kriegen, auf den du mittlerweile gar nicht mehr angewiesen bist. Das heißt: Wenn du nichts mehr haben willst, weil du dir vollkommen treu bist und im Inneren mit dir übereinstimmst, bekommst du auf einmal alles, was zu dir gehört – nicht mehr, aber auch nicht weniger.

Der Durchbruch ist bereits geschehen

Als einzige Antwort auf alle deine Fragen bleibt dir nur dein nacktes Leben übrig. Wenn du noch immer auf den großen spirituellen Durchbruch wartest, der von Pauken und Trompeten angekündigt wird, dann mach dir klar, dass der wahre Durchbruch bereits geschehen ist: Du bist nämlich da, mitten in diesem Leben angekommen. Du bist nichts anderes als der Durchbruch Gottes, nämlich in die Form eines menschlichen Lebens.

Es gibt nichts Größeres, als in einem unvollkommenen Körper in einer unvollkommenen Welt die Vollkommenheit zu erkennen. Wenn es da noch einen Durchbruch geben sollte, dann ist es das Durchbrechen deiner gedanklichen Begrenzung, der Ausbruch aus deinem Gedankengefängnis, aus der Identifikation mit den Rollen deiner Persönlichkeit. Aber zu glauben, es gäbe einen Durchbruch in etwas Spirituelles, ist eine Flucht vor dem Leben. Die Hoffnung, dass in Zukunft auch nur ein Augenblick auf dich wartet, der besser sein wird als der jetzige, ist nichts als ein wohlfeiler Ausdruck deines Selbstverbesserungstrips.

Dein gegenwärtiges Leben ist das einzige, was du hast. Später gibt's nicht. Du brauchst dich nicht weiter anzustrengen, um es eines Tages geschafft zu haben. Du braucht das Leben nicht zu üben, um es eines Tages zu beherrschen. Wenn du permanent nach Höhepunkten und Gipfelerlebnissen Ausschau hältst, dann vergegenwärtige dir, dass dieser Wunsch aus deiner verdrehten Identität und damit aus dem Mangelbewusstsein heraus entsteht. Dein wahrer Wunsch geht in die andere Richtung: Du sehnst dich danach, die Tiefe zu erkunden. Es geht im Leben nicht um die Höhe, sondern um die Tiefe. Das Leben ist nichts anderes als ein permanentes Fallen und Sich-Fallen-Lassen. Der Himmel ist nicht oben, sondern unten. Der Himmel ist da, wo du bisher die Hölle vermutet hast. Denn das Licht kannst du immer nur vor dem Hintergrund der Dunkelheit sehen. Also schau endlich hin!

Echte Spiritualität stiftet dich dazu an, dich ungeschützt ins Leben zu stürzen, um in seiner Schlichtheit und in seiner Widersprüchlichkeit deine Wahrheit wiederzuentdecken. Vergeude nicht deine Zeit damit, dem Sinn des Lebens nachzugrübeln und dabei mit spirituellen Phrasen über „Licht und Liebe” um dich zu werfen. Spirituell kann nur sein, was dich dazu befähigt, dein irdisches Leben auszukosten und das umzusetzen, was dir am meisten Spaß macht. Und wirklichen Spaß kannst du immer nur an der Wahrheit haben. Deswegen ist mancher Künstler, Musiker oder Schauspieler, der seine Genialität auslebt und sich aus einer inneren Begeisterung heraus verbrennt, weit näher an dem, wonach sich spirituell Suchende ihr Leben lang sehnen.

Ob du in deinem Leben irgendetwas „Spirituelles“ machst, spielt für die Wahrheit nicht die geringste Rolle. Wenn es dir zweckloses Vergnügen bereitet zu meditieren, dann meditiere. Wenn du dir davon einen persönlichen Gewinn erhoffst, dann lass es sein. Für dein Ich wird es ohnehin niemals die Zufriedenheit geben können, nach der du in deinem Innersten strebst. Ein Ich kann weder heil noch heilig werden. Heilung braucht Wahrheit – und damit in erster Linie die Erkenntnis, dass es einer Selbstverleugnung gleichkommt, wenn du deine Existenz auf ein isoliertes Ich beschränkst.

Spiritualität zu einem Pfad, zu einem Ziel oder zu einem Lebensbereich zu erheben, der sich vom „gewöhnlichen“ Leben abhebt, ist Ausdruck der Illusion des Getrenntseins. In Wirklichkeit jedoch bist du nichts als lebendige Spiritualität, ein individueller Ausdruck der göttlichen Perfektion. Deswegen warte nicht auf den Gongschlag, der den ultimativen Durchbruch ankündigt oder das goldene Zeitalter einläutet. Die „Erlösung“ von der vermeintlichen Unvollkommenheit ist nämlich längst geschehen: Jenseits aller Gedanken, Glaubenssätze und Vorstellungen, auf der Ebene des reinen, grenzenlosen Bewusstseins, ist alles so, wie es ist, vollkommen in Ordnung. Sonst wäre es nämlich anders.

Heilung braucht Wahrheit. Drum richte deine Aufmerksamkeit nach innen und lass dich rücksichtslos auf das ein, wozu dich das Leben von Augenblick zu Augenblick herausfordert.

Die Zeit des Wartens und der Vorbereitung ist vorbei, da kommt nichts mehr. Und jede Minute, die du mit der Frage verschwendest, wie du dieses Leben verbessern oder verlängern könntest, ist weg von deinem Leben.

Also nutze die Zeit, die dir gegeben ist – um zu leben!

Über den Autor

Klaus Konstantin gilt als einer der provokativsten und zugleich bodenständigsten Bewusstseinstrainer im deutschsprachigen Raum. Er vermittelt keine neuen therapeutischen oder spirituellen Konzepte, sondern regt an zum „Hinschauen", d. h. zur ebenso kompromiss- wie absichtslosen Selbsterforschung „jenseits von Gut und Böse". Die Vision, von der er sich in seiner Bewusstseinsarbeit leiten lässt, lässt sich wohl am treffendsten als „Zerstörung von Illusionen" umschreiben. Auf der Basis seiner ausgeprägten Medialität konfrontiert Klaus Konstantin die Klienten seiner Beratungen und die Teilnehmer seiner Seminare mit genau jenen Fragen, die sie sich selbst zu stellen „vergessen" haben. Im Stile eines „Bewusstseins-Bildhauers" unterstützt er sie beim Wegschlagen all dessen, was nicht wirklich zu ihnen gehört, damit die ursprüngliche seelische Essenz wieder zum Vorschein kommen kann.

Klaus Konstantin leitet zusammen mit Ursula Maria Auktor das *Clarius-Institut* für Bewusstseinsforschung und Potenzialentwicklung in der Schweiz. Sie sind Begründer des Bewusstseinstrainings *Remember-Prozess*®, der darauf aufbauenden Visionsarbeit *Pana-Experience*® und der verdeckten medialen Aufstellungsarbeit Klar-Stellung. Daneben bieten sie Einzel- und Paarberatungen an.

Weitere Informationen: www.clarius-institut.info

Buchempfehlungen aus dem Sheema Verlag

Markus Langholf (Hrsg.)
Releasing - Frei sein durch Loslassen
Der Herausgeber Markus Langholf hat in jahrelanger Recherche Material gesammelt, zusammengestellt und ausgewertet - daraus entstand dieses erste schriftliche Dokument mit autorisiertem Originalmaterial von Dr. E.E. Isa und R. Yolanda Lindwall über die Theorie und Praxis des Releasing. Neben biographischem Material und philosophischem Basiswissen enthält das Buch eine inspirierende Fotoserie der kinesiologischen Muskeltests, die mit den entsprechenden wichtigsten seelischen Grundmustern der Releasing-Aussagen nach Dr. Lindwall kombiniert wurden.
255 Seiten, Hardcover, 58 Farbfotos, ISBN 978-3-931560-07-2

Sabine Treeß
Dem Ruf der Seele folgen
- Verwirkliche Deine Berufung mit Releasing und Schamanischen Reisen.
Haben Sie sich auch schon einmal die Frage nach dem Sinn, Ihrer Herzensvision und Ihrer Berufung gestellt? Gehen Sie den Weg des Labyrinths und finden Sie dabei die Lösung.
Anleitungen für den Loslass-Prozess mit sich selbst und Anregungen für Schamanische Reisen (zusammen mit einer Trommel-CD) begleiten und unterstützen Sie dabei.
184 Seiten, Hardcover, durchgängig 4-farbig. Mit Begleit-CD (Trommel und Anleitung) für schamanische Reisen, ISBN 978-3-931560-28-7

André H. Höfer
Himmel und Erde - 1 - Jetzt
- Ein kleines 3 mal 3 mal 3 der Wiedervereinigung von Mann und Frau
Ein Selbsterfahrungsbuch für alle, die die Sehnsucht nach einem wahrhaftigen, liebevollen und erfüllten Leben auf unserem wunderschönen Planeten in ihren Herzen tragen. Einfach und klar, humorvoll und tiefsinnig wendet sich der Autor direkt an die Leserin/den Leser und lädt ein zu einer spannenden (psycho-logischen) Reise bis an den Anbeginn der Zeit, als die (seelische) Trennung zwischen Mann und Frau ihren Anfang nahm.
Die gute Nachricht: Jetzt ist die Zeit, alte (Geschlechter-)Kämpfe zu beenden, Verletzungen zu heilen und Lieblosigkeit zu vergeben. Dabei geht es dem Autor in erster Linie um eines: Herzensbildung!
Unterhaltsam und leicht zu lesen, ist dieses Buch ein wertvoller und tiefgründiger Ratgeber mit Aufforderungscharakter zum sofortigen Anwenden – Lektüre und Praxis in einem!
240 Seiten, Hardcover, Lesezeichen, ISBN 978-3-931560-33-1

Dr. David R. Hawkins
Das All-sehende Auge
- The Eye of the I
Ein brillantes Werk, das verbindet: Bekanntes und Unbekanntes, Wissenschaft und Spiritualität, das Newtonsche lineare Paradigma des Egos und die nicht-lineare Realität von Erleuchtung. Ein Buch zum immer wieder Lesen, dem unendlich viel Weisheit und Wahrheit innewohnt.
479 Seiten, Hardcover, ISBN 978-3-931560-19-5

Dr. David R. Hawkins
Licht des Alls
- Die Wirklichkeit des Göttlichen
Erklärt das innerste Wesen und die Essenz von Bewusstsein - von seinen Anfängen bis zur spirituellen Wirklichkeit von Erleuchtung und göttlicher Gegenwart. Es ist das Reich des Mystikers, dessen Wahrheit ausschließlich auf der radikalen Subjektivität der Erfahrung des göttlichen Seins beruht. Auch dieses ist ein Buch zum immer wieder Lesen, welches „das Unbeschreibbare" beschreibt, dem Leser das Verständnis erleichtert und damit tiefe Erkenntnisse ermöglicht.
584 Seiten, Hardcover, ISBN 978-3-931560-20-1

Dr. David R. Hawkins
Erleuchtung ist möglich
- Wie man die Ebenen des Bewusstseins durchschreitet
Ein praktisches Handbuch, in dem der Autor bei seiner mittlerweile weltweit bekannten „Tafel der Bewusstseinsebenen" anknüpft. Er erklärt ausführlich deren Erscheinungsbilder, Auswirkungen und der Weg zu ihrer Überwindung. Die Leser erhalten Anleitungen, um den eignen Standort zu erkennen, ihre Ziele zu definieren und zu erreichen. Sehr hilfreich, um sich selbst und andere zu verstehen.
447 Seiten, Hardcover, ISBN 978-3-931560-21-8

Dr. David R. Hawkins
Hingabe an Gott
- Der mystische Weg aus der Dualität
Stellt von Anfang an wesentliche und fortgeschrittene Lehren und Informationen für die spirituelle Entwicklung des Suchenden zur Verfügung. Der Inhalt ist weder Philosophie noch Metaphysik, weder Pädagogik noch Theologie, sondern ein Auszug der innersten Wahrheiten spiritueller Realität, wie sie nach und nach erkennbar und durch Erfahrung verstehbar werden, je weiter man dem Pfad folgt. David Hawkins schreibt: „Der wirkliche Autor dieses Buches ist Bewusstsein selbst."
328 Seiten, Hardcover, ISBN 978-3-931560-22-5

Dietrich Wild

Der Tigerbericht

Eine poetische Einführung in den Zen-Buddhismus, übermittelt und erläutert von Shunryu Suzuki Roshi, aufgeschrieben und erzählt von Dietrich Wild, mit Musik von Al Gromer Khan und (im Buch) Bildern von Holde Wössner.

„Wenn Du vollkommen still wirst, hörst Du alles!"

Eine Reise zur inneren Quelle mit Klängen aus den tiefen Räumen wortloser Weisheit.

Diese Kultgeschichte ist ein wahres Hör- und Leseerlebnis!

Hörbuch-Ausgabe: 2 CDs, Länge 108 Min., ISBN 978-3-931560-18-8

Buch-Ausgabe: 72 Seiten, 5 Abb., Hardcover, mit den 2 CDs als Beigabe, ISBN 978-3-931560-17-1

Beatrix Schulte

Ich lasse los, also bin ich!

- Wege zu einem stressfreien Leben

Ein praktisches Handbuch mit vielen Tipps und Anregungen für ein selbstbestimmtes Leben, das klar aufzeigt, wie wir dem Stress des Alltags auf Dauer entkommen können. Die Leser finden nachhaltige Unterstützung für körperliches Wohlbefinden, seelische Balance und inneren Frieden.

Anti-Stress → Pro-Gelassenheit!

144 Seiten, Paperback, ISBN 978-3-931560-22-4

Sie interessieren sich für weitere Titel aus dem Sheema Medien Verlag? Dann freuen wir uns, wenn Sie uns im Internet besuchen:

www.sheema-verlag.de

Buch-Ankündigung

Von **Ursula Maria Auktor**, die zusammen mit Klaus Konstantin das Clarius-Institut leitet, erscheint im Frühling 2014 ebenfalls ein Buch im Sheema Medien Verlag. Thema wird sein:

„Versteckte Mechanismen von Macht und Ohnmacht in der Sexualität. Auf-Klärung für ein neues Beziehungszeitalter."

Ein Buch für Männer über Frauen – Ein Buch für Frauen über Männer.

Weitere Informationen dazu finden Sie ab 2014 im Internet: www.clarius-institut.info und www.sheema-verlag.de

KONTAKT

Sheema Medien Verlag
Bücher. Aus Liebe.
Hirnsberger Str. 52
D - 83093 Antwort

Tel.: 08053 - 7992952
Fax: 08053 - 7992953

E-Mail: info@sheema.de
http://www.sheema-verlag.de

SHEEMA
VERLAG

... für ein wahrhaft gutes Leben!

MÖGEN ALLE WESEN GLÜCKLICH SEIN